問いからはじまる
心理学

2

教育問題の心理学
何のための研究か?

都筑　学 監修

加藤弘通・岡田有司・金子泰之 編著

福村出版

シリーズ序文

　かつてエビングハウス（Ebbinghaus, H.）は「心理学の過去は長く，歴史は短い」と言いましたが，その歴史もすでに140年を超えるところまでになりました。ヴント（Wundt, W. M.）が1879年に初めての心理学実験室を創設して以降，科学としての心理学は実証性を重んじ，非常に多くの研究成果を蓄積してきました。それらの研究成果が，人間の心がもつ多様な働きを明らかにしてきた一方で，心理学の研究領域はどんどんと細分化され，人間の心の全体像を明らかにすることからは離れていっているように感じられます。このような学問の発展状況のもとで，もう一度，根本的なところから人間の心についてとらえ直すことが重要な課題として求められていると考えられます。

　そうした課題に対して，本シリーズは，「人間の心の働きを理解するには，どのような研究が求められるのか」という問題にアプローチしようとするものといえます。そのことを意識して，本シリーズのタイトルとしてつけたのが，「問いからはじまる心理学」です。問いからはじまって，何が明らかになったのか。それを追求しようとしたのが，本シリーズなのです。

　本シリーズは，全部で3巻から成っています。第1巻は発達，第2巻は教育，第3巻は社会をテーマとして扱っています。それぞれの執筆者には，次のような趣旨で執筆をお願いしました。自らの研究をはじめようとした個人的なきっかけが，その後の具体的な研究活動にどうつながっていき，そして，それがどのように発展していって，現実問題の解決に結びついたのか。このように，本シリーズでは，問いからはじまる研究活動の展開について，執筆者が具体的なプロセスとして論じています。こうした個人的な動機や関心は，研究を推進していく際には大変重要な役割と意味をもっています。研究活動を進める原動力ともなるものです。これから心理学の研究を行っていきたいと考えている読者にとっては，研究の進め方の参考になるだけでなく，研究者としての生き方の1つのモデルにもなるのではないかと思います。

本シリーズの執筆者は，中央大学大学院文学研究科で心理学を学んだ都筑ゼミのメンバーおよび都筑ゼミに縁のある方々です。都筑ゼミのモットーは「片手に理論，片手に実践」です。執筆者たちは，在学中から，研究活動を進める一方で，学校や臨床などさまざまな実践現場での活動を行ってきました。在学中は，合同ゼミ（学部生と院生が相互に発表する）や夏合宿，QA研（質的分析研究会）において研究成果を発表しました。心理学の理論だけでなく，現実社会や人間生活にも関心をもち，理論と実践を往還するような心理学研究を進めていくというのが都筑ゼミの特徴です。本シリーズでも，このような問題関心は，各章節，コラムの中に明確に表れているのではないかと思います。

　本シリーズは，2022年3月に私が中央大学文学部を定年退職するにあたっての記念出版であり，また，4月以降の新しい研究人生の門出を祝うものでもあります。中央大学でともに学んだ学生たちと一緒に，このようなかたちで出版できることを非常にうれしく思っています。彼らには，「問いからはじまる心理学」をさらに発展させて，個々の研究活動を充実したものにしてもらいたいと願っています。

＊

　最後になりましたが，本シリーズの刊行にあたりましては，福村出版の宮下基幸取締役社長に並々ならぬお世話になりました。出版事情が大変厳しい中で，本シリーズの刊行を快くお引き受けいただいたことに対して心より感謝申し上げます。また本の出版作業につきましては，小山光さんに大変お世話になり，感謝申し上げます。

＊

　福村出版の社屋がある文京区湯島は，祖父高浜二郎が住んでいた地域であり，霊雲寺近くの祖父の家に子どものころよく遊びに行っていました。今回，福村出版から本シリーズが刊行されるのも深い縁を感じずにはいられません。市井の学者として蒲生君平や鍍金について生涯研究した祖父に本書を捧げたいと思います。

2022年1月1日

都筑　学

目　次

第1部
学校の中の問題

はじめに：
何のために研究するのか？

加藤　弘通

本書，『教育問題の心理学　何のための研究か？』は，「問いからはじまる心理学」シリーズの第2巻です。本書を企画するにあたって，2つのタイプの読者を想定しました。

第一の読者は，教師をはじめとした教育関係者です。昔から心理学では教育に関する研究がなされ，たくさんの知見が積まれてきました。しかし，その一方で，それらの知見にどんな意義があり，教育現場にとって，どういう意味があるのかは，必ずしもわかりやすかったわけではありません。とりわけ，ここ10年の研究状況の変化は大きく，コンピューターやインターネット環境の進歩により，扱われるデータが大規模化し，それに伴って使用される方法もより高度化しています。そのため，心理学の論文を読むと，より専門性が増している印象を受けるかもしれません。したがって，教育という同じ対象を共有しているにもかかわらず，「これがいったい何を意味しているのか？」，その意義を現場の教師が理解することはより難しくなっているのではないかと思います。また，専門性が増すことにより，一般の人にはわからないことがわかるという意味で，専門家の権威は高まりますが，一方で，「専門家がそう言っているのだから」「エビデンスがあるのだから」と，教育に携わる人たちが自分自身で考えなくなり，専門家依存が強まることも予想されます。

本書は，このような問題意識から，むしろ，教師をはじめ教育にかかわる人に「考えてもらいたい」と思い，企画されました。そのため，教育問題に対して「これが正しい」と一定の解答を示すよりも，「私たち研究者は，こんな問題意識から，こんな研究をして，こんなふうに考えています」という研究のプロセスを提示することを心がけました。そうすることで，教育問題に関して，何か結論を示すというよりも，新たな見方を示し，教育にかかわる人たちと一緒に考えていくための出発点を示したいと考えています。

　第二の読者は，これから研究をしようとする学生・大学院生です。研究をはじめようと思ったとき，専門知識や研究方法，論文の書き方など，悩むことはたくさんあると思います。しかし，最初にぶつかる壁は，そもそも「何を研究するのか？」「何のために研究するのか？」ということではないでしょうか。いわゆる研究動機と呼ばれるもので，具体的な論文になるときには消えてしまうか，背景に退いてしまうものです。心理学の教育においては，しばしば，こうした研究動機は「個人的な経験」として，「とりあえず脇に置いておくように」と言われたりもします。しかし，本書の筆者たちは，どちらかというと個人的な経験から生じた問いを大切に研究してきた人たちです。

　本書では，研究をはじめたときに生じる最初の壁を大切にしつつ，その壁をそれぞれの研究者がどのように乗り越え，どのように研究というかたちにしてきたのかを示そうと試みました。そのために，単に研究成果を示すだけでなく，通常の論文には書かれない，私たちが研究をはじめるにあたって，何をどう考え，どのような研究をしてきたのか，研究のプロセスを丁寧に記すよう努めました。具体的には，それを4つの問い――「なぜこの問題を研究しようと思ったのか」「どんな問いを立てたのか」「どんな研究をし，何がわかったのか」「それが実践にもつ意義は何か」――とし，各章を構成しました。

　現在，教育現場もアカデミックな世界も，効率よく仕事をこなすことがよしとされる風潮が強くなっています。そうした中で，いちいち立ち止まって「考えること」は，ややもすると非効率とみなされるきらいもあります。しかし，本書では，この「考えること」を大事にしたいと思っています。教育問題を，私たち研究者がどう考えたのか，そして，私たちが考えたことを，また読者のみなさんがどう考えるのか，研究をともに考えるためのリソースとして位置づけたいと思っています。

　教育問題の理解・解決の仕方は，決して1つではありません。また地域や時代によってとりうる対応の選択肢も変わってきます。したがって，何か解答を1つに定め，確定させる知よりも，もっと違う見方やかかわり方があるのではないかといった，別の可能性を拓く，私たちを自由にする知が求められると思います。そのためには，与えられたものを単に受容するだけでなく，それを疑ったり，更新したり，自由に考えることが大事になると思われます。本書

9

を通して，読者のみなさんが「こんな見方や考え方もあるのか，それなら自分だったらこう考える」と，さらに自由に教育問題を考えたり，研究したりするきっかけを1つでも得られれば幸いです。

第1部

学校の中の問題

第1章
特別支援教育：
子どもの「声」という視点から

松本　博雄

1. なぜこの問題を研究しようと思ったのか
特別支援教育は誰のために？

1–1. 私たちは子どもの「声」を聴き取ってきただろうか

　2020年3月以降，日本で生活する子どもたちは，それまでの日常とはまったく異なる日々に突然巻き込まれることになりました。直接の引き金となったのは新型コロナウイルス感染症の蔓延ですが，実際にはそれに伴うさまざまな場での対応や手続きが，その後の子どもたちの毎日に大きなインパクトを与えたことは間違いありません。2020年2月27日には，内閣総理大臣から突然に「一斉休校のお願い」が出されました。法的な根拠がない中で発出されたこの「お願い」に対し，全国の学校の多くを占める公立学校の設置者である地方公共団体と教育委員会のほとんどは，当該地域の実際の感染者数いかんにかかわらず，翌週の3月上旬より*¹休校措置を開始し，私立・国立学校の多くもそれに倣っていきました。その結果，全国の公立小中学校，高校，特別支援学校のうち，全体の99％にあたる3万2230校，私立の小・中・高校も約92％が休校となりました*²。2020年3月，日本で暮らす子どもたちのほとんどが，学校生活を突然目の前から奪われる状況に直面したわけです。

　その後，数か月にわたる休校が断続的に続いた後，とくに休校解除にあたっての基準が明確に示されることのないまま，徐々に学校は再開されることになりました。一方で修学旅行や運動会をはじめとする学校行事の中止・縮小や，調理実習での飲食の禁止，子ども同士の話し合い活動の制限など，「新しい生活様式」と称される感染症対策のもとで，子どもたちの学習活動だけでなく，日常的な行動が制約される状況は，学校や地域ごとの濃淡がありつつ2022年5

月の今も続いています。現時点で，実際の感染者数は2020年3月の休校時点に比べ格段に増加しています。しかしながら，再度の全国一斉休校が検討される様子はないようです。

　このような状況を経る中で，この間の家庭や学校などでの生活，それを支える私たち大人の対応に関し，子どもたちは何を感じ，どのような意見をもっていたのでしょうか。読者のみなさんは，大人の一人として，そのような子どもたちの「意見」や「声」をいずれかの場で聴き取ってきたでしょうか。もしくはその時点での子どもの一人として，意見や声を聴き取られてきた経験はあるでしょうか。2020年3月，突然に学校が休みになり，「人と会うのを控えましょう」というメッセージが広がった状況で，仲よしの友だちに会えないまま卒業・転校せざるをえなかった子どもたちの中には，「どうして急に？」「他にいいやり方はないの？」と感じた子たちもいたかもしれません。一方で2020年5月，それまでに比べ感染者の広がりが収まったとはいえないにもかかわらず，休校を解除し学校を再開するというメッセージを前にして，大人が決めた対応に不安と疑問を感じた子たちもいたようです[*3]。このように，子どもたちの過ごし方に大きくかかわる決定が相矛盾するかたちで噴出し，その結果，子どもたちの生活に大きな影響を与えたこの数か月間，学校生活の当事者である子どもの意見や「声」に，私たち大人がどれほど耳を傾けてきたかをあらためて振り返ってみましょう。

　北林（2020）は，四国新聞「こどもニュース＆スポーツ」欄に2020年5月に掲載された「子どもの権利条約」すなわち児童の権利に関する条約にかかわる特集と，全国一斉休校をめぐる国会審議の内容にふれながら，子どもの権利を保障するという観点からの議論がきわめて少ない日本の現状を指摘しています。このことは当該の特集欄でも紹介されているデンマークで，子どものために首相が記者会見を開き，新型コロナウイルスに関する質問に丁寧に答えた姿と対照的です。考えてみればこの日本の現状は，残念なことに今回の感染症への対応に限られたことではないかもしれません。実際に，これまで私たちの社会において，なかでも子どもたちの学びと生活の中心にある教育実践の場において，子どもたちの「声」はどのようなかたちで，どの程度聴き取られてきたでしょうか。本章ではその現状と，教育実践の中で子どもの「声」を聴き取るためには何をどうする必要があるか，子どもの「声」を聴き取ることが教育実

践において具体化されることで，その先にはどのような社会のありようが描かれるのかについて，研究を通じたこれまでの成果をまとめて論じるとともに，その成果が実践に対してもつ意義を考察していきたいと思います。

1-2.「特別支援教育」の対象は誰か

　本章において，教育実践の場で子どもたちの「声」を聴き取ることを考える際にとくに焦点を当てて検討したいのは特別支援教育についてです。その対象としてみなさんがまず思い浮かべるのは，自閉スペクトラム症や学習障害などに代表される，発達障害のある子どもたちではないでしょうか。特別支援教育は，文部科学省によれば「障害のある幼児児童生徒の自立や社会参加に向けた主体的な取組を支援するという視点に立ち，幼児児童生徒一人一人の教育的ニーズを把握し，その持てる力を高め，生活や学習上の困難を改善又は克服するため，適切な指導及び必要な支援を行うもの」として位置づけられており，「発達障害のある子供も含めて，障害により特別な支援を必要とする子供が在籍する全ての学校において実施されるもの」とされています。この特別支援教育を支える基本的な理念としてあげられるのが，「インクルーシブ教育」という考え方です。2012年に出された中央教育審議会による報告[*4]では，その基本的な方向性として「障害のある子どもと障害のない子どもが，できるだけ同じ場でともに学ぶことを目指すべきである」という内容が示されています。このように日本では特別支援教育の対象として，基本的に障害のある子どもたちが想定されてきたことがわかります。

　これに対して，国際的な動向はそれとは少し異なるようです。2006年に国連で採択された「障害者の権利に関する条約」と並び，インクルーシブ教育への方向づけに影響を与えたものとしては，UNESCO（国連教育科学文化機関）による「特別なニーズ教育に関するサラマンカ声明と行動大綱」（1994年）があげられます。そこにおいて，インクルーシブ教育の対象として想定されているのは必ずしも障害のある子どもたちだけではありません。そこでは障害はもちろん，貧困・虐待・疾病・移民・難民・ジェンダーなど，言語・地理・文化・歴史等の多様な側面から，社会的な排除（social exclusion）を受けている子ども

すべてが対象に含まれることが想定されています。ここからは，インクルーシブ教育を念頭に置く特別支援教育とは，障害のある子どもにとどまらず，それも含めた一般にマイノリティと称されるすべての子どもを対象として考えられた支援であることがわかります。

　日本の特別支援教育において個々の子どもの「教育的ニーズ」を把握し支援する際，まずもって強調されるのは，障害固有の行動的・心理的特徴である障害特性です。このことは，特別支援教育に関する基本テキストの記述の中心が，障害特性に置かれている点からも明らかです（国立特別支援教育総合研究所，2020を参照）。一方で，この障害特性に基づくニーズ把握というアプローチにおいて，冒頭に述べた子どもたちの「声」にどの程度注意が向けられてきたかは，あらためて丁寧に検討する必要があると思われます。子どもの「声」を聴き取るとは，「ニーズ」を子どもの外側から規定することではなく，子どもの立場から，子ども自身が感じている困り観などの思いに耳を傾けていくことです。このことは特別支援教育の対象者として，障害児に限らず，さまざまな理由で特別な支援を求めるすべての子どもを考えるのが適切であることを示唆します。

　日々の教育実践において，マイノリティをはじめ多様な背景をもつ一人ひとりの子どもの意見や「声」はいかに聴き取られ，明日の指導計画に組み込まれ，実践へと反映されているでしょうか。とくにその「声」を丁寧に聴き取られることが必要となる特別支援教育の対象とされる子どもたちを前に，そのプロセスをどのように実現していけるでしょうか。子どもの「声」に耳を傾けることは，このような観点から特別支援教育の対象者を再考するとともに，それも含めた教育実践のありようをとらえ直し，そこでの働きかけや支援は何のため，誰のためかを再考するうえでの手がかりになるでしょう。

　このことを踏まえ，次節では子どもの「声」に耳を傾けるとは何を意味しており，「声」の聴き方としてどのようなふるまいが想定されているか，子どもの「声」を聴き取ろうとする教育実践にかかわる課題を整理してみます。

2. どんな問いを立てたのか
子どもの「声」を聴き取るとは？

　教育実践において子どもの「声」に耳を傾け聴き取るとは，具体的にはどのような営みを指すのでしょうか。

　子どもの「声」（children's voices）とは，国連総会にて1989年に採択された，子どもの権利条約（児童の権利に関する条約）における「権利主体としての子ども」という視点と，それに深くかかわる，参加し，意見を表明する権利の保障という考え方を1つの契機として広く知られるようになった概念です。それは，子ども自身が発する言葉や音声のみを指すのではなく，子ども自身の興味・関心や要求，それを相手とのやりとりを通じて表現する行為の総体を指します。たとえばブルックスとマリー（Brooks, E. & Murray, J., 2018）は，子どもの「声」を，大人により積極的に聴き取られ，子どもたちの生活に影響する決定に対する実質的な貢献として価値づけられる子どもの意見・視点として定義しています。またマリー（Murray, 2019）は，子どもの「声」に関し，子どもに対する見方の多元的共存と，子どもの感情，信念，志向，希望，好みや態度を単に聴き取るにとどまらず，注意を向けることに責任をもつことを強調します。これらに代表される子どもの「声」と教育実践にかかわる近年の論考を踏まえると，その特徴は以下の3点に整理することができます。

　1点目は，それは単に子どもが何かを口頭で話すことや，そのための能力を指すのではなく，大人によって聴き取られる構えや，手段の提供とセットだということです。先述した「子どもの権利条約」において，その基盤をなす一般原則の1つとして第12条に明記されている意見表明権は，子どもの「声」という考え方と深くかかわるものです。第12条の理念を詳しく説明している，国連子どもの権利委員会によって示された一般的意見には，「意見表明権」が年齢や能力，その他の背景にかかわらず，すべての子どもに対し保障されていることがはっきり述べられています（Committee on the Rights of the Child, 2009）。つまり子どもの「声」は，年齢や知的発達・言語発達を前提として成り立つものではなく，多様な手段によって表現され，かつ聴き取られるべきものです。

実際に，国連子どもの権利委員会による一般的意見でも，話し言葉の未発達など，仮に何らかの理由で言葉による表現が難しい場合には，遊びや身振り，表情，描画など，当該の子どもが理解し，選ぶことができるコミュニケーション方法が尊重される必要があると指摘されています。

　2点目は，「声」とは，一人ひとりのもつ思いや意見の違いが尊重されている状態を指すこと，すなわち「多声性」を前提にした概念だということです。マリー（Murray, 2019）では，ロシアの文学・哲学研究者バフチン（Bakhtin, M. M.）の論（Bakhtin, 1963）を参照しながら，ともに子どもの「声」を示す表現である"children's voice"と"children's voices"の2つが比較されています。その要点は，前者の"voice"においては，本来多様であるはずの個々の子どもの視点が1つに束ねられ，子ども間で共有されていることが前提となっており，それは個々の「声」を尊重する表現である後者の"voices"と根本的に異なるものだということです。つまり子どもの「声」に耳を傾け聴き取る営みとは，ある子ども集団，たとえば特定の学年集団において子どもが必要とするものを標準化し，ひとくくりにして理解しようとするものではなく，マイノリティの子どものそれも含めた多様な「声」を尊重し，教育実践に反映させていく営みだということができるでしょう。

　3点目は，子どもの「声」を聴き取る営みは，子どもたち自身のこれからの生活に影響する決定に実質的に結びつく内容を含んだものだということです。一般に教育実践の現場で，子どもと教師が親しげにやりとりする様子など，良好に思えるコミュニケーションが教師―子ども間に高頻度で確立されているケースは珍しくないと思います。同様に，「声」を聴き取る営みを教師―子ども間のコミュニケーションの機会の多寡としてとらえるならば，特別支援教育の教師・支援員と子どもの比率や，教育相談室の存在などの面を考慮すると，支援を要する子どもたちのほうが，その他大勢の子どもたちより「声」を聴かれる機会が多いと感じられるかもしれません。一方で，そのような一見親密なやりとりの機会の多さがすなわち，ここで論じられている意味での子どもの「声」を聴き取ることに結びついているかどうかは丁寧に検討する必要がありそうです。

　クラダス（Cruddas, L., 2007）は，子どもの「声」を示すいくつかの表現のうち「生徒（student / pupils）の声」というフレーズが用いられるとき，子ども

が学び手として，教師に従う地位に留め置かれがちである傾向を指摘します。つまりそこでは，教師が学ぶこと，そして生徒が教えることはなく，大人に比べ子どもは力がないと仮定されているわけです。ここから考えると，教育実践において子どもの「声」を聴き取る営みとは，ときに子どもの「声」から大人も学び，子どもへの働きかけ方を振り返ったり，再考したりするきっかけを得た際に初めて成立するものだといえるでしょう。その結果聴き取られた子どもの「声」は，その後の子どもたち自身の学校生活のねらいや内容に欠かせない要素として含み込まれていくことになるはずです。つまり子どもの「声」を聴き取るとは，子どもと大人の単なるコミュニケーションの頻度や親密さを指すのではなく，コミュニケーションを通じて，教え手―学び手という両者の関係をときに流動化させる営みとして理解できます。

　これらを踏まえ，あらためてとくに小学校をはじめとする教育実践の場において，子どもの「声」がこれまでどの程度，どのように聴き取られてきたかを考えてみましょう。特別支援教育も含めた教育実践の多くは，一人ひとりの教育者の，子どもの「声」を聴き取ろうとする構えの中でおそらく展開されてきたはずです。しかしながら今日のいずれの教育現場においても，聴き取るための適切な手段が準備され，多声性が尊重され，子ども自身がこれから歩んでいこうとする方向にその「声」が反映されてきたかといえば，そうはいいきれないのも事実だろうと思います。

　あらためて，前節で提示した具体例から考えてみます。新しい感染症の広がりという状況に，教育の場がどのように対峙し，そのとき，そしてこれからの方向性を考え示していくかは，まさしく子どもたちの今後の生活に影響するものでした。その際に発出された，休校措置を含む「感染対策」という大人からのメッセージは，「正しさ」を含むものであるがゆえに，たとえそれに対して子どもが何かを感じ，考えたことがあったとしても，疑問を出したり，ましてや反論したりすることは容易ではなかったと思われます。多くの人は往々にして，自分が「正しい」メッセージを出していると信じているときにはとくに，立場の異なる相手の「声」が聞こえにくくなるものです。仮に感染者がまったく確認されていなかった地域であっても「今が緊急時である」「もし，何かあったらどうするんだ」という大きな「声」の前で，目指すべき働きかけに対

する子どもたちの意見や疑問はかき消されてしまったかもしれません。加えてそのようなときに，特別支援教育の対象者となる子どもたちの「声」は，それを丁寧に聴き取ろうとする大人の構えと具体的な手段を必要とするがために，なおのこと届きにくかったかもしれないと想像します。

　自分はこれまで子どもの「声」を聴き取る実践を十分にイメージできていなかったかもしれない。これまでの自身の教育実践で，子どもの「声」を聴き取ってきたつもりだけれども，実際にはどうだったか。子どもの「声」を聴き取る実践の必要性は理解してきたが，目の前の教育現場の慌ただしさやすべきことを前に，どのようにすればそれに具体的に取り組めるかがわからなかった……。もし，みなさんが教育実践を担う立場にいるならば，子どもの「声」を聴き取ろうとする取り組みに関して，このようなさまざまな実践現場ならではの問いや葛藤，課題を感じられるのではないかと思います。続いての節ではこれらを踏まえ，子どもの「声」に耳を傾け聴き取る教育実践を成り立たせるために必要な条件と，そのための具体的な手段を考えてみます。

3.　どんな研究をし，何がわかったのか
　子どもの「声」を聴き取る場をつくるには？

　私は2018年の4月から2019年3月まで，イギリス（イングランド）のカンタベリー・クライスト・チャーチ大学にある，子ども・家族・コミュニティ研究所（Research Centre for Children, Families and Communities）で在外研究に従事していました。主な研究のテーマは，日本では「幼小移行」として知られる，就学前施設から小学校への移行期の子どもの課題について，とくに「リテラシー（literacy）」の観点からアプローチすることでした。リテラシーとは，日本語では「読み書き能力」と翻訳されることが多いですが，実際には文字とかかわる活動すなわち文化的実践を，日々の生活においていかに経験するか，またそれをコミュニケーションの場でいかに表現するかを含む幅広い概念としてとらえられています（Barton, 2007を参照）。私の研究では，就学年齢も，就学前施設と小学校との区分も，カリキュラムと実践の関係も日本とは異なるイングランドの2つの公立小学校（primary school）にて，リテラシーにかかわる活動を中

心にしたエスノグラフィ研究と保育者・教師へのインタビューに，2018年10月からおよそ6か月にわたって取り組みました。また，私自身の3人の娘も，それぞれ現地の公立小学校と中学校（secondary school）に通うことになりました。その他，短期訪問で訪れる機会があったいくつかの学校や保育施設等での観察結果を合わせてみえてきたのは，子どもの「声」を聴き取ろうとする教育実践を支える条件を考察するための2つのキーワードです。以下，このことについて順次説明してみます。

3-1. 多様性

1つ目のキーワードは「多様性（diversity）」です。「ダイバーシティ」というカタカナ言葉は，近年，教育も含めた社会のさまざまな場面で目にすることが増えてきたのではないでしょうか。この「ダイバーシティ」という言葉からは，まずは人種・民族的な多様性を思い浮かべる方が多いかもしれません。たとえばアメリカなど，報道でよく目にする国の社会のありようを想像して，地域にもよるものの，日本の多くの教育現場の実情とだいぶ異なる様子を想像する方もいると思います。

一方「多様性」とは本来，異なるものを含んだ状態や質を指す言葉であり，それ自体は必ずしも人種・民族に限られた表現ではありません。「多様性」には，人種や服装，食事などのように視覚的に認知しやすい側面もあれば，家族構成，性的指向や保護者の職業など，学校の中で過ごしているだけでは比較的目につきにくい側面もあります。他にも民族や信仰などのように，場合によって可視化されたり，そうなりにくかったりする特徴もあるでしょう。そのような点から考えると，仮に外的な見た目の「多様性」がとらえにくい場合でも，多様性そのものはいずれの教育現場においても共通して扱われるべき実践的課題だといえます。このことについて，イギリスで私が訪れる機会があった学校は，歴史や背景，教育目標に加え，生徒・保護者・教職員の人種・民族的な構成はそれぞれ大きく異なっていましたが，その教育実践の方向性と内容においては，いずれも広義の「多様性」を保障するための手立てが準備されている点で共通していました。次にいくつか例をあげてみたいと思います。

　私が定期的に観察目的で訪問していた，「レセプション（reception）」という，日本でいえば就学前の4歳児クラスに相当するあるクラスでは，リテラシーの時間のテキストとして，家族構成の多様性を自然に描いている絵本（Hoffman & Asquith, 2010）が使われていました。この本は「昔，本の中に出てくるほとんどの家族はこのような感じでした――」というフレーズと，お父さん，お母さん，男の子，女の子，犬，猫からなる家族の挿絵からはじまります。そして，挿絵の下に記された「でも，実際の暮らしには，大きさもかたちもいろいろな家族がいるのです。この本では，さまざまに暮らすたくさんの家族が出ています。もしかすると，あなたと似た人がいるかもしれませんよ」という呼びかけを経て，次ページからは家族や家，学校や仕事，食べ物や服，お祝いの仕方に至るまで，家族や暮らしのさまざまなありようが，絵と簡単な説明文により示されていきます。たとえば「家族」のページでは，「お母さんとお父さんと住んでいる子どもはたくさんいます。ですが，お父さんだけと住んでいる子どももたくさんいれば，お母さんだけの子どももいます。おじいさん，おばあさんと住んでいる子もいれば，お母さんが2人いたり，お父さんが2人（注：同性カップル）いる子もいます。また，継父母や養父母がいる子もいます」と，挿絵とともに家族の多様なかたちが示されます。続いて家族の構成人数に関し，きょうだいや親戚等，大人数の家族像の紹介に加え，「たとえばお父さんとあなたの，たった2人でも家族になれるのです」という文と挿絵が続きます。「学校」のページでは，多くの学校に行く子どもだけはなく，「家で学ぶ子もいます」「学校に行きたくない子もいるでしょう」という記述が並びます。また「仕事」のページには，通勤や在宅，共働きなどさまざまなかたちで働く親の姿と同様に，「仕事がない人もいます」と，失業して悩んでいる親の姿も挿絵つきで紹介されています。このようにイギリスの教室では，標準的な家族の姿の紹介に偏ることなく，一方で「特別」を強調して焦点化しすぎることなく，多様な生活のあり方を並べて示した書籍が日常的に用いられるテキストの1つとして取り上げられ，子どもたちがそれを使って楽しく学ぶ姿がありました。

　子どもたち，そしてそれを支える教師や保護者の背景が多様であることは，それに伴い嗜好や感じ方・考え方，それを反映した「声」もまた多様になりうることへと結びつきます。この点について，私が観察した学校の教育現場で

は，いずれも扱われる教育内容や活動に関し，子ども自身が自分の特徴と希望に合わせ，選択できる仕組みが準備されていました。たとえばクリスマス関連行事のような，学校行事の1つである一方で宗教的な意味を含む活動はもちろん，修学旅行や校外学習などの日本の学校でも一般的な行事についても，「原則全員が出席する」という形式ではなく，参加についての希望が聞かれ，それを希望しない場合には，学校で通常どおり過ごすプログラムがその子どものために別途準備されます。また，たとえば第二次世界大戦のような，特定の民族に出自をもつ子どもに強いプレッシャーを与える可能性がある学習内容や，性教育のような，宗教や家庭での教育方針によって扱いが大きく変わりうる内容に関しても，その授業や単元がはじまる前に，保護者に対して説明と参加の可否の問い合わせがなされていました。この点は，「みんなで同じ内容を学習し，経験する」ことを基本的な前提として教育実践が進められる日本とは大きな違いではないかと感じます。

　今日，日本の学校教育現場においても多様性を踏まえた教育が進められています。個別の指導計画，教育支援計画の作成により指導を充実させていくことが求められる特別支援教育は，その理念を最も具現化しやすい場だといえるでしょう。一方，イギリスの教育実践における「多様性」の扱いと日本のそれとの最大の違いは，教育課程と実践を考える前提条件として多様性をその出発点に置くか，そうではなく，教育実践の中で付加的に対応するものとして扱うかにあるのではないでしょうか。目をつぶりにくいほどの「違い」，すなわち多様性を出発点に置いたとき，そこにおいて相手の「声」をどう聴くかは，実践を構想し，具体化するうえで欠かせないものとなります。

　このようなかたちで「違い」を強調して述べると，イギリスの教室では「一緒に学び合う」ことをどのように考えているのか疑問に感じられる方もいるでしょう。この点に関し，イギリスの多くの学校でも教育実践の原則はクラス単位であり，また制服をはじめ，子ども間の共通アイテムが日本同様に定められていたりする場合がほとんどです。ただし，多様性が教育実践を展開する前提として置かれたとき，そのもつ意味と機能は日本のそれとは異なるものとなるでしょう。たとえば制服は，「みんなと同じである・同じにする」ことをより強調するものではなく，むしろ見た目や考えの異なる一人ひとりを結ぶ数少な

い共通点を示す象徴として機能するのかもしれません。

3-2. 尊厳

　もう1つのキーワードは「尊厳（dignity）」です。尊厳とは,「自然権」や「基本的人権」に近いもので,その人の置かれた状況や能力等にかかわらず,人として有している権利のことを指します。「児童の権利に関する条約」等で論じられている「子どもの権利」とは,義務と引き換えに保障される「権利」とはまったく異質の,子どもがどのような状態であってもはじめからそこにある権利という意味で,この「尊厳」という言葉に置き換えることができるものです（松本,2019）。とくに子どもの意見表明権という点からこのことを考えると,教育実践において子どもの「尊厳」を踏まえる営みとは,大人が一人ひとりの子どもの「声」を尊重し聴き取ろうとする場面を豊富に設けること,また互いの「声」を尊重し合う構えを子どもたちに育むことと不可分のものとしてとらえることができます。

　イギリスの教室では,このようなかたちで一人ひとりの「声」が尊重され,自分のしたいことや考えが聴き取られる経験を子どもたちが多様に重ねていく様子を目にすることができました。実際に私の研究において観察された,いくつかの興味深いエピソードをみていきたいと思います。

　その1つは,リテラシーの授業における「書き」の指導における様子です。指導をはじめるにあたり必須の内容として教えられていたのは,正しい字形や語の正確な綴りではなく,文頭を大文字にすること,書いたものの最後にピリオドを打つことの2点でした。このことは「書き」について,そのはじめから子ども自身が考えたり,感じたりした内容を表現する「文」を構成する手段であることを何より重視して扱っていることの表れとして理解できます。その結果表れる,仮に読み取ることが困難であっても,ともかく伝える機能をもった文を表現しようとする姿勢を評価し支える指導の過程は,1文字ごとの書き順や字形の習得に重点が置かれ,子どもが書こうとする内容に先立って文字ごとに正しく「書ける・書けない」が評価される,日本で主流の書き指導とは対照的です。

　表現し,伝えることに価値を置くこのような指導は,子どもたちが自らの考

えを表そうとすることを介し，「声」を聴き取られる経験へとつながっていく
ものと思われます。そのような場面は，授業内に限らず，授業外においても学
校生活のあちこちで目にすることができました。その1つの典型例としてあげ
られるのは給食です。低学年児には基本的に無償で提供される給食において，
子どもたちは日替わりのメニュー，定番メニュー（ジャケットポテト：ジャガイ
モまるごとオーブン焼き），または給食をとらずに持参の弁当にするかを，日ご
とに自ら選択することができます。また配膳の際にも，おかずの種類やデザー
トの要不要や量について必ず個別に尋ねられます。この姿は，栄養的なバラン
スは充実している一方で，子どもに選択の余地がほとんどなく，「完食」が価
値づけられ，奨励されることもいまだに少なくない日本の学校給食場面と対照
的だと感じます。

　一般に，生活に埋め込まれた場面の強みは，日々繰り返し経験されるという
ことです。「食べさせられる」を代表として「させられる」日々を繰り返す子ど
もたちと，「あなたはどうしたいの？」と自分の意思を日々尋ねられ，表現
し，聴き取られる経験を重ねている子どもたち。私が観察していた，日本でい
えば5歳児クラスの子が所属しているYear1クラスの1つでは，12月のある日，
クリスマス会の劇の配役決めが行われていました。教師に一人ずつ尋ねられる
と，「私は○○をしたい」「ぜったいに出たくない！（Definitely No!）」など，他
児の答えや教師の反応を意識しすぎることなく，ほぼすべての子どもが自分の
意見をはっきりと表していました。このような姿は，これまでの生活の中で自ら
の意見を表すことを励まされ，たとえ不十分な内容であってもそれを尊重されて
きた日々の積み重ねとしてめばえてくると考えれば十分に納得できるものです。

　さて，これまで述べてきた自分の考えやしたいことが聴き取られる経験に加
え，「尊厳」について教育実践の中で具体的に取り組む際にはもう1つのポイ
ントが考えられます。それは，生活の中のさまざまな場面で，相手が話そうと
したり，伝えようとしたりする姿を互いに尊重する構えを育むことです。たと
えば，教室や保育室における，観察者である私が教師と話している際に横から
子どもが話しかけてくる場面で，イギリスの教師たちは一貫して，「今，（筆者）
と話しているから待っていてね」というように，横から話しかけてくる子ども
を制止する対応を示しました。このようなふるまいは，日本における同様の場

面で，子どもに話しかけられた際，私も含め多くの大人が大人同士の会話を中断し，子どもに対応する姿が少なくない様子と対照的です。また，授業内や集会などの全体活動で教師から問いかけられる場面や，その他何らかの発言をしたいことがあるとき，子どもは好きなタイミングで発言するのではなく，基本的に挙手して指名された後に話すことが求められます。子どもたちが日々の学校生活の中でコミュニケーションに関する習慣を身につけていくことを考えると，これらの働きかけは，発言の場や流れを大人が強く統制している姿のようにもみえます。しかしながら「声」という視点から考えると，子どもであれ大人であれ，自分とは異なる相手の「話そうとする」姿勢を尊重することで，「声」を聴き取ろうとする構えの大切さを子どもに伝えるという，これらの働きかけの異なった意味がみえてくるように思います。

　授業内外を問わず，「声」を聴き取られる場面を豊富に経験すること，その中で大事なのは，きちんとした中身を話すことより，まずは話そうとする構えをとること，だからこそ，子どもであれ大人であれ，展開している他者の言葉をさえぎることなく，「話そうとする」姿勢を互いに尊重すること。次項ではこれらのキーワードを踏まえたときにみえてくる，子どもの「声」を聴き取る教育実践を実現するための要件について考えてみることにします。

3-3.　包摂：多様性と尊厳を出発点に

　イギリスの学校でのエスノグラフィ研究の結果からは，子どもの「声」を聴き取る教育実践を実現するうえで，「多様性」と「尊厳」をその出発点に置く必要があることが示唆されました。このことは，より丁寧に「声」を聴き取られる必要がある子どもたちに対しインクルーシブ教育を実現する，すなわちとくに支援を要する子どもたちを包摂するにあたり，特別支援教育の文脈においてとりわけ不可欠な視点として理解できるのではないでしょうか。

　イングランドの小学校において，先述のレセプションクラスまでの年齢期をカバーするカリキュラムであるEYFS（Early Years Foundation Stage）[5]フレームワークには，「安心して，安全で幸せな子ども時代は，生まれながらの権利として重要である」という子どもの権利の視点が冒頭に述べられ，続いて

EYFS全体の基本原則として，どの子どもも唯一の存在（unique child）であり，子どもはそれぞれのやり方と速度で発達し，学んでいくという，子どもの尊厳と多様性にかかわる内容が明記されています。しかしながらEYFSフレームワークは，それと同時に初等教育への就学準備の保障も標準的な到達目標として謳っている点で，多様な子どもの声を聴き取り，教育実践に反映させようとする立場に完全に立っているとはいいきれない側面もあります。

　ブルックスとマリー（Brooks & Murray, 2018）は，イングランド中部の保育施設・小学校で働く，0〜5歳担当の保育者25名への質問紙調査ならびに質問紙をもとにした半構造化インタビューから，このようなある意味で相矛盾した側面を内包したEYFSカリキュラムのもとで実践を進める中で，保育者たちは就学準備を実践すること以上に，子どもの声を聴き取ることに理解を示していたことを明らかにしています。歴史的にみればイギリスは，児童の権利に関する条約等の影響を受け，20世紀後半からようやく子どもの「声」を少しずつ教育実践の中で省みるようになってきたといわれています（Pollard et al., 2000）。とはいえ，本節で示したエスノグラフィやブルックスとマリー（Brooks & Murray, 2018）の結果からは，北欧諸国と比べるとその取り入れ方や制度的な支えは十分とはいえないまでも，イギリスの教育現場が少しずつ，多様性と尊厳を前提として，子どもの「声」を聴き取り，さまざまな背景をもつ子たちを包摂する実践を実現する方向に歩みつつあることが示唆されます。この方向性は，イギリスで刊行されている，就学前教育や小学校教育について論じている基礎テキストに，子どもの権利や多様性，包摂についての議論が章立てされ，かなりの分量で含まれているものが少なくない（Cremin & Burnett, 2018; Powell & Smith, 2017ほか）点からも読み取ることができます。

4. それが実践にもつ意義は何か
子どもの「声」を聴き取る教育実践からもたらされるもの

4-1. 子どもの「声」を聴き取るインクルーシブ教育へ

　これまでにみてきた子どもの「声」を聴き取ろうと取り組むイギリスの教育

実践から，日本の学校教育現場はどのような示唆を得られるでしょうか。「障害者の権利に関する条約」を受けた教育実践が展開する中で，「インクルーシブ教育」が強調され，実現されようとしている流れは世界の多くの国と共通しているといえます。しかしながら，「多様性」や「尊厳」，またそれと深くかかわる「権利」に関する議論が「インクルーシブ教育」を実現する前提として置かれているか，もしくは両者の間に教育実践上，実質的な結びつきがあるかという点ではやや異なるように思われます。

　たとえば日本の教員免許を付与する大学の教員養成課程では，マイノリティの「権利」や「尊厳」の問題を「人権教育」等の科目で主に扱うことが多いでしょう。とはいえそれらの教育機関において，当該科目がカリキュラム上，免許取得のための中心的な内容と位置づいているかといえば，そうではないところが多いのが現実ではないかと思います。「多様性」についても，これとおおむね同様のことがいえるでしょう。また，特別支援教育の実践を支えるカリキュラムである特別支援学校教育要領・学習指導要領や，小学校学習指導要領，幼稚園教育要領のそれぞれの解説書では，「権利」についての記述をいくつか読み取ることができます。しかしながらその多くは「障害者の権利に関する条約」への言及か，教科「道徳」における「法やきまりの意義を理解した上で進んでそれらを守り，自他の権利を大切にし，義務を果たすこと」といった記述のように，「義務」とセットで提示されているものにすぎないようです。加えて「多様性」については，たとえば子ども自身が体験する内容の多様さと，それに子どもが気づくよう促す，という視点が幼稚園教育要領解説に述べられていますが，実践を担う教師自身が，子どものもつ背景の多様性をどうとらえるかに関する記述はありません。

　「子どもの権利」とは，乳児や障害のある子どもはもちろん，すべての子どもが有するものです。すなわちここでの「権利」とは本来，子どものもつ能力に依存せず成立する概念であり，法や決まりを守るなどの「義務」を前提として初めて有効となるものではありません。教育実践におけるそれは，教師や保育者といった実践者が，働きかけに先立って子どもの「声」をいかに聴き取るかという構えと深くかかわるものです。そう考えると，特別支援教育の対象として想定される子どもにとってはとくに，意見表明権をはじめとする子どもの

「権利」の実現が，何らかの「義務」を子どもの側が果たすといった前提条件とセットにされたとき，「声」の聴き取られにくさの問題が生じやすくなることを，私たちはよく理解しておく必要があります。具体的には同じ場で過ごしたり，同じ活動に取り組むことが過度に強調される，もしくは「みんなと違って“特別に”頑張っている存在」というラベルが多数の側から付与されるなどの例を考えてみましょう。仮にこのように，教育実践の前提としての多様性の保障と，尊厳としての権利という視点への理解が欠けたり，付加的に扱われたままで「インクルーシブ教育」へのアプローチが進められるならば，結果としてマイノリティの立場からの「声」が聴き取られないままで実践が展開される可能性が高いことに留意しなくてはならないでしょう。その意味で，インクルーシブ教育を子どもの「声」を聴き取る教育実践として十全に展開するにあたっては，尊厳としての権利と，多様性という視点がその前提にあるかを考慮することが不可欠です。

　加えて，子どもの「声」を聴き取るインクルーシブ教育を展開するうえでもう1つ考えておきたいのは，「声」を聴き取るための具体的な手段と，それとかかわる教師と子どもの文化的背景の問題です。イギリスの教育実践の中で，子どもの意見表明とリテラシー教育が深く結びつけられて展開していたのは，教師と子どもの間でそれぞれのもつ文化的背景が大きく異なるケースが実際に少なくないがゆえに，子ども自身にその「声」を表出する手段の獲得を促し，自分の意見を紡ぎ出すための表現のレパートリーを豊かにすることを保障するという，子どもの尊厳そして「声」を聴き取られる権利と分かちがたい理由によるのかもしれません。そのような視点から考えると，リテラシーを育むとは，単に子どもに読み書きなどの書き言葉にかかわるスキルをどう身につけさせるかではなく，それを子どもの「声」を聴き取る手段としていかに機能させていくか，そこに連なるプロセスをどう保障するかということだと理解できます。初期リテラシー習得の研究の中に，バイリンガル児，とくに初等教育において主として扱われる言語と母語とが異なるケースを対象としたものが多いことは，子どもの「声」の表出手段の保障というこのような観点から考えると十分に納得することができます。

　特別支援教育の対象となる子どもの場合は，言葉を介して「声」を表出する

28

ことが困難であることが少なくないと思われます。その場合に「声」を引き出し，聴き取る手段をどのように準備し取り組むかは，第一に考える必要のある課題です。特別支援教育における基礎知識として必ず学ぶ，それぞれの発達障害の認知・情動の特徴や発達過程，個々の子どもが置かれている社会文化的背景は，そのような場面で子どもの「声」を聴き取り，子どもたち自身がこれからの自身の生活に影響する決定を担えるよう支えるための，実践における手立てを考える手がかりとなります。

4-2.　特別支援教育のこれから：
子どもの「声」を聴き取る実践からもたらされるもの

　日本では，1960年代半ばからの障害児に対する就学権保障運動を経て，1978年に就学猶予・免除が廃止された後，1979年にようやく「養護学校義務制」として，すべての子どもの就学が保障されることとなりました（近藤，2011）。当初「特殊教育」と呼ばれていた障害児への教育は，20世紀から21世紀への変わり目を境に特別支援教育と呼ばれるようになり，すでに述べてきたように，その後のインクルーシブ教育という方向性へと連なっていきます。その中で同時に進められてきた，通常学級に在席する障害のある児童に対する「個別の指導計画」，加えて「個別の指導計画」を作成するうえでの手がかりになる，就学前から卒業後までを見通したより長期の計画である「個別の教育支援計画」が2000年代以降に導入されていく特別支援教育の流れは（柘植，2010），一見，個々の子どもの要求に応じるようになってきた取り組みのようにもみえます。しかしながら，それらがすなわち，本当に子ども自身の意見や視点を反映した取り組みに結びついたといえるでしょうか。子どもの「声」にかかわる諸研究を振り返ることは，これらの取り組みの中で，特別支援教育が直面する課題について再考する契機となるかもしれません。

　第1節では，教育実践，とくに子どものこれからの人生に深くかかわると思われる決定において，子どもの「声」が反映されにくい日本の現実について述べました。特別支援教育においてはとくに，子どもの「声」が大人すなわち教師や保護者によって代弁されようとするケースが一般に多いように思われ

ます。一方で，そのような「代弁」の営みが実際に子どもの「声」をとらえているといいきれるかどうかは，あらためて考えておく必要があるでしょう。特別支援教育がすべてのマイノリティの子どもを対象とするとは，教師と子どもの間に文化的背景を共有しにくいケースが多くなりうるということです。加えて発達障害や性的マイノリティのケースはとくに，教師はもちろん保護者と子どもの間でも，「声」の背景となる認知的な枠組みの共通性を想定しにくいと思われます。日本の教育実践研究においては，子ども理解や評価の文脈において，大人―子どもが同じ背景を共有している前提で「見取り」や「共感」の重要性が強調される傾向があるように思います。だからこそあらためて，子どもの「声」をどのように理解し，とらえているかを振り返ることには一定の意義があるでしょう。そこからわかるのは，仮に個別の「支援」であっても，そこにおいて子ども―教師の関係が揺さぶられることのないままであれば，それは子どもの「声」を聴く援助にはなりえないということです（Brooks & Murray, 2018）。それは教育実践における働きかけや支援が，何のための，誰のためのものかを考えるきっかけとして機能するのではないでしょうか。

　特別支援教育も含めた教育実践は，その子どものための営為であるととらえられがちですが，それと同時に，共同体のためのものでもあります（内田, 2020）。それは，それぞれの子どもが市民として成熟することを介して，私たちの共同体において，人々が健康で文化的な生活を謳歌できるような社会の存続と発展に向けた営みです。この観点から，教育実践におけるねらいや働きかけ，それに影響する制度や政策のあり方など，子どもたち自身のこれからの生活に影響する決定に子どもの「声」が含み込まれること，次世代を担う子どもたちが，教育実践を通じてそのような経験を重ねることは，これからの社会をつくる構えを子どもたちに育むために欠かせないといえるでしょう。そこから考えると，特別支援教育のゴールは，個々の子どもの状態像を踏まえた「特別な教育的ニーズ」に基づく指導を実践し，スキルの獲得を支えることではなく，それぞれの「声」を発する主体である子どもに学び手としてのアイデンティティが構築される（Carr & Lee, 2012/2020）機会を提供することとして理解できます。それは，言い換えれば「声」を聴き取られる過程を通じ，子ども自身がこれからの道を選び取り，自信をもって生きていくための支えとなること

です。そのような意味で，子どもの「声」を中心に特別支援教育をとらえ直し，それを発達障害児に限らない，「声」を聴き取られにくい子どもたちすべてを対象として再考することは，子どもの尊厳の問題を通じて，私たちがこれからの社会のありようを考えることそのものへと結びついていくはずです。

[注]
* 1　2020年2月27日までの日本全国累計感染者は218名（Google JHU CSSE COVID-19 Data）。
* 2　朝日小学生新聞 2020年3月6日。
* 3　朝日新聞 2020年4月7日ほか。
* 4　「共生社会の形成に向けたインクルーシブ教育システム構築のための特別支援教育の推進」（https://www.mext.go.jp/b_menu/shingi/chukyo/chukyo3/044/houkoku/1321667.htm）。
* 5　https://www.gov.uk/government/publications/early-years-foundation-stage-framework--2（2021年4月6日アクセス。2021年9月より新たなフレームワークが施行されている）。

[引用文献]
Bakhtin, M. M. (1963). *Problems of Dostoevsky's poetics*. Moscow: Khudozhestvennaja literatura.（バフチン，M. M.　望月 哲男・鈴木 淳一（訳）(1995).　ドストエフスキーの詩学　筑摩書房）
Barton, D. (2007). *Literacy: An introduction to the ecology of written language* (2nd ed.). Malden, MA: Blackwell.
Brooks, E., & Murray, J. (2018). Ready, steady, learn: School readiness and children's voices in English early childhood settings. *Education*, 3-13, *46*(2), 143-156.
Carr, M., & Lee, W. (2012). *Learning stories: Construction learner identities in early childhood education*. London: SAGE.（カー，M. & リー，W.　大宮 勇雄・塩崎 美穂・鈴木 佐喜子・松井 剛太（監訳）(2020).　学び手はいかにアイデンティティを構築していくか――保幼小におけるアセスメント実践「学びの物語」――　ひとなる書房）
Committee on the Rights of the Child (2009). General Comment No. 12 (2009) The right of the child to be heard. https://www2.ohchr.org/english/bodies/crc/docs/AdvanceVersions/CRC-C-GC-12.pdf（2020年10月10日アクセス）
Cruddas, L. (2007). Engaged voices: Dialogic interaction and the construction of shared social meanings. *Educational Action Research*, *15*(3), 479-488.
Cremin, T., & Burnett, C. (Eds.) (2018). *Learning to teach in the primary school* (4th ed.). London:

Routledge.

Hoffman, M., & Asquith, R. (2010). *The great big book of families*. London: Frances Lincoln Children's Books.

北林 雅洋（2020）．一斉休校と子どもの権利　理科教室，*63*（8），94-95.

国立特別支援教育総合研究所（2020）．特別支援教育の基礎・基本2020　ジアース教育新社.

近藤 直子（2011）．人生の根っこを育てる──障害児の保育と保育所・幼稚園の役割──現代と保育，*81*，6-25.

松本 博雄（2019）．子どもの尊厳と権利　心理科学研究会（編）．新・育ちあう乳幼児心理学──保育実践とともに未来へ──（pp. 2-15）　有斐閣.

Murray, J. (2019). Hearing young children's voices. *International Journal of Early Years Education*, *27*(1), 1-5.

Pollard, A., Triggs, P., Broadfoot, P., McNess, E., & Osborn, M. (2000). *What pupils say: Changing policy and practice in primary education*. London: Continuum.

Powell, S., & Smith, K. (Eds.) (2017). *An introduction to early childhood studies* (4th ed.). London: SAGE.

柘植 雅義（2010）．個別の指導計画と個別の教育支援計画　柘植 雅義・渡部 匡隆・二宮 信一・納富 恵子（編）．はじめての特別支援教育──教職を目指す大学生のために──（pp. 75-90）　有斐閣.

内田 樹（2020）．サル化する世界　文藝春秋.

LGBTQ：
性的マイノリティの子どもへの相談対応と支援体制

松尾　由希子

　LBGTという言葉について，聞いたことがありますか。LGBTは，レズビアン，ゲイ，バイセクシュアル，トランスジェンダーの頭文字で，性的マイノリティを総称する言葉としても使われています。近年では，これにクエスチョニング（性自認や性的指向が決まっていない）の頭文字を加えた，LGBTQという言葉も知られています。「LGBT意識調査2019」（LGBT総合研究所）によると，LGBTという言葉の認知度は91.0％であり，近年急速に認知が広がっています。一方で，LGBT以外のセクシュアリティ（Qなど）については，約8割の人が言葉自体「聞いたことがない」と回答しています（電通ダイバーシティ・ラボ「LGBTQ+調査2020」）。LGBTについても，言葉の理解率は57.1％にとどまっており，言葉は聞いたことがあるけれど，どのような人たちかわからない人も多いようです。セクシュアリティの特徴を認識できると対応について考えやすくなります。このコラムでは，性的マイノリティの子どもから相談があったときの対応について，これまでの経験を踏まえてお話しします。学校にかかわる内容が多いため，教員やスクールカウンセラー，スクールソーシャルワーカー，教員を目指す人が主な対象です。ただし，たとえば自治体などの職員は今日，性の多様性に関する「出前授業」など，学校を訪問して授業にかかわったり，若年層を対象にした事業を推進したりすることもあるため，子どもにかかわる機会のある仕事に就いている人や今後就こうとしている人にも参考になると思います。

1. 文部科学省は，性的マイノリティの子どもたちをどのように認識しているか

(1) 2015年の通知と教員への周知状況

　今日，性的マイノリティの子どもへの相談対応に入るための根拠として，

2015年4月に文部科学省が出した通知「性同一性障害に係る児童生徒に対する
きめ細かな対応の実施等について」（以下，「2015年通知」）があります。国際的
にみると，トランスジェンダーという言葉を用いるのが主流ですが，通知では
性同一性障害が使われているのでそのまま記します。この通知の要点は，①学
校や教員は，性同一性障害の子どもの相談に対してきめ細かに対応すること，
②性同一性障害以外の性的マイノリティの子どもへの相談体制の充実を図るこ
とです。「2015年通知」の特徴は，すべての性的マイノリティの子どもを対応
の対象としている点です。この通知により文部科学省は，教員のことを，性的
マイノリティの子どもが学校で過ごしやすいように支援する存在として認識し
ていることがわかります。しかし，この通知の内容を知らない教員も少なくな
く，十分に周知されているとはいえない状況です。

(2) カリキュラム上「みえない存在」になっている性的マイノリティの子ども

　文部科学省が告示する学習指導要領は，小学校から高等学校におけるカリ
キュラムの基準を示しています。戦後以降今日まで，学習指導要領に性的マイ
ノリティに関する記載はありません。学習指導要領に記載がないと，教科書に
含めなくてもよいため授業で学ぶ機会は保障されません。今日まで学習指導要
領に記載されてきた内容は，異性愛とシスジェンダー（出生時に割り当てられた
性と自認する性が同じ）を前提にした性別二元論（人の性は男女に分類されるという
考え方）です。このように，学校において性的マジョリティの状態は教えられ
るものの性的マイノリティについては教えられないため，ほとんどの子どもが
学校で性の多様性について知ることができません。現行のカリキュラムを学ぶ
中で，性的マイノリティの子どもは「異性を好きにならない自分は，おかしい
のではないか」など，自身の存在に疑問を抱くといわれます。国は，「2015年
通知」で性的マイノリティの子どもの存在を認識する一方，カリキュラムでは
「みえない存在」にしているという点で矛盾があります。性的マイノリティの
子どもの多くは，自身のセクシュアリティを隠して学校生活を送っています。

2. 学校における性的マイノリティの子どもへの相談対応の問題点

　「2015年通知」により，子どもから相談があったら，教員や学校は対応するという方針が明確になりました。ただし，対応や支援の過程で問題もみえてきました。事例をあげながら，対応の際の問題点について示します。

【事例】

　子どもが「性自認に合った制服を着用したい」と教員に相談しました。教員からみて相談に来た子どもは，これまで制服の着用も含めて問題なく過ごしていました。学校で協議した結果「制服を変えることでいじめにあうかもしれないので，変えられない」と回答しました。

(1) 子どもの思いや希望を十分に聞き取っていない

　この事例では，ほとんど子どもと教員が話をしていません。「性自認に合わない制服を着て，どういう気持ちで過ごしてきたのか」「なぜ，相談に来てくれたのか」「制服を変えることでどのような気持ちになると思うか」など，これまでの経緯や今後について聞き取る必要があります。また，子どもが保護者に話しているのであれば，保護者とも話をするとよいでしょう。

(2) 子どもではなく，教員が結論を出している

　出生時に割り当てられた性（からだの性）と異なる制服を着用することで，いじめにあう可能性があるというリスクの想定は大事です。しかし，それは対応を断る根拠に使うのではなく，いじめが起きないように事前に対策を練るという方針につなげられるとよいでしょう。しかし，事前に対策を講じていても対応の過程で子どもが嫌な気持ちになることもあるかもしれません。教員はできる限り対応することを伝えつつ，そのような可能性も子どもに示しながら，子ども自身に決めてもらうことが大事です。

(3) 子どもが装ってきた状態にとらわれている

　教員は，相談に来た子どもについて，これまで出生時に割り当てられた性の

制服を着ていても悩んだ様子はなく，学校生活を良好に送っていたようにみえたといいます。相談に来たときも緊張していたけれどふだんと変わりなくみえたようです。そのため，教員は「周囲よりも目立ちたいだけかもしれない」「本当に悩んでいるのだろうか」と思い，学校で協議した結果「制服は変えられない」と回答しました。しかし，実は子どもは長い間悩んでいました。朝，制服をみるたびに落ち込み，「学校に行きたくない」と思いながら保護者に励まされて，「我慢しなくてはいけない」と通学していました。子どもは相談に行くまでに長い期間がかかっており，それまで何事もないように装って登校していました。相談に行ったのは「これ以上は無理だと思ったから」です。話を聞く教員は，子どもが必死で装っていた姿にとらわれず，子どもの本当の気持ちを聞き取ろうとしてください。

(4)「2015年通知」を知らない

　この相談事例では，子どもにかかわった教員が「2015年通知」の内容について知らなかったために「対応しない」という回答をしました。同様の例は他の学校でもあったため，珍しいことではないのかもしれません。

　後日，学校は「2015年通知」の内容を確認し，子どもと保護者に謝罪をしたうえで子どもから話を聞き取り対応しました。

　ただし，ここで相談事例としてあげた内容は，徐々に少なくなっているように感じます。2020年くらいから制服改革の動きがあり，一部の学校では性別を問わずすべての生徒が，スカートやスラックスなどを選択できるようになりました（加藤・松尾, 2021）。制服改革の動機の1つに性的マイノリティへの対応がありますが，他に気温への対応や動きやすさなどもあがっています。個々の生徒の選択や過ごしやすさを尊重しようとする学校の姿勢によって，性的マイノリティの子どもは，以前に比べると制服を選択しやすい環境になりつつあります。このような流れと連動しているのか，旧来の男女別の制服を採用している学校であっても，子どもが相談すれば対応するという姿勢が強まっていると感じます。一方で，性的マイノリティの子どもにかかわる大人は，性的マジョリティ前提の学校において，制服以外のさまざまな場面で子どもがストレスを感じやすい状況にあることを認識する必要があります。

3. 性的マイノリティの子どもに対応するために

(1) 性の多様性に関する知識を得る

　まず「2015年通知」の内容を確認し，子ども対応にかかわる教員やスクールカウンセラーの間で情報を共有するとよいでしょう。性的マイノリティの子どもは必ず存在しています。今は相談がない学校でも，いつでも対応できるように準備しておくと安心です。

　次に，LGBTQ以外の性的マイノリティの存在も認識しましょう。ノンバイナリー（性自認が男性・女性のどちらでもある，またはどちらでもない）やAセクシュアル（いずれのセクシュアリティも好きにならない）なども存在しますが，知らないと適切に対応できません。子どもが「性自認に合わない女子の制服を着用したくない。でも男子の制服も着用したくない」と学校に相談したことがありました。教員は子どもの状態を理解できず，「困らせようとしているのでは，と思った」そうです。そこで，性別を規定されたくないセクシュアリティの存在などを知らせたところ，学校は再度子どもから話を聞き取り，その結果，子どもが希望したとおり，男女共通デザインのジャージを着用することになりました。

(2) 子どもの話をしっかり聞く

　セクシュアリティは，グラデーションであるといわれます。たとえば，トランスジェンダーでも，手術を希望する人もいればそうでない人もいます。Aセクシュアルは性的指向がないと説明されることがありますが，その中には恋愛感情がなくかつ性的に惹かれない人もいれば，性的に惹かれなくても恋愛感情がある人もいます。このように，同じセクシュアリティでも人によって状態やニーズが異なり，セクシュアリティごとの対応マニュアルはありません。だからこそ，子どもがどのような点に困っていて，どうしたら過ごしやすくなるのか，丁寧に聞いていくことが大事になります。

　また，セクシュアリティには流動性という特徴があります。一生を通じて同じセクシュアリティの人もいれば，変化する人もいます。とくに思春期に揺れ動く人は多いため，定期的に面談をして子どもの気持ちやニーズなどを確認し

ていくことを勧めます。ただし，本人や周囲の人が現在のセクシュアリティを変えたい（変えさせたい）と希望して変わるものではありませんので，変化を強いるようなことは絶対しないようにしましょう。

　相談内容によっては，周囲の子どもへの対応も必要になります。この場合も，相談に来た子どもの希望を聞きながら進めていきます。たとえば，制服を変える場合，周囲の子どもが教員に事情を聞いてくるかもしれません。ある学校では，周囲の子どもが質問に来たときの回答例を，相談してきた子どもと作成して全教員が情報共有し，統一した回答をすることにしました。

(3) 性的マイノリティの子どもも過ごしやすいLGBTQフレンドリーな環境づくり

　相談に来た子どものニーズに対応すると同時にその子どもを取り巻く環境も整備していくことで，子どもは過ごしやすくなります。学校の中には，教員に相談できない（しない）子どももいますので，そのような子どもたちにとっても過ごしやすい環境をつくっていくことに意味があります。

　まず，教員が日ごろの言動を見直すことです。ある学校では集会時の男女別整列について教員間で話し合った結果，「分ける必要がない」としてやめました。このように，不必要な男女区分を見直すことで，気持ちが楽になる子どもたちもいます。

　また，対応内容によっては学校外の組織とつながることも考えられます。セクシュアリティを自覚すると同じセクシュアリティの人に会いたいと願う子どももいます。同じセクシュアリティの人と話すことで，自身のセクシュアリティを肯定的にとらえ直すことができるようになるといわれます。そして，子どもが大人の性的マイノリティと出会うことで，将来を描きやすくなります。近年，当事者の居場所づくり事業を地域の当事者支援団体などと行っている自治体もあります。たとえば静岡県や静岡市は，2019年度から実施し，教員はそのポスターを学校に貼ったり，相談に来た子どもや保護者に知らせたりしています。このように，自治体などを通じて学校外の組織や取り組みについて情報収集することで，子どもや保護者に情報を提供できます。

(4)　今後期待したい研究について

　「2015年通知」以降，子どもや学校教育を念頭に置いた性的マイノリティの研究も増えてきました。ただし，まだ比較的認知度の低いAセクシュアルやクエスチョニング，ノンバイナリーなどについて，当事者の思いやライフヒストリーなどがわかる質的研究はほとんど存在しません。子どもにかかわる大人がセクシュアリティを認識していないと，子どもが相談に来ても対応できません。そのため，これらのセクシュアリティの研究も必要です。たとえば，当事者支援団体などの助力を得て，質問紙やインタビュー調査を行うことが考えられます。量的な調査も重要ですが，当事者の思いや特徴をより具体的に知ることで対応や支援について検討しやすくなります。今後，研究が蓄積されていくことを期待します。

[引用文献]

加藤　靖・松尾　由希子（2021）．制服を通した集団指導体制のみなおしによる学校改革の取り組み──「総合的な学習の時間」を活用し，個の尊重をふまえた社会的自立をめざして──静岡大学教育研究，*17*，53-68.

第2章
非行・問題行動：
教師はどのように理解してかかわるか？

金子　泰之

1. なぜこの問題を研究しようと思ったのか
非行・問題行動に関心をもったきっかけ

　1997年に日本を震撼させる事件が起きました。幼い子どもが犠牲になった神戸連続殺傷事件です。それを知ったとき私は高校2年生でした。自分とそれほど年が離れていない14歳の少年が引き起こしたこの事件は，私自身に大きな衝撃を与えました。

　小学生から高校生あたりまでの私は，どちらかというと親や先生に怒られたくないという意識が強く，怒られることはしないように心がけている子どもだったと思います。とはいっても，調子に乗って授業中にふざけたり，おしゃべりしすぎたりして学校の先生から指導を受けた経験はたくさんあります。

　私が中学3年生のときに，生徒会の仕事で生活委員長という風紀委員のような仕事をまかされることになりました。私の中学校では，一部の生徒が制服を着崩していたことが問題となっていました。頻度は低かったと思いますが，学校のトイレからタバコの吸殻がみつかること，下校時に生徒が喫煙していたと学校に連絡が入ることもあったようです。学校内で起きている生徒の問題について，生活委員長としてどう考えるのか，委員会を担当していただいていた先生と話し合った記憶があります。「なぜ中学生は制服を着崩したり，タバコを吸ったりすると思う？」とその先生に問われました。学校内で制服を着崩したり喫煙したりすれば，ほぼ確実に先生にみつかります。注意されることがわかっているのに，あえて学校で問題を起こすことについて，同じ中学生として私はまったく理解できないと答えた記憶があります。私自身の中学時代の記憶もあり，人がなぜやってはいけないことをするのか？　なぜ法から逸脱するのか？　という疑問を高校2年生のときにあらためて思い出したことが，中学生

40

の問題行動を研究する大きなきっかけになっていったと，今振り返ると感じます。

　高校2年生のころは，卒業後の進路に悩んでいた時期でもありました。中学まで理科が大好きだったため，私は理系に関心をもっていたのですが，高校で物理と化学に挫折。同級生のほぼ全員が高校卒業後に進学を希望する中，何を学ぶために大学を目指すのか，私は明確な答えをみつけられないまま高校生活を過ごしていました。大学進学について友人に相談すると，就職を考えて工学部，つぶしがきく法学部や経済学部という答えが返ってきます。しかし，友人が何に関心をもって学部・学科を選んだのか，その学部で何を学んでみたいのか，何のために大学で学ぶのかについての答えは得られませんでした。私の出身である山形県の高校では，大学なら国公立に進学することが1つの目標になっていました。国公立の大学を目指そうという言葉は高校生活の日常でよく耳にすることはあっても，大学進学後に4年間かけて大学で何を専門的に学ぶのか，何のために大学で学ぶのかについて私はヒントをみつけることができずにいました。高校卒業後の進路に悶々とする中，人はなぜやってはいけないことをするのか？　という問題関心が浮かんだときに，人について学べる心理学が目にとまりました。ここから，私の高校卒業後のイメージが少しずつ具体的になっていきます。大学では心理学を学んでみようと一歩踏み出すことになりました。

　犯罪や非行について関心をもって大学に入学したものの，大学・大学院で犯罪や非行そのものを研究することは難しいことがみえてきます。犯罪や非行をテーマに研究している多くの研究者は，科学警察研究所や科学捜査研究所に勤務する研究者，鑑別所に勤務する法務省心理技官であり，公的機関の研究職や専門職に就く必要がありそうでした。3年生からゼミに入り，卒論に向けてテーマ探しに入ります。卒論では，他者のマナー違反を目にしたときに感じるイライラを取り上げました。他者のマナー違反を目にしたときに，それにイライラすることは多くの人が経験したことがあるのではないでしょうか。犯罪そのものではありませんでしたが，私たちの日常生活にひそむ他者に対する攻撃性をアンケート調査で分析できたことにより，心理学的研究についての面白さを感じることができました。卒業論文で実施した調査は再分析され，のちに『犯罪心理学研究』というあこがれだった雑誌に掲載されることになります（金

子, 2007)。振り返れば，卒業論文を執筆したこと，そしてそれを投稿した経験を通して心理学の研究に興味と関心をもてたことも，私自身にとって大きな転機だったと思います。

　1990年代後半に社会問題となっていた少年非行に話を戻します。私が高校卒業後から大学を卒業するあたりまでの数年間に，記憶に残る未成年の事件は続きます。1998年には栃木県の中学生がナイフで教師を殺傷した事件，2000年に17歳少年がバスジャックした事件，2004年に長崎県の小学校で女児が同級生を殺害した事件などがあります。「キレる」という言葉をマスメディアで目にすることが増えていきます。未成年による犯罪が社会問題化していく中で，少年法改正の議論が進んでいきます。これらは，私が高校生から大学生までの数年の中で起きた大きな変化でした。その後，少年法は厳罰化され現在に至っています。

　大学院進学後，自分の研究テーマ選びに迷う中，授業の一環で中学校に週1回実習に行くことになりました。その中学校で出会った生徒によって，学校内の問題行動に再び目が向くことになります。私服を着て学校に来る，教室や学校を抜け出すといった一部の生徒の行動が目立っていました。なぜ生徒は学校のルールから逸脱するのか？　先生にみつかって注意されるような目立つことをなぜ学校内でするのか？　実習先の中学校の生徒の様子，生徒と教師の関係は，私自身の中学時代と同級生の姿とも重なりました。学校内でやればすぐに先生にみつかるにもかかわらず，なぜ目の前の中学生は人目もはばからずにふるまっているのだろう？　中高生のときに問題関心を抱いてから遠回りしてきましたが，大学院進学後に学校内の問題行動を研究することがはじまっていきます。

2.　どんな問いを立てたのか
逸脱しやすい中学生が，なぜ学校生活に関与できるのか？

　大学院入学後，中学校に実習に行くようになり，学校の教師と話すことが増えていきました。大学で読んだ論文や犯罪・非行理論などを話題にしながら，職員室で生徒の様子について意見交換をしました。そのときに中学校の先生に

投げかけられた言葉が印象に残っています。それは，「非行や問題行動に影響する要因があることはわかったが，学校現場の教員として生徒にどう対応したらよいのか？」という言葉でした。非行や問題行動をモデルに当てはめて説明する研究があります。そこから青少年の行動の背景に，どのような要因があるのかを理解することはできます。しかし，要因を特定したところで，その原因を取り除くことが難しい場合があります。原因や要因の特定は，教育現場における手立てにはつながらないのです。

　犯罪における対策について，万引きを例に考えてみましょう。凶悪犯罪のうち日本の殺人の認知件数は減少傾向にあり，諸外国と比べても犯罪は少ないといわれています（浜井, 2009）。そんな現在，日本で問題になっているのが自転車盗や万引きなどの窃盗です。警察庁（2019）の犯罪情勢をみると，刑法犯総数のうち大半を占めるものが窃盗犯となっています。窃盗の中で，万引きは青少年の非行の入り口といわれていた時代もありますが，今は高齢者による万引きが問題視されています。犯罪の認知件数を減少させるために，万引きを含む窃盗に対してどう対策していくかは，日本全国の都道府県で課題になっています。

　香川県警と香川大学が連携して行った万引きについての一連の調査研究（大久保ほか, 2013）を例に，非行・問題行動への手立て・対応についての考え方を述べてみようと思います。この調査結果から，加害者の年齢によって，万引きに結びつく要因は異なることが指摘されています。代表的な要因をあげると，青少年の万引きに影響する要因は仲間同士の関係，成人の万引きに影響する要因は経済的要因，高齢者の万引きに影響する要因は社会的孤立です。同じ万引きという犯罪であっても，その背景にあるものが加害者の年齢によって異なることを理解できます。

　明らかになった要因をもとに，スーパー，ドラッグストア，コンビニなどの万引き被害にあいやすい店舗が，万引き防止に向けた対策を考えるとしましょう。上にあげた年齢別の3つの要因を取り除くために，店舗で対策を考えようとしても，簡単に答えはみつかりません。たとえば，高齢者の万引きの場合，社会的孤立が要因にあげられています。しかし，店舗が高齢者の社会的孤立解消に向けた対策をとることはできるでしょうか。どちらかといえば高齢者の社

会的孤立は，地域や社会問題の水準として考えなければいけない課題です。この社会的孤立，経済的問題などは，行政や福祉にとっては重要な知見となるでしょう。けれども，万引き被害を少なくするために，今日からでも対策を打つ必要がある店舗にとって，高齢者の社会的孤立を解消すべきという結果を提示されても身動きがとれなくなります。研究者は，得られた知見を誰に読んでもらいたいのか，誰に活用してもらいたいのかを考えたうえで，研究を計画する必要があるといえるでしょう。

　大久保ほか（2013）による香川県警と香川大学が連携して行った調査では，「どうしたら店舗で万引きを防ぐことができるのか？」という問いにも焦点を当て，万引きに強い店舗づくりについての提言も出しています。たとえば，万引きの実態や手口を店舗従業員が理解すること，万引きされやすい商品がどこにあるのかを店内マップとして作成し従業員間で共有すること，従業員が来店してお客の目をみながら「いらっしゃいませ，何かお困りですか？」といった声かけをし，お客さんが気持ちよく買い物できる店舗づくりを目指すこと等が，万引きに強い店舗づくりに必要な対策としてあげられています。

　万引き防止研究からみえてきた「要因を明らかにしても必ずしも対策にはつながらない」という問題は，中学生の問題行動についてもいえます。「なぜ生徒は学校内でトラブルを引き起こすのか？」という問いに基づく研究は，青少年の非行や問題行動に影響を与える要因を明らかにしようとする研究に偏っているようにみえました。一方，私が中学校の教師に指摘されたように，「生徒の問題行動に対して教育現場は何ができるのか？」「問題行動の抑止に向けた教師の対応にはどんな効果があるのか？」という問いに基づく研究は不十分に感じられました。中学校の職員室で現場の教師と意見交換するようになって意識しはじめたのは，研究結果を誰に読んでほしいのか，明らかになった知見を読み手はどう受け止めるのかを想像することでした。

　問題行動のような学校適応を研究対象とするなら教育実践を意識した研究を積み上げなければならないと私は考えるようになりました。ただし，研究者が教育実践を意識していると思っても，現場の教師の意識との間にズレが生じる可能性はあります。教育実践にうまく結びつけられるかどうかはわかりませんが，生徒指導のような操作可能な変数を組み入れた研究を積み上げることで，

教師が生徒にどうかかわれば問題行動を減らすことができるのかという，教師のかかわりに焦点を当てた問題行動研究を進めることにしました。

　教師のかかわりに焦点を当てることが決まった後，研究を進めるにあたって1つの課題が明らかになってきました。それは，中学生の学校適応をどうとらえるか，ということでした。井上・矢島（1995）は，教育上，指導を要する行動を問題行動と定義しています。つまり，教師の視点からみて問題とみなされるものを問題行動としているのです。本研究でも，井上・矢島（1995）の定義に倣い，中学生の問題行動を調査することにしました。教師の視点からみて指導を要するとみなされた生徒の問題行動は，減少していくことが学校現場では望ましいといえます。これを研究するとしたら，どのような教師のかかわりによって，生徒の問題行動が減少していくのかを明らかにする調査を計画すればよいわけです。しかし，教師のかかわりと生徒の問題行動の関係を単純に検討するだけでは問題があることが，発達という視点からみえてきます。

　モフィット（Moffitt, T. E., 1993）は，生涯にわたって逸脱行動に関与するグループと，青年期のみに逸脱行動に関与し，成人期にさしかかると非行や犯罪から離れていくグループの存在を明らかにしています。そして，後者のグループを発達的に正常なグループとみなしています。日本で調査された研究においても，14〜16歳あたりで反社会的行動がピークに達し，その後，減少していく逆U字型の軌跡が報告されています（原田・米里, 1997; 岡邊, 2007）。つまり，青年期の一時期にのみ顕著にみられる問題行動は，発達的現象ととらえることができます。いわゆる第二次反抗期と呼ばれるものであり，子どもは親や社会の価値観を批判的にとらえ直しながら自己を確立していきます。他律的な自我からの移行が生じ，自律的自我がめばえはじめた時期に，制服などの着用によって管理教育がはじまれば，生徒と学校，生徒と教師がぶつかり合うことになっていきます（田口, 1993）。

　第二次反抗期と呼ばれる現象は，発達的視点からは自然なことという前提に立つと，中学生による問題行動は，学校内で一定程度生じてもやむをえないものと考えられます。発達的に自然な過程を，教師による生徒指導や管理的教育を用いてゼロの状態に抑え込もうとすることは現実的ではないと考えられます。教師が生徒の問題行動を抑え込もうとすれば，それに対してさらなる反発

が生じる可能性も考えられるでしょう。こうして中学生の問題行動をどうとら
えるかという，学校適応のとらえ方の課題が残りました。

　この課題への突破口として1つの道筋を与えてくれたのが，ブリーフセラ
ピーでした。どんな深刻な問題状況であっても，"問題が起きていないと
き""問題が軽微なとき""問題が解決している瞬間"，つまり例外があり，それ
を探し，よい循環へとつなげていくことが，ブリーフセラピーの重要な概念と
されています（長谷川, 2005）。中学生の学校適応の場合における例外とは，生
徒が問題行動を起こしていないときになります。生徒が問題を起こしていない
ときとはどのような生徒の状態でしょうか。たとえば，生徒が時間どおりに学
校に登校する，授業を受ける，部活や学校行事に参加するなど，生徒が学校生
活に関与している状態といえます。耳塚（1980）は，学校と教師のもつ価値へ
の肯定的な適応を示すことを向学校的と定義しています。この定義を参考に，
学校と教師のもつ価値への肯定的な適応を示しながら学校内の活動に取り組め
ている生徒の行動を向学校的行動と本研究では定義しました。長谷川（2005）
のブリーフセラピーに沿って考えると，問題行動の例外が向学校的行動になり
ます。そして，「例外である向学校的行動が生起する条件をみつけ，それが続
く良循環をつくっていくために学校ではどうしたらよいか？」について本研究
では考えることにしました。

　マッツァ（Matza, D., 1964/1986）は，逸脱的な文化と順法的な文化の間を漂流
する存在として青少年をとらえています。第二次反抗期真っただ中の中学生で
あっても，1日24時間の中で常に問題行動を引き起こしているわけではありま
せん。問題行動と向学校的行動の間を，行きつ戻りつ漂流しながら，生徒は学
校で生活しています。1日24時間の中で，生徒が向学校的行動にとどまる時間
が長くなれば，相対的に問題行動にとどまる時間は短くなり，問題行動の頻度
は減少していきます。ブリーフセラピーの考え方をヒントにしながら，生徒の
向学校的行動を促進するためにはどうしたらよいのかを問うことが本研究の目
的になっていきます。

　先行研究と本研究の問いを対比させてみたいと思います。先行研究では，
「非行少年や問題生徒はなぜ逸脱するのか，その要因は何か？」と問い，実証
的研究を実施していました。その結果，衝動性や攻撃性の高さ，規範意識の

低さ，仲間関係の要因等が非行少年や問題生徒の特徴として説明されていました。それに対し本研究は，「第二次反抗期にあり学校生活で逸脱しやすい中学生が，なぜ学校生活に関与することができるのか？　なぜ向学校的行動という姿をみせることができるのか？」と問います。

　本研究では，教師のかかわりに焦点を当て，中学生の学校適応との関係を明らかにすることが目的の1つでした。教師のかかわりと向学校的行動を組み合わせて問いを立ててみます。それは「第二次反抗期にあり，学校生活で逸脱しやすい中学生の向学校的行動を促進するために，教師は中学生にどうかかわればよいのか？」となります。

　本研究では，教師のかかわりによって生徒の問題行動を直接的に抑止するためにどうしたらよいのかを問うのではなく，教師のかかわりによって生徒の向学校的行動を促進するためにはどうしたらよいのかを問うことにしました。そして，向学校的行動が促進されることによって，問題行動が減少していく過程を明らかにすることを目的にしました。

　具体的には，中学3年間にわたる縦断調査によって，教師のかかわりと中学生の学校適応（学校内問題行動と向学校的行動）の関係を検討することにしました。縦断調査によって検討する理由を述べます。

　中学校から高校にかけての時間的展望を横断的に検討した研究（都筑, 2009）によると，中1から中2にかけて将来への希望や計画性の低下，空虚感の上昇が明らかになっています。さらに，小学校から中学校にかけて生徒の時間的展望を5地点による縦断調査で検討した研究（都筑, 2008）によると，中2の1学期から中2の3学期にかけて空虚感の上昇が明らかになっています。生徒は，中学3年間の学校生活の中で，部活，勉強，上級生との関係の変化などを経験しながら，自分自身への関心が高まっていきます（都筑, 2001）。中学3年間で，学校生活の中での経験を積み重ねながら生徒は発達していきます。中学生の3年間の学校適応を明らかにするためには，ある1地点からの分析だけでなく，中学3年間をとらえられる縦断調査を行う必要があります。中1，中2，中3の学年ごとに，生徒の学校適応がどのように変化していくのかを縦断調査によって明らかにすることができます。私が大学院生だったころ，学習支援・不登校支援の仕事で中学校に通っていました。そのときに，中学校の教師と話してい

ると，次のような言葉が出ました。「中1は中学に入学したばかりのため緊張感をもって生活している。中3は高校受験が近づいてくるため落ち着く。その間にある中2は，中だるみの時期だからね」。これは中学2年次の生徒の問題行動に対する指導の難しさを述べたものでした。中学生活の3年間にわたる縦断調査を通して，学年ごとに重点を置くべき教師のかかわり方も明らかにすることにより，このような教師の認識に対して示唆を与えることができると考えられます。

3. どんな研究を行い，何がわかったのか
中学生を学校生活に巻き込むために教師はどう対応したらよいのか？

3－1. 調査項目の内容

　中学3年間の縦断調査を行うことにしました。3年間の中で中学生の問題行動と向学校的行動がどのように変化するのかを検討します。また問題行動と向学校的行動がどのように影響し合うのか，向学校的行動を促進するために教師はどのようにかかわるのかを検討します。そのためのアンケート調査で用いる質問項目から説明していきます。
　教師のかかわり，問題行動，向学校的行動という3つの具体的なキーワードが出てきました。実証的に調査していくために，3つのキーワードをとらえるための尺度を作成することからはじめました。質問項目の収集から尺度の構成までを，教師のかかわり，問題行動，向学校的行動の3つについて順番に説明します。具体的な質問項目は，本章の最後に付録として掲載しました。

3－1－1. 教師のかかわり尺度
　問題行動や非行に対する生徒指導の効果が報告されています（住田・渡辺，1984）。ここで取り上げられている生徒指導は，生徒によって引き起こされた行動の後に事後的に行われる指導になっています。問題行動や非行のみに焦点を当てるのであれば，事後的指導だけでも十分かもしれません。本研究では，

生徒が問題を起こしていないとき，例外としての向学校的行動にも焦点を当てて分析していきます。

　問題に対処する考え方は，逸脱などの問題を観察するモデルが主だったため，問題ではない行動や非問題時があったとしても，その変化は注目されにくかったと指摘されています（吉川, 1999）。生徒指導や教師のかかわりを事後的なかかわりからとらえることは，生徒の逸脱や問題行動だけに注目する視点に偏ります。これでは，教師のかかわりや生徒指導のとらえ方が狭くなります。

　教師を対象とした調査の結果，ふだんから生徒に声をかける，教師が生徒に役割を与えるなどの能動的なかかわりをしていることが明らかとなっています（金子, 2008）。さらに，生徒が問題を引き起こしたときに対する教師の事後的なかかわり方と，生徒が問題を引き起こしていないときの教師の能動的なかかわり方を，メリハリをつけて使い分けることが生徒の教師に対する信頼感につながる可能性があることが明らかになりました（金子, 2014）。この結果を踏まえ，教師のかかわりを能動的なかかわりと事後的なかかわりの2つの次元からとらえることにしました。

　具体的には，金子（2008）の結果を参考に，教師の能動的なかかわりと事後的なかかわりについての質問項目を収集し，教師のかかわり尺度を構成しました（金子, 2018）。この尺度は，2因子11項目から構成されていました。「あなたの学校の先生についてお聞きします。先生はあなたに対してどのように接すると思いますか？」という教示を用いて，“ぜったいにちがう（1点）”から“きっとそうだ（4点）”までの4件法で回答を求めました。そして因子ごとに合計した得点を項目数で割ることで平均値を算出しました。

3−1−2. 学校内問題行動尺度と向学校的行動尺度

　学校内問題行動尺度は，井上・矢島（1995）の定義に基づいてとらえることにしました。加藤・大久保（2004）の中から学校内の問題行動に関係する項目を用いて，学校内問題行動尺度を構成しました（金子, 2018）。この尺度は，3因子16項目から構成されていました。「ここ1年間に学校内で以下のことをしたことがありますか？」という教示を用いて，“まったくない（0点）”から“何度もある（3点）”までの4件法で回答を求めました。

　学校内問題行動尺度は，対教師的問題行動，対学校的問題行動，対生徒的問題行動の3つの因子で構成されていましたが，本研究では，学校内問題行動全体としての傾向を分析するため，3つの因子を合算し，項目数で割ることで平均値を算出しました。

　向学校的行動尺度は，耳塚（1980）の定義に基づいてとらえることにしました。そして，教師を対象に実施した自由記述調査結果（金子，2014）を参考に項目を収集し，向学校的行動尺度を構成しました（金子，2018）。この尺度は，2因子13項目から構成されていました。「ここ1年間に学校内で以下のことをしたことがありますか？」という教示を用いて，"まったくない（0点）"から"何度もある（3点）"までの4件法で回答を求めました。

　向学校的行動尺度は，学校生活関与行動と学校習慣順守行動の2因子から構成されていましたが，本研究では，向学校的行動全体としての傾向を分析するため，2つの因子を合算し，項目数で割ることで平均値を算出しました。

3－2．調査の手続き

　首都圏にある公立中学校2校において調査を実施しました。2007年4月に中学校に入学した生徒を対象に，3年間にわたる縦断調査を実施しました。調査時期は，2008年3月（1年次），2009年3月（2年次），2010年3月（3年次）の3つの地点でした。学期末の3月に調査を実施したのは，学年末に調査を実施することによって1年間を振り返って回答してもらうためでした。1年間を振り返って回答してもらうことで，各学年の実態をとらえられると考えたからです。

　中学の教師がホームルームなどの時間内に調査票を配布し，調査を実施しました。調査票と一緒に生徒にはのり付き封筒を配布しました。回答後，生徒には回答済みの調査票を封筒に入れて封を閉じてもらい，その封筒を回収しました。これは，調査票の内容が教師や他の生徒にみられ，生徒個人の不利益とならないように配慮するためでした。回答は強制ではなく生徒一人ひとりにまかされていること，回答したくない場合は白紙で提出してほしいこと，アンケートは成績とはまったく関係がないこと，回答されたアンケートを学校の教師がみることはないことを注意事項として記載しました。

　241名（A中学校152名，B中学校89名）にアンケートを配布し，3回の調査すべてに回答のあった199名（男子：98名，女子101名）（A中学校127名〈男子：56名，女子：71名〉，B中学校72名〈男子：42名，女子：30名〉）を分析対象としました。

3-3.　調査のねらい

　まず，1年次の学校内問題行動と向学校的行動が，2年次の学校内問題行動と向学校的行動に関連し，2年次の学校内問題行動と向学校的行動が，3年次の学校内問題行動と向学校的行動に関連するモデルを検討しました。
　図1は，ブリーフセラピーの考え方をヒントに学校内問題行動と向学校的行動の関係を図示したものです。生徒が向学校的行動にとどまる時間が長くなれば，相対的に学校内問題行動にとどまる時間は短くなり，問題行動の頻度は減少していのではないかという問いをモデル化したものです。矢印が交差する部分が，分析によって明らかになるかどうかが分析のねらいになります。

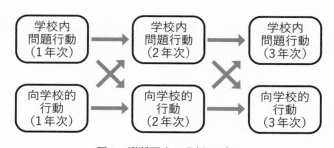

図1　縦断研究の分析モデル

3-4.　学校内問題行動と向学校的行動についての縦断調査から何が明かになったのか

3-4-1.　学校内問題行動と向学校的行動の影響関係
　中学3年間の縦断調査により明らかになった，学校内問題行動と向学校的行動の関係を示しました（図2）。統計的に有意であった矢印のみ記載しています。灰色の矢印が正の影響，白の矢印が負の影響がみられた部分になります。

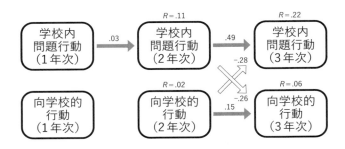

図2　学校内問題行動と向学校的行動の影響関係

　学校内問題行動をみると，1年次の学校内問題行動は，2年次の学校内問題行動に正の影響を与え，2年次の学校内問題行動は，3年次の学校内問題行動に正の影響を与えていました。1年次から学校内で問題行動が多い生徒は，2年次，3年次と続いていくことがわかりました。

　向学校的行動をみると，1年次の向学校的行動から2年次の向学校的行動への影響はみられませんでした。1年次に向学校的行動が多いか少ないかは2年次につながらないことがわかりました。2年次の向学校的行動から3年次の向学校的行動には正の影響を与えていました。2年次の向学校的行動が多い生徒は，3年次にも引き続き向学校的行動が多くなることがわかりました。

　2年次から3年次への移行において，矢印が交差する部分がみられました。2年次の学校内問題行動は，3年次の向学校的行動に負の影響を与えていました。2年次の学校内問題行動が多いと，3年次の向学校的行動が少なくなることがわかりました。

　2年次の向学校的行動は，3年次の学校内問題行動に負の影響を与えていました。2年次の向学校的行動が多いと，3年次の学校内問題行動が少なくなることがわかりました。

　以上から，ターニングポイントは中学2年次にあることがわかりました。2年次の向学校的行動が促進されれば，3年次の学校内問題行動が減少することが明らかになったからです。中学2年次における向学校的行動を促進することが，学校内問題行動を抑止するために必要であるといえます。それでは，2年次の向学校的行動を促進するために，教師は生徒にどのようにかかわればよい

のでしょうか。次に，教師のかかわりが中学2年次の向学校的行動に与える影響を分析していきます。

3－4－2.　教師のかかわりが2年次の向学校的行動に与える影響

　教師のかかわりが2年次の向学校的行動にどのような影響を与えるのかを分析し，その結果を図3に示しました。能動的なかかわりは，向学校的行動に正の影響を与えていました。中学2年次における生徒指導としては，能動的なかかわりに重点を置くことが，生徒の学校適応を促進するために必要であるといえます。

　2つの分析結果をまとめます。中学2年次において，教師が能動的なかかわりを通して生徒に働きかけることにより，生徒の向学校的行動が促進されます。生徒の中学2年次の向学校的行動が促進されれば，中学3年次の学校内問題行動が抑制されるという道筋が明らかになりました。

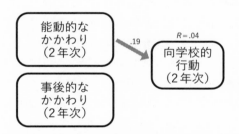

図3　中学2年次の向学校的行動を促進する教師のかかわり

4.　それが実践にもつ意義は何か
中学生が学校に来て生活する当たり前の日常を教師が認めること

4－1.　中学生の学校適応を促進するために教師はどのようにかかわるか？

　「第二次反抗期にあり学校生活で逸脱しやすい中学生が，なぜ学校生活に関与することができるのか？　なぜ向学校的行動という姿をみせることができるのか？」と問いを立てました。そして，中学生の向学校的行動を促進するため

に，教師は中学生にどうかかわればよいのかを3年間にわたる縦断調査によって検討しました。

　中学校生活3年間を通してみていくと，中学2年次に生徒指導の転換点があることが明らかになりました。生徒が中学2年次をどう過ごすかによって，中学3年次における学校での姿が変わってきます。最終学年である中学3年次に向けて，中学2年次に重点を置く生徒指導は，能動的なかかわりでした。

　具体的には，登下校の時間帯に教師が生徒にあいさつをする，休み時間の廊下で教師が生徒に一声かける，授業前に教師が生徒と雑談をするなど，教師の生徒への能動的なかかわりが，中学生の学校適応を促進するために有効であると考えられます。

　教師は，最高学年としての中学3年次の姿を見通しながら，中学1年次から長期な視点で生徒指導を展開していく必要があるといえるでしょう。

4-1-1. 生徒が学校でみせる姿を"当たり前"のこととして思考停止しないこと

　「時間までに生徒が学校に登校するのは当たり前」「教室で生徒が授業を受けることは当たり前」「制服を着て学校に来るのが当たり前」。これは，学習支援・不登校支援の仕事で私が中学校に行くようになり，職員室で教師と話をしていたときに，印象に残っている言葉です。学校内でトラブルを起こす生徒について，私が教師と情報交換している際，生徒なりに頑張っている姿を私が伝えても，教師は"当たり前"という言葉で解釈していました。

　しかし，発達的にみれば"当たり前"ではありません。中学生は第二次反抗期にあり，ルールからの逸脱がみられ，教師や親などの大人と対立しやすい時期だからです。それにもかかわらず，大半の生徒は，学校でまじめに生活しています。トラブルを起こしやすい生徒が，その生徒なりに部活や行事で頑張る姿をみせることもあります。中学生が学校に来て，学校という枠の中で生活できていること，学校に関与して生活していることを，教師はもっと認めてよいのではないかと本研究の結果を受けてとらえることができます。

　ここで強調したいのは，学校生活に関与できている生徒を，教師が認める，承認することを，さりげないかかわりを通してやってみてはどうかという示唆です。学校生活に関与している生徒に，さりげなく一声かけるようなかかわり

を増やしてほしいということです。本研究の結論は，教師が生徒を褒めるかかわりが重要と述べているわけではない点に注意が必要です。

4－1－2. 特別な取り組みではなく日々無意識にやっていることを意識する

　学校適応を促進する取り組みとして，たとえば予防プログラムのようなものがあります。しかし，それを実践するにはそのための時間を設け，それを実践できる人がいなければなりません。教師の働き方や忙しさが問題提起されています（内田, 2015）。新しいことや目立つことを立ち上げて，学校でやろうとすれば，教師の多忙感は増すばかりでしょう。学校適応をテーマに研究する際は，教師にとって，少しでも負担が軽いものを模索し，研究者が提案していくことが現実的といえます。

　本研究で意識したことは，学校に新しい何かを加えたり，特別なことを導入したりするのではなく，すでに学校で実践されているものの中から，教師にとって負担が少なく，生徒の学校適応を促進できる実践を浮かび上がらせることでした。日常の学校生活において，教師一人ひとりが無意識にやっていることが，生徒の学校適応を促進することにつながることを，データを積み上げて明らかにした点に，本研究の意義があると考えられます。

　「少し早めに次の授業の教室に行き生徒の様子をみる」「登下校の時間は校内を歩き回る」「行事や部活に取り組む姿勢を見守る」，このような具体的なかかわりを，教師が意識して学校で積み重ねてみることを，本研究で明らかになった結果から提案できると考えられます。

4－1－3. 主となる活動と活動の間を意識しメリハリのあるかかわり方へ

　授業における教科指導，学校行事などの特別活動，部活などは，学校内において中心となる活動です。学校の中で中心となる活動を充実させることは，日々の実践の中で教師間に意識されていると思います。本研究から明らかにされた教師による能動的なかかわりは，休み時間や登下校場面のような場面で展開されるものです。休み時間，登下校の時間，給食の時間などは，学校の中で主となる活動と活動の間に存在する隙間のようなものであり，目立ちにくいものです。慌ただしい学校生活においては，主となる活動に比べ，その隙間を教

師は意識しにくく，その重要性は見過ごされがちです。本研究によって明らか
にされたことは，学校内で教師が意識しにくく，他の仕事を優先させることで
予定を埋められてしまいやすい隙間時間の重要性です。その時間を使って，生
徒に対して教師がちょっとした声かけをすることが，生徒の学校適応を促進す
るために効果的でした。中学を卒業してから1年後の時点で，中学時代に学校
内で問題行動を繰り返していたことについて高校生にインタビューした調査が
あります（金子, 2014）。その生徒は，中学生だった当時は生活指導主任から繰
り返し指導を受けていましたが，その教師のことを肯定的に意味づけていまし
た。生活指導主任の教師とそれ以外の教師の違いは，能動的なかかわりと事
後的なかかわりを，メリハリをつけて使い分けている点でした。生活指導主任
だった教師は，生徒の問題場面のみを観察対象とせず，問題が起きていないと
きや生徒が頑張っている部活にも目を向けていました。また，その生徒が引き
起こした問題を引きずらず，指導が終われば切り替えて，休み時間に生徒と雑
談するようなかかわり方をしていました。このように生徒の様子に合わせて，
能動的なかかわりと事後的なかかわりを使い分けることが学校現場において求
められます。

4-2．今後の課題

　本研究で明らかになった生徒指導は，深刻な学校の荒れのような状況という
よりも，学校内で生じている生徒の問題が軽微な段階や初期段階において求め
られるものです。したがって，その効果の範囲は限定的であるといえます。ま
た，金子（2014）のインタビュー調査の対象となった生徒が男子生徒だったよ
うに，どちらかといえば男子生徒による問題行動が想定されていました。女子
のほうが問題を顕在化させにくい雰囲気が学校に存在している可能性が指摘さ
れており（加藤ほか, 2014），同じ問題であっても，性差によって学校での受け
止められ方は異なります。本研究で明らかにされた生徒指導や中学生の学校適
応のとらえ方は，その範囲が限定的であったという課題があげられるでしょう。

　大学院生のころに，中学校の教師から「非行や問題行動に影響する要因があ

ることはわかったが，学校現場の教員として生徒にどう対応したらよいのか？」という言葉を投げかけられたと冒頭で述べました。振り返れば，この言葉に対して，自分なりの答えを出そうと模索していたのが大学院時代の自分の研究だったと感じます。自分が積み上げてきた一連の研究結果を読んだときに，あの先生はどんな言葉を返してくれるだろうかと想像します。「やっぱり教育現場をわかっていないなぁ」と笑いながら話す先生のイメージが私の頭には浮かびます。実践と研究の接点を模索するのは簡単ではないと感じます。

　一見すると複雑そうにみえる教育問題や，特別な手立てを考えないといけないようにみえる問題に対し，学校現場にとって負担が少なく実現可能なものを浮かび上がらせられるような研究を模索し続けたいと思います。

[引用文献]

浜井 浩一（2009）．2円で刑務所，5億で執行猶予　光文社．

原田 豊・米里 誠司（1997）．非行の縦断的パターンの安定性と変動——2つのコーホートの比較——　科学警察研究所報告 防犯少年編, *38*(2), 83-94.

長谷川 啓三（2005）．ソリューション・バンク——ブリーフセラピーの哲学と新展開——　金子書房.

井上 実・矢島 正見（編）（1995）．生活問題の社会学　学文社.

金子 泰之（2007）．逸脱者に対する攻撃的反応を生起させる規範意識の影響　犯罪心理学研究, *45*(1), 25-34.

金子 泰之（2008）．教師からみた生徒像と生徒に対する教師の関わりについての検討——生徒の〈問題時〉と〈非問題時〉に注目して——　中央大学大学院研究年報, *38*, 95-104.

金子 泰之（2009）．学校内問題行動の間接的抑止についての検討——向学校的行動に注目して——　社会安全, *72*, 19-26.

金子 泰之（2014）．中学校における教師の生徒指導と生徒指導に対する生徒の評価　常葉大学短期大学部紀要, *45*, 197-207.

金子 泰之（2018）．中学生の学校適応と生徒指導に関する研究　ナカニシヤ出版.

加藤 弘通・大久保 智生（2004）．反学校的な生徒文化の形成に及ぼす教師の影響——学校の荒れと生徒指導の関係についての実証的研究——　季刊社会安全, *52*, 44-57.

加藤 弘通・大久保 智生・太田 正義（2014）．問題行動における〈性差〉をどう解釈するか——生徒指導の作用構造の転換——　心理科学, *35*(2), 1-7.

警察庁（2019）．犯罪情勢 令和元年の刑法犯に関する統計資料．https://www.npa.go.jp/toukei/seianki/R01/r01keihouhantoukeisiryou.pdf（2020年11月30日アクセス）

Matza, D. (1964). *Delinquency and drift*. New York, NY: John Wiley & Sons.（マッツァ，D.　非行理論研究会（訳）（1986）．漂流する少年——現代の少年非行論——　成文堂）

耳塚 寛明（1980）．生徒文化の分化に関する研究　教育社会学研究, *35*, 111-122.

Moffitt, T. E. (1993). Adolescence-limited and life-course-persistent antisocial behavior: A developmental taxonomy. *Psychological Review, 100*(4), 674-701.

岡邊 健（2007）．非行発生の縦断的パターン——2つの出生コホートの比較——　犯罪社会学研究, *32*, 45-59.

大久保 智生・時岡 晴美・岡田 涼（編）（2013）．万引き防止対策に関する調査と社会的実践——社会で取り組む万引き防止——　ナカニシヤ出版.

住田 正樹・渡辺 安男（1984）．生徒の非行行動に対する教師集団の指導性とその効果——F県の事例調査から——　犯罪社会学研究, *9*, 98-118.

田口 久美子（1993）．発達のプロセス　心理科学研究会（編）．中学・高校教師になるための教育心理学（pp. 30-50）　有斐閣.

都筑 学（2001）．小学校から中学校への進学にともなう子どもの意識変化に関する短期縦断的研究　心理科学, *22*(2), 41-54.

都筑 学（2008）．小学校から中学校への学校移行と時間的展望——縦断的調査にもとづく検討——　ナカニシヤ出版.

都筑 学（2009）．中学校から高校への学校移行と時間的展望——縦断的調査にもとづく検討——　ナカニシヤ出版.

内田 良（2015）．教育という病——子どもと先生を苦しめる「教育リスク」——　光文社.

吉川 悟（1999）．システムズ・コンサルテーションの学校臨床での利用　吉川 悟（編）．システム論からみた学校臨床（pp. 217-234）　金剛出版.

付録（アンケート調査の質問項目）

教師の関わり（金子, 2009）

能動的な関わり

・先生は，生徒が興味や関心をもっている話を聞いてくれる

・先生は，休み時間や給食中に生徒のたわいもない話につきあってくれる

・先生は，ふだんから生徒を気にかけてくれる

・先生は，生徒が得意とすることを尊重してくれる

・先生は，廊下などで生徒に会うと，名前を呼んで話しかけてくれる

・先生は，生徒に仕事をまかせてくれる

・先生は，部活や委員会活動のときに生徒の仕事の進め方を尊重してくれる

事後的な関わり

・先生は，生徒が問題を起こすと，どこを改善すればいいのか教えてくれる

・先生は，生徒が問題を起こすと納得するまで話をしてくれる

・先生は，生徒が問題を起こした時に，真剣に話を聞いてくれる

・先生は，生徒が学校でやってはいけないことをすると，必ず注意する

学校内問題行動（金子, 2009）

対教師的問題行動

・授業中に教室を抜け出す

・理由もなく学校に遅れて行く

・学校内のモノをこわす

・授業中，自分の席を立って歩き回る

・先生に対して反抗的な口調で話をする

・先生から注意されたことに反抗する

・全校集会等で先生の指示に従わない

対学校的行動

・授業中に手紙をまわす

・ぶかぶかにズボンをはく，スカートを短くするなど，標準服を崩して着る

・学校で禁止されている持ち物を持ってくる

・授業中に，授業の内容とは関係のないおしゃべりをする

・授業中に，授業と関係のない作業をする

対生徒的問題行動

・学校で他の生徒の欠点や弱点をしつこくからかう

・学校で他の生徒が嫌がることを無理やりやらせる

・学校で他の生徒の持ち物をわざとかくす

・学校で他の生徒を仲間はずれにする

向学校的行動（金子, 2009）

学校生活関与行動

・授業に集中して取り組む

・先生や友達が言おうとしていることに耳を傾ける

・提出物をしめきり日までに提出する

・先生に頼まれた仕事に取り組む

・委員会活動や学級の当番で，自分がやらなければならない役割を果たす

・授業が始まったら，授業で使う教科書やノートを机の上に準備する

・自分が割り当てられたところの掃除をする

・塾などの用事がないときは，下校時刻になったらまっすぐ家に帰る

学校生活順守行動

・体育のときには，学校で決められている体育着に着替える

・学校で決められている標準服を着て学校に行く

・登校時間までに学校に行く

・チャイムが鳴ったら自分の席に座る

・チャイムが鳴る前に，次の授業の教室に移動する

女子非行：
加害者の被害者性に注目して

鈴木　育美

1. 非行する女の子なんて，ズルくて，悪い，嫌な子に違いない？

　想像してみてください。小中学生のころからあまり学校に行かず，先生の指導にも従わず，高校を中退し，家出をして，万引きをし，大人の男性とセックスをしてはお金を稼ぐ女の子たち。なかには，覚せい剤を使ったことがある女の子もいます。女子の少年院には，このような経過をたどって入院した女子少年が少なくありません。このようなことを繰り返していては少年院に入っても仕方がないと思うかもしれません。それにしても，彼女たちはどのようなことを考えているのでしょう？

　私は，女子を収容する少年院で法務教官をしています。採用されてすぐのころ，少年院の中にある寮で，売春をして少年院に送致された17歳の女子少年に「どうして1万円にもならない（安い）お金で自分の体を売るの？」と私が聞くと，彼女は，「だって，何にも価値のない私に1万円もの価値を男の人たちは与えてくれて，そのうえ，優しくしてくれて，一晩一緒に過ごしてくれるんだよ！」と答えました。私は，返す言葉をみつけられませんでした。それは，自分も含めて人には存在しているだけでお金に代えられない価値があると信じている私と，彼女の価値観の違いを突きつけられた瞬間でした。

　私は当初，とても性格の悪い嫌な子が，親や先生を困らせ，他人を攻撃したり，悪事を働いたりして少年院に送致されていると考えていました。しかし，私が抱いていた先入観とは異なる背景の女の子たちが非行をしていると気がづき，非行をすることに至った10代の女の子たちの生活世界について少しでも理解したいと思うようになりました。

2.　女子少年の非行

　少年非行を概観すると，2019年において少年院入院者総数1624人のうち，男子1487人に対し，女子はわずか137人です（法務省法務総合研究所, 2021）。1949年の統計開始以降，少年院入院者に占める女子の割合は，一貫して1割程度となっています。非行内容は，女子が窃盗，傷害・暴行，覚醒剤取締法違反，男子が窃盗，傷害・暴行，強盗という順に高い割合を占めています。また，暴力団や暴走族など不良集団といわれる人たちとの関係をもっている女子少年は，3割にも満たない状況です。

　一方で，何かしらの犯罪や加害行為をして少年院に送致された女子少年の半数以上が，保護者等からの被虐待経験（身体的，性的，ネグレクト，心理的）があるとされています（法務省法務総合研究所, 2021）。ただし，ここでいう被虐待経験の有無・内容は，少年院入院時までに少年の申告等により把握することのできたケースです。そのため，たとえば，性的被害の申告はより言い出しにくいことを想像すると，男女ともにその実態などはもっと多いのではないかと考えられます。彼女たちの非行の背景にある被害体験には，どのようなことが起きていたのでしょうか。

3.　当事者と地域社会をつなぐ調査研究

　少年院の調査研究は，施設長の承認と少年本人，保護者の方から同意を得る必要があります。

　ある女子少年院で調査をするため，調査研究の説明にうかがったときのことです。女子少年の多くは，調査研究の説明を聞いて，同意をしてくれました。一方で，保護者からは，調査研究の趣旨を理解してもらえたとしても，自分の子どもが学校や地域で非行をしたことに責任を感じていたり，万が一，世間に子どもの非行が知られたりすることが心配で，調査の同意が得られないことが少なくありません。このような経験をするたびに，私は，非行に至った少年本人や家族などその周りの人たちが地域社会の中では理解されにくく，居場所もつくりづらいことを切実に感じます。だからこそ，非行・犯罪に至る構造や回

復への支援について，社会の理解が深まっていく必要があると考えます。

　そこで，非行をした女子少年が，どのような経緯から非行に至ったのか，少年院に送致された女子少年の視点から生活世界を探っていきたいと思います。なお，本稿に登場するケースは，個人が特定されないように本質を損なわないかたちで表現を変えてあります。

4.　あいさんの事例

　少年院に送致された少年の概要は，以下のように記述されます。「17歳女性，本件非行：ぐ犯*1，IQ：92，家族：実母・実姉，母子関係不和，学歴：中学校不登校，高校中退」。これをみても，この少年であるあいさんが，どのような人でどんなことを考えているのかイメージができないと思います。彼女は売春などの性非行を繰り返し，女子少年院に送致されました。あいさんの語りをもとに女子少年の生活世界に迫っていきたいと思います。

　あいさんは，3歳のときに両親が離婚しており，父親のことは覚えていません。母親は，仕事と交際相手とのつきあいで忙しく，あいさんは，母親に甘えたくても煙たがられたり，学校でトラブルが起こると，あいさんに問題があるとして母親からは暴力を振るわれたりしていました。また，あいさんは，小学校高学年からたびたび母親の交際相手から性被害を受け続けていました。そして，その男性の口止めに従ってあいさんは，性被害を誰にも言わずにいました。しかし，中学生になったあいさんは，初めて母親に性被害を訴えました。ところが，母親にはその事実を信じてもらえず，母親は交際相手との交際を続けました。そして，あいさんは，不登校，家出，夜遊びをするようになり，売春などの性非行に至り，ぐ犯少年として少年院送致となりました。

　少年院であいさんは，母親の交際相手から性被害を受けた背景やそのころの気持ちを「○○くん（母親の交際相手）が言っていた，私のことが『可愛いから』『二人だけの秘密ね』っていう言葉も『そうなんだ』って思ってた。でも，お母さんに『あんたが誘ったんでしょ』って言われて。私は汚れたって思った」と語っていました。また，あいさんは，当初，男性の性加害が明るみに出ないための方便を信じ，性被害が繰り返されるうちに母親の交際相手からの性

行為を拒むと怒られる状態になっていました。彼女は，性行為を嫌だと思う自分の気持ちを間違っていると考え，我慢していました。

　中学生になって，あいさんが母親に性被害を訴えたとき，母親はあいさんに対して激昂しました。あいさんは母親から怒りを向けられたことで，これまで我慢してきた自分を否定されたと感じ，自己嫌悪感と家族への不信感が強くなり，瞬く間に性非行がはじまりました。

　　夜の世界（性風俗業）で私がやってきた努力ってなんだったんだろうって，今なってる。今になって考えると，確かに周りよりも稼いでいたかもしれないし，まぁまぁ派手な生活もしてたかもしれないけど，そのための努力は，本当はいちばん自分のことを認めてほしいから，親には認めてもらえないから。そもそも目的が，○○くんからの性被害を，援交して性行為の分母を増やしたら，大した傷じゃなくなるんじゃないかって，惨めな思いに蓋をして（性非行を）繰り返していたってなんか危ない。人と比較して感じた劣等感を埋めるのに，さらに目にみえるもの（指名やお金）が得られる努力を重ねて，犯罪もしてしまったと思う。夜の世界の相手は，誘い込むとき，全力だから，私は「必要とされてる！」って錯覚しちゃう。風俗という仕事で自信をつける，やりがいを感じる一方で，親とか……昼の社会に適応できなかった思いは放置。善のほうに進むことより，独りが嫌だった。親から「ふつうは，ふつうは」って小学生のときから言われてて，ふつうじゃなくても幸せになれることを証明したかった。　　　　　　　※　（　）内は筆者による補足。

　あいさんは，中学生のころに不純異性交遊，高校在学中に援助交際をはじめると，まもなく高校を中退し，性風俗店で稼働をしはじめました。学校では，同級生から浮いていないかを気にし，「ふつう」であるように努めました。しかし，売春をはじめると，性風俗店の男性スタッフも買春する男性も，自分がこれまで感じたことがないほど褒めてくれて，目にみえる成果としてお金が手に入り，自分の価値を感じられたといいます。しかし，その背景には，性被害を受けた傷や劣等感があり，性体験を増やすことで性被害の傷を相対的に小さくしたかった気持ちがあったと気がつきました。

　今は少年院で落ち着いて生活しているから考えられるけど，社会の毎日の生活では，落ち着いて考えられない。お母さんから得られなかったものを，○○くんに求めて，○○くんから得られなかったものをセフレ*2に求め，そのあとは，△△（ホスト）に貢ぎ……親密さ＝秘密の共有っていう価値観を○○くんから学んでて，私の対人関係を不適切なものにしていた。自分の弱いところ，欠点も安心して出せることが本当の親密さだと今は思う。

5.　被害体験の寄り添い

　あいさんの語りからは，母親に対する愛着をめぐる葛藤を売春相手の男性に満たしてもらおうとしたことがうかがえました。学校教育からの挫折や母親からの暴力，性被害で受けた傷を封印して，誰かに認められたいという居場所のなさや「ふつう」になれない心理的苦痛を非行でまぎらわしていたこともわかりました。

　女子非行少年は，加害者性と被害者性という相反する性質を同時に内包していると思われます。彼女たちの非行は，被害の抵抗としての直接的犯行ではなく，自傷や売春など自身を傷つけるゆがんだかたちで表現されることがあります。もちろん，被害者性をもっているからといって，加害が帳消しになるものではありません。しかし，援助交際などリスクのある性非行が，性被害による混乱や怒り，自己否定感等からくる問題行動だとわかれば，まずは耳を傾けるという支援がみえてくるでしょう。学校の先生や保護者の方たち，支援者が，非行背景にあった状況や気持ちを子どもとともに理解していくことで，子どもの安心につながり，さらなる非行・犯罪から子どもたちを守ることにつがると考えます。

[注]
*1　犯罪行為までしていなくても，家出や性的逸脱行動などの非行とされる生活をし，将来的に何か罪を犯すおそれがある者。
*2　セックス・フレンドの略。

［引用文献］

法務省法務総合研究所（編）(2021)．令和3年版　犯罪白書　詐欺事犯者の実態と処遇　昭和
　情報プロセス．

第3章

不登校：
子どもと学校社会とのつながりが変化するプロセス

1. なぜこの問題を研究しようと思ったのか
プロセスとしての不登校

1-1. 研究のきっかけと不登校をとらえる視点

　筆者の一人である侯は中国籍の背景をもち，中国では不登校が顕在化されていないため（翟, 2006），どうして不登校が生じるのか，また不登校が生じる日本の学校はどのような特徴があるのかという関心をもっています。もう一人の筆者である木下は臨床心理士として児童精神医療の現場で不登校の子どもたちとかかわってきた経験から，不登校となり学校外の支援施設で過ごす子どもたちの成長，変化の過程に関心をもっています。

　私たちは，不登校はつらい体験が伴うものと理解する一方で，不登校の期間は子どもの人生のすべてではなく，長いライフスパンの1つの段階であると考えています。私たちの多くは人生の中で社会と距離をおいたり，近づいたりする経験があるのではないでしょうか。私たちが不登校を通してみているのは，まさにそういった，子どもと学校社会とのつながりが弱まっていく，あるいはつながりを再構築していくプロセスです。不登校について研究することは，言い換えれば，子どもと学校社会が切り離されるという事態から，個人と学校社会のつながりやありようについて考えることといえます。

1-2. 不登校の何が問題か？

　不登校に関してこれまでおよそ半世紀にわたり議論や研究がなされ，対策や支援も検討されてきましたが，不登校児童生徒の数は増加し続け，2019年に

は 18 万人を超え，過去最多となりました（文部科学省, 2020）。不登校は子ども
の問題のみならず，家庭や学校教育，ひいては日本社会への問題提起ともいえ
る現象となっています。

　近年は「不登校は問題行動ではない」という見方が広まりつつあります。文
部科学省が毎年発表してきた「児童生徒の問題行動等生徒指導上の諸問題に関
する調査結果」が 2016 年度以降は「児童生徒の問題行動・不登校等生徒指導
上の諸課題に関する調査結果」という名称に変更されたことからも，不登校は
いじめや暴力という問題行動とは異なるカテゴリーに属すると理解されている
といえます。また，著名人や成功者の過去の不登校経験談や，管理主義の学校
の中では不登校にならないほうがおかしい，まともな感受性のある子どもなら
不登校になるのが当たり前といった擁護の声を聴く機会も増えました。このよ
うに，現代は「不登校は病気ではない，問題行動ではない」という風潮がかつ
てないほど強まっているといえるのではないでしょうか。

　私たちはフリースクールや精神科デイケアで不登校児童生徒の支援に携わっ
た経験をもちます。実際の不登校児童生徒とのかかわりの中で，「不登校は問
題だ」という見方がどれほど彼らを傷つけ，「不登校は問題ではない」という
見方がどれほど彼らの救いになるかを痛切に感じています。人間の発達は個人
的な要因のみならず，常に他人・社会との交流の中で形づくられていきます。
小中学生の児童生徒にとって，同年齢集団が集まる社会は学校にほかなりま
せんが，不登校の児童生徒はさまざまな原因で学校社会と距離をとらざるをえ
なかった子どもたちです。不登校に「問題」「病気」のレッテルを貼ることは，
不登校児童生徒の社会的スティグマを助長する危険性をはらみます。これを回
避できるという点で「不登校は問題行動ではない」という見方は不登校の児童
生徒やその家族にとって一種の救いとなると考えられます。

　では，不登校を全面的に肯定することはよいことばかりなのでしょうか。不
登校は個人の問題行動ではないという見方は評価されるべきですが，一方で，
発達上のリスク因子になりうるという問題をはらんでいます。3 年生時点で不
登校だった生徒たちは，21 歳時点で，その 7 割強は不登校だったために他者と
のかかわりに不安を感じることがあるとされています（文部科学省, 2014a）。ま
た，就学も就業もしていない割合についても一般より高いことが指摘されてい

ます（和久田, 2020）。つまり, 不登校によって子どもと社会とのつながりが弱まり, その後の社会参加も困難となった場合, 社会的な自立に支障をきたすリスクが現実として存在しているといえるでしょう。社会的動物である人間にとって, 社会とのつながりを失うことは苦しみを伴うものです。不登校の真っただ中にある子どもたちは, 自覚のあるなしにかかわらず, その苦しみの最中にいるのではないでしょうか。

　以上をまとめると, 個々人の人生の選択肢として学校に行かないことを認めるべきという観点からは「不登校は問題ではない」といえます。しかし, 学校という社会に参加しなかったことによって生じる個人と社会とのつながりの弱まりとそれに伴うリスクという観点からは「不登校には問題がある」と考えられます。

1−3.　これまでの不登校研究とその問題点

　これまで不登校に関して, 精神医学, 臨床心理学, 教育学, 社会学など多様な分野から, 治療論から類型論, 原因論に至るまで先行研究が蓄積されてきました。ここでは私たちが不登校を考えるうえでカギと考えている, 個人と社会とのつながりという視点に立って, 学校社会とのつながりが弱まっていく過程に関する研究と, 学校社会とのつながりが再び構築されていく過程に関する研究を整理します。

1−3−1.　学校社会とのつながりが弱まっていく過程と関連要因

　子どもと学校社会とのつながりが弱まっていく過程には, 時代による不登校の変化と学年による不登校の変化の2つの過程があると考えられます。

　時代による不登校の変化に関しては, 滝川（2017）によれば, 日本の小中学校の長期欠席率は1950年代まで高く, それ以降は急速に下がり, 70年代以降は再び上昇するという変化の軌跡がありました。50年代までは敗戦後の混乱, 社会全体の貧しさなどが子どもと学校社会とのつながりを阻害したと考えられます。70年代にかけて高度経済成長の中で, 日本は農業国から工業国へ転換しました。そして, 学校教育で培われるアカデミックスキルや勤勉性, 集団

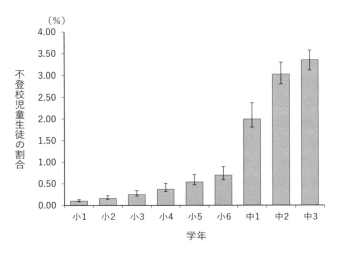

※　各年度の児童生徒の総数（文部科学省, 2018b）と不登校者の数（文部科学省,
　　2018c）をもとに作成した。エラーバーは10年間の最小値, 最大値を示す。

図1　2007年度から2016年度における不登校者の平均割合

規律が就労につながることから, 子どもと学校社会とのつながりが強まりまし
た。しかし70年代後半からは日本が工業社会から高度消費社会へ移行する中
で, 第三次産業で求められる「社会性」と学校で訓練される「勤勉性」のミス
マッチが拡大し, 進学率の飽和によって学歴価値が低下したことなどから, 学
校に行くことの意味や価値が下がったために, 子どもと学校とのつながりが再
度弱まりはじめたと考えられています。このように, 現代の不登校にみられる
子どもと学校社会とのつながりの弱さには, 時代とともに変化してきた背景が
あると指摘されています。

　学年による不登校の変化については, 不登校の割合には学年差があることが
知られています。図1で示されたように, 不登校児童生徒の割合は学年が進む
につれて増えており, 全体的には小学校段階よりも中学校段階のほうが顕著に
高くなっています。とくに小学6年から中学1年にかけて不登校が増加し, そ
の差の大きさから「中1ギャップ」と呼ばれます。

　「中1ギャップ」に関して, 小学生が中学生になって感じた戸惑いや小学校
との相違点に対する調査がなされました（日高・谷口, 2010）。調査の結果, 小学

校と比べて，中学校では勉強につまずきやすい，先輩―後輩関係に慣れにくく，教師との関係づくりや新たな友人関係づくりが難しい，学校生活で疲れやすくなった等の学校生活の諸側面に対する適応感の悪化が報告されました。このような主観的な適応感の悪化には，環境移行の影響が考えられます。環境移行においては，人はそれまでに形成した関係性や行動様式を再構築し，新奇な環境になじむための新たな適応の様式を形成することが要求されます（Almeida & Wong, 2009; Caspi & Moffitt, 1993）。日本では小学校から中学校へ移行する際に，校則が厳しくなる，学習内容が高度化する，教科担任制が導入される，部活動がはじまるなど，多くの環境変化が同時に起きます（たとえば，小泉, 1992）。それらの変化は子どもにとって心理的な負担やストレスとなり，子どもと学校社会とのつながりを弱める要因となる可能性があります。海外の研究では，中学校への進学にせよ転校にせよ，新しい学校に入ることが学業成績の低下とつながっており，その原因は教育の連続性の中断にあると考えられています（Grigg, 2012）。

　近年は小中学校間の環境変化の程度を低減し，接続を円滑にするために，小中一貫教育が推進されてきました（文部科学省, 2014b）。学校環境の変化が不登校の増加に影響しているならば，環境変化がマイルドな小中一貫校は非一貫校より不登校問題や進学後の学校適応状況は良好と考えられますが，その実証は十分ではありません。

　また，中学校進学後の不登校の増加には，学校適応感の低下だけではなく，進学前の適応状態も影響していると考えられます。たとえば中学1年の不登校生徒のうち，約75～80％が小学校時に休みがちであり（文部科学省, 2016），中学1年の不登校生徒は，小学6年からの学校不適応継続パターンと新規学校不適応パターンの両方をもつことが示唆されました（文部科学省, 2018a）。また中学1年時の不登校生徒の事例報告では，中学校入学前の対人関係スキルや学力の問題が後続の不適応の要因であると指摘されています（神村・上野, 2015）。ただし，上記の研究では進学前の学校適応の水準の低さと進学後の学校適応感の低下が交絡しており，進学後の学校適応感の変化をコントロールしたうえでも，進学前の適応感の水準が進学後の登校状態と関連するかを検証する必要があると考えられます。

　さらに，子どもと学校社会とのつながりにおいて，教師は重要な役割を果たしています。教師との関係性は中学生の学校に対する所属感（Roeser et al., 1996），興味（Wentzel, 1998），居心地のよさ（林田ほか, 2018）といった学校適応の指標と関連しています。また，縦断調査では学年初期の教師のサポートがのちのクラスの生徒間の関係を改善し，学業に対する動機づけを向上させることが示されています（Ruzek et al., 2016）。小中移行期が子どもと学校社会とのつながりが弱まる時期であることを踏まえると，移行前後の小学校段階の教師と中学校段階の教師の影響を明らかにすることが重要になります。しかし，この問題を扱った縦断研究はなされていません。小中一貫校と非一貫校の比較で考えると，非一貫校では移行前後に学校の教師集団全体が変化し，小学校における教師との関係は断ち切られます。そのために中学校移行後の学校適応感に直接影響を及ぼさないか，弱い影響しかない可能性があります。それに対して教育環境の連続性の高い小中一貫校のほうでは，6年生時点の良好な教師―生徒関係は，7年生時点の学校適応感にも少なからぬ影響を与えている可能性があります。以上のことから，小中一貫校と非一貫校で，移行前後の教師との関係性と学校適応感の変化の関連がどう異なるのかを明らかにする意義があるといえます。

1－3－2.　学校社会とのつながりを再構築していく過程に関する研究

　不登校になった後の児童生徒を対象にした研究として，不登校の子どもたちはどうなったのかという予後に関する調査があります。中学校年代までの登校復帰の状況や，中学卒業後の進学率，つまり短期的で，かつ学校とのつながりが改善されたことを指標とする不登校の予後は，おおむね良好と考えられています（文部科学省, 2014a; 森田, 2003）。しかし，学校に復帰できたという観点のみで不登校の子どもたちの変化を理解できるのでしょうか。とくに長期化し，学校や教師への拒否反応が強く，学校とのつながりが絶たれている不登校の子どもたちにとって登校復帰はハードルが高いものといえます。結果として登校復帰に至ると仮定しても，不登校の児童生徒たちはそれに至るまでにどのようなプロセスを踏むのでしょうか。

　学校社会とのつながりを再構築していく過程とは，不登校となった児童生徒

が再び他者とかかわり，集団の場につながっていく過程といえます。この過程
をまとめた試みは少ないものの，齊藤（2007; 2016）は児童精神科医としての不
登校児童生徒への治療の経験から，「不登校状態と社会参加をつなぐ諸段階」
を提唱しています。これは，第一段階：出会い・評価の段階（多面的な評価を通
じて不登校児の全体像を描くことに努める時期であるとともに，まず親を支えることが
主な支援となる時期），第二段階：個人的支援段階（子どもへの個人療法を治療・支
援の中心に置いて，当事者の思いを語れる対象と場を提供することが治療・支援の目標
になる時期），第三段階：中間的・過渡的な集団との再会段階（第二段階の治療・
支援が進行する中で徐々に不登校の克服に向けて動こうとする動機が開発され，さまざ
まな中間的・過渡的な場と仲間集団を提供する機関にチャレンジしようとする時期），
第四段階：社会参加の試行段階（第三段階の場での集団活動が軌道に乗りはじめる
と同時に，学校での挫折を再現するような葛藤に直面する一種の「揺り返し」を経験す
る場合が多く，家族支援，子どもへの個人療法も継続する必要がある時期）からなり
ます。このうち第三段階：中間的・過渡的な集団との再会段階は，とくに重要
なものとして位置づけられています。個人と社会とのつながりを再構築してい
く過程に注目するという点で私たちはこの齊藤の論と同様の立場をとります。
ただし，この「中間的・過渡的な集団との再会段階」の重要性については強調
されているものの，その詳細については言及されていません。

2. どんな問いを立てたのか
学校社会とのつながりがなぜ弱まるのか，いかに再構築されるのか

　以上のような問題意識を踏まえ，私たちは大きく分けて以下の2つの問いを
立てました。
　1つ目の問いは，小中移行期にみられる子どもと学校社会とのつながりの弱
まりに対して，移行前後の学校環境が適応状態の変化にどう影響しているかと
いうことです。具体的には，以下の3点を検討しました。
　まず，小中一貫校と非一貫校で小中移行に伴う学校適応感の変化の様態を比
較することによって，環境変化の程度の影響を明らかにしたいと考えました。
具体的には，一貫校のほうが学校適応感の低下は少ないという仮説を検証しま

した。

　次に，中学校移行前と移行後の教師―生徒関係が学校適応感に及ぼす影響を検討します。小中一貫校では移行前の教師―生徒関係が移行後の学校適応感に影響を及ぼすが，非一貫校ではその影響はみられないという仮説を検証しました。

　最後に，移行に伴う学校適応感の変化を統制したうえで，移行前の学校適応感の水準は移行後の欠席と関連するかを検証しました。

　2つ目の問いは，学校社会とのつながりを再構築していく過程において，学校内の支援が届きにくくなった深刻な不登校の状態にある児童生徒が具体的にどのようなプロセスを踏んでいくのかということです。

　この学校とのつながりを再構築していく過程については，「中間的・過渡的な集団との再会段階」の重要性が強調されているものの，その詳細は明らかになっていないことを述べました。不登校になり，とくにそれが重症化した子どもたちにとっては，学校内の支援が届かなくなり，学校外の支援が中心になります。この学校外の支援施設とは，不登校児童生徒の支援を活動の中心に据えている，公的な適応指導教室（教育支援センター），民間のフリースクールや医療機関での児童思春期を対象にしたデイケア，集団精神療法などの治療グループ，福祉施設である放課後等デイサービスなどのことを指し，教育，医療，福祉など多領域にわたって存在しています。

　この学校外の支援施設を対象として，はじめに施設を利用する不登校児童生徒の予後について検討しました。不登校児童生徒の中学卒業後の予後はおおむね良好と考えられていますが，医療にかかるケースの中には予後が不良の者も多く，社会的ひきこもりへとつながる場合もあります。学校内の支援が届かなくなった，深刻な状態にある不登校児童生徒について，学校外の支援施設を使うことによってその予後がどうなるのかを知ることは今後の不登校支援にとっても重要な知見となると考えます。

　また，そのような予後に至る経過についても検討を行いました。これは「中間的・過渡的な集団との再会段階」のプロセスの検討にあたります。「中間的・過渡的な集団との再会段階」での不登校児童生徒の様子は一人ひとり異なり，支援者が不登校児童生徒の状態を見立てて支援を検討するのは当然のこと

といえます。しかし，治療構造，治療経過という視点からこの段階について考えると，やはりわからないことが多いといえるのではないでしょうか。たとえば，心理支援のうち，個別のカウンセリングや心理療法，あるいはグループセラピーに関してはこれまでの事例研究，症例研究の蓄積が豊富であり，それらを参照するとどのような場所で，どのような人と出会い，どのようなことをして，どのような変化が期待されるのか，つまり治療構造と治療経過について大筋をつかむことができます。それに対して「中間的・過渡的な集団との再会段階」は，不登校児童生徒の成長，変化にとって重要な段階とされているにもかかわらず，どのような場所で，どのような人と出会い，どのようなことをして，どのような変化が期待されるのかについて，具体的にはイメージしにくいのではないでしょうか。

　以上の2つの問いに対して，私たちは不登校をプロセスとしてとらえ，学校社会とのつながりが弱まっていく過程と，学校社会とのつながりを再構築していく過程というように，個人と社会との関係をダイナミックな変動としてとらえ，縦断的に検討を行いたいと考えています。

3.　どんな研究をし，何がわかったのか
学校環境の変化と学校外の支援施設が子どもにもたらす影響

　以上の問いに答えるため，私たちが行ってきた，小中一貫校と非一貫校の児童生徒を対象にした調査研究（侯ほか，2019; 2020）と，学校外の支援施設を利用する不登校児童生徒を対象にした調査研究（木下ほか，2017），症例研究（木下，2018）に分けて，どんな研究をしたのか，その結果何がわかったのかについて示していきます。

3−1.　学校社会とのつながりが弱まっていく過程

3−1−1.　どんな研究をしたのか
研究の目的
　3つの仮説を立て，検証します。

①小中一貫校は非一貫校と比べて，学校適応感の低下は少ないこと。

②非一貫校では，移行前の教師—生徒関係が移行後の学校適応感に直接影響を与えない（あるいは弱い影響を与える）のに対して，小中一貫校では，移行前の教師—生徒関係が移行後の学校適応感に直接影響を与える（あるいはより強い影響を与える）こと。

③移行後の欠席行動に対して，移行に伴う学校適応感の変化との関連を統制したうえでも，移行前の学校適応感の水準は関連性を示すこと。

調査協力校と用いた指標

　学校環境の変化の程度を測定するために，東海地方のM市にある公立小中一貫校A，公立小学校b（非一貫校）およびその進学先である公立中学校Bに調査を依頼しました。同一地域にある小中一貫校と非一貫校であるため，マクロな地域の経済条件をある程度統制できたと考えられます。

　学校との心理的なつながりを測定する指標として学校享受感を使いました（古市・玉木, 1994）（項目例：「私は学校に行くのが楽しみだ」「学校は楽しいので，少しぐらい体の調子が悪くても学校に行きたい」）。不登校傾向の尺度や，学校適応感尺度は他にも多くありますが，今回の検討は縦断的な変化に重きを置いているため，シンプルな一因子の学校享受感が適していると考えました。

　教師—生徒関係に関しては大久保・青柳（2004）の尺度から以下の3項目を使いました。「先生は生徒の気持ちをわかってくれる」「先生は生徒の言うことを真剣に聞いてくれる」「先生は生徒の相談にのってくれる」です。縦断調査を実施するため，できるだけ項目数を抑える必要があり，学校享受感も，教師—生徒関係も，因子負荷量の高い順に3項目を抽出して使いました。また，いずれも5件法で，尺度平均得点の範囲は1から5まででした。

　欠席日数に関しては，中1の前期1時点で，生徒の自己報告によって収集しました。具体的には，先週1週間，病気やケガ，忌引き以外の理由で休んだ日数を尋ね，回答は0日，1日，2日，3日，4日以上の5段階で求めました。

縦断調査

　小学校段階から中学校段階への移行において，学校享受感がどう変わったかを測定するために，小学6年の後期（3月前後）に1回目，中学1年の前期（7月前後）に2回目，中学1年の後期（3月前後）に3回目の調査を行いました（欠席

日数だけは，中学1年前期の1時点のみで尋ねました）。校種をまたぐ縦断調査は調査協力者にとって負担が大きく，実施が難しいものですが，学校現場の信頼が厚い共同研究者の尽力もあり，調査が可能となりました。仮説①と②の検討は，小中一貫校の児童生徒105人，非一貫校の児童生徒140人の上記3時点のデータに基づいています（侯ほか, 2020）。仮説③の検証は，一貫校と非一貫校を含めた484人の1回目と2回目の2時点のデータに基づいています（侯ほか, 2019）。

3−1−2. 何がわかったのか

一貫校と非一貫校における学校享受感の変化の比較

　一貫校と非一貫校で，学校享受感の変化の様態を比較したところ，2つの学校の間では，変化軌跡の切片にも傾きにも明確な違いはみられず，仮説①は支持されませんでした。

　協力校の小中一貫校は，中学1年（一貫校では7年生）に移行した後も，校舎や通学路は変わっておらず，移行後にいちばん下の学年になることもなく，担任が変わっても学校内になじみのある教師集団は残っており，部分的な教科担任制と部活の経験もすでにあるという点で，環境の変化は小さいと考えられます。しかし一方で学年が進むにつれて，学習内容が難しくなる点や，7年生は一貫校の中では上級生にあたるため，周りの期待と見方が変わるといった点では非一貫校と類似する可能性が考えられます。具体的にどういった環境変化が影響しているかまでは検討できませんでしたが，物理的環境の変化を単純に減らせば移行がスムーズになるという考えは不登校の予防にはつながらないことが示唆されました。

学校享受感の変化の様態：学校社会とのつながりの弱まりにおける個人差

　子どもたちの学校享受感の変化量の分布を図2で示しました。大多数の生徒は変化量が0に近く，学校享受感が明確に低下した生徒はごく少数でした。また学校享受感が明確に向上した生徒も少数いました。学校享受感の変化量の平均値は小さい負の値（−0.012）であったことから，平均的にみて，学校享受感がわずかに低下したと考えられました。この結果から，学校適応感が低下した要支援・要注意の一部の生徒と，適応感が安定もしくは向上していたその他の生徒の実態が明らかになり，すべての子どもが移行期に適応上の問題を経験するわけではないことが示されました。

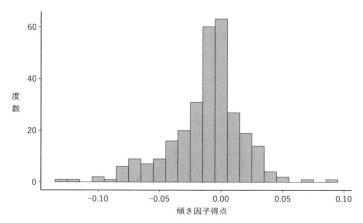

図2　学校享受感の変化量の分布

一貫校と非一貫校との，教師─生徒関係の影響の比較

　図3で示したように，教師─生徒関係と学校享受感との共変関係（同時点の相関：X1 ↔ Y1）を統制し，また同一変数の自己回帰（たとえば，学校享受感という1変数の前時点から後時点への影響：Y1 → Y2）を統制したうえで，小学6年後期の教師─生徒関係から中学1年前期の学校享受感へ（X1 → Y2），中学1年前期の教師─生徒関係から中学1年後期の学校享受感へ（X2 → Y3）の経時的影響を検討しました。

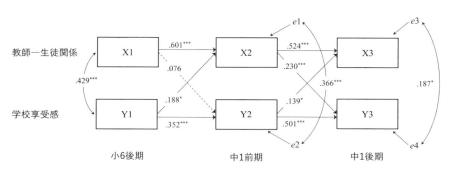

※　実線は有意な関連・影響を意味する。
* *p* < .05，*** *p* < .001

図3　教師─生徒関係と学校享受感との経時的影響プロセス

　まずは一貫校と非一貫校で，小学6年後期の教師—生徒関係から中学1年前期の学校享受感への影響を比較した結果，2つの学校の間に明確な違いは確認されず，仮説②は支持されませんでした。また，中学1年前期の教師—生徒関係から中学1年後期の学校享受感への影響においても，2つの学校の間に明確な違いはみられませんでした。2つの学校で，変数間の関連・影響を反映するパス係数が等値とみなすモデルが採択されたため，図3では2校共通の結果を示しました。

　とくに注目してほしいのは，一貫校も非一貫校も，小学6年後期時点の教師—生徒の関係性のよさは，中学1年前期時点の学校享受感を予測しませんでしたが（X1→Y2），中学1年前期の教師—生徒関係は，中学1年生後期の学校享受感を予測していたところです（X2→Y3）。一貫校では，7年生になっても，校舎が変わらず，学校の教師集団が大きく変わらず，6年生時点の担任教師と同一学校内におり，物理的な距離が近いと思われます。しかしそれでも非一貫校と同様に，中学1年（7年生）になると，担任や教科担任が変わるため，小学6年時点の教師—生徒関係は中学1年（7年生）の学校享受感には直接影響を及ぼさなかったと考えられます。つまり，中学1年（7年生）は教師—生徒関係のリセットのタイミングであることが示唆されました。また中学1年（7年生）前期の教師—生徒関係が良好であるほど，中学1年（7年生）後期の学校享受感は向上しやすいということから，中学進学（7年生進級）直後の教師と生徒の関係づくりの重要性が実際のデータから示されたといえます。

中学段階移行前の適応感の水準と移行後の欠席との関係

　小学6年後期と中学1年前期の2時点のデータを用いて，学校享受感の初期値（小学6年後期の値）と変化量（中学1年前期にかけての値の変化量）を算出し，それぞれの移行後の欠席との関連を検討しました（侯ほか，2019）。その結果，移行の過程で学校享受感が低下した者ほど，移行後に欠席する確率が高いことが確認されましたが，同時に，初期値が低い者ほど，移行後に欠席する確率が高くなることが認められました。そのため，仮説③は支持されました。

　これまでは中学1年時にみられる不登校の増加は主に学校適応感の変化との関連で検討されてきました。しかし上記の結果からは，小学6年時点で学校適応感が低かった生徒は移行の過程で学校享受感が変化せずとも中学1年時で欠

席しやすいという，中学1年時の不登校の増加に関する新たな知見が得られました。したがって，小学6年時点で適応感が低い児童を把握し必要な支援を行うことが，中学1年時点での不登校を予防することにつながると考えられます。

　以上をまとめると，中学校移行でみられる学校享受感の低下には，一貫校と非一貫校では明確な違いが認められなかったため，学校環境の変化の大きさによる影響は確認されませんでした。また，どの学校でも移行前の教師―生徒関係は移行後の学校享受感を予測しませんでしたが，移行直後の教師との関係は中学1年（7年生）後期の学校享受感を予測していました。さらに，中学校段階への移行に伴う学校享受感の変化は，子どもによって異なり，学校生活の楽しさが顕著に低下した要支援・要注意の生徒が一部いました。最後に，移行後の生徒と社会のつながりの程度（欠席日数）には，移行の過程での変化だけではなく，移行前の学校適応の状態も関連していたことがわかりました。

3-2. 学校社会とのつながりを再構築していく過程

3-2-1. どんな研究をしたのか

　学校社会とのつながりを再構築していく過程について，医療領域の学校外の支援施設の1つである，児童思春期を対象とした精神科デイケアを対象に，デイケアを利用した症例の予後とその予後に至るまでの経過について検証しました。

研究対象：児童思春期を対象とした精神科デイケア

　精神科デイケアは精神科の外来治療の一環として行われている集団療法の1つです。もともとは成人の精神疾患患者を対象にしたもので，退院した患者の居場所や生活のリズムを整えるリハビリテーションの場を目的としていましたが，近年は対象や目的の多様化が進み，児童思春期を対象にした精神科デイケアを実施している医療機関もあります。

　なお，木下ほか（2017），木下（2018）で研究対象とした，児童精神科外来の精神科デイケアは小学校高学年から中学生を対象としていました。デイケア利用者（以下，メンバー）は不登校を主訴としており，不登校の経過が長期化し，学校内の支援が届かなくなった不登校の「重症例」といえる状態にありま

表1　児童思春期を対象にした精神科デイケアの週間プログラム（木下, 2018）

	月曜日	火曜日	水曜日	木曜日	金曜日
	朝の会				
	自主学習				
AM	自主学習 フィールド クラブ	自主学習 スポーツ	自主学習		自主学習 スポーツ
	昼休み				
PM	創作活動	全体ミーティング	SST	クラブ活動	チャレンジ活動
	帰りの会　振り返り				
	（相談時間）				

した。デイケアへ参加する際には，主治医の治療方針と，メンバーの希望を尊重して通所頻度や日数，参加するプログラムなど利用の仕方を決定します。デイケアの通所は週に5日まで可能であり，午前のみ，午後のみのショートケアでの利用も可能でした。たとえば，初めて参加するメンバーや，緊張，不安が高まりやすくデイケアで一日過ごすことが難しいメンバーは半日の利用からスタートしていました。また，学校や他の相談機関との併用も可能となっていました。

デイケアスタッフの構成はデイケア担当医1名，看護師1名，作業療法士1名，臨床心理士1名でした。利用者1名に対し，医師以外のスタッフ1名の担当制をとっています。デイケアの1日の利用者数は1名から15名までと日によって異なるものの，平均すると1日6名程度のメンバーが利用していました。また，ほぼすべてのメンバーが不登校を主訴としていました。

表1はデイケアの週間プログラムです（木下, 2018）。毎朝の活動として，朝の会，読書でも可能というゆるい枠組みの自主学習があり，日によって異なる午前のプログラム，午後のプログラムがあり，帰りの会，一日の振り返りがあります。日々のプログラムは，スポーツ，創作活動，全体ミーティング，クラブ活動（カードゲームやカラオケなど趣味の活動），畑作業（野菜や果物づくり），調理，ソーシャルスキルトレーニング（Social Skill Traning: SST）などがあります。曜日ごとに午前と午後でプログラムが決まっており，基本的にはその日の

メンバー全員で活動をすることになっています。ただし，たとえばスポーツの種目や創作活動で取り組む作品などは自由になっており，プログラムに参加しない権利も認められていることが特徴といえます。また，帰りの会の後には相談時間があり，担当スタッフと定期的に個別の面談を行います。定期面談以外にも，メンバーの求めに応じて担当スタッフと面談ができるようになっています。加えて，お花見，野外でのバーベキュー，クリスマス会，近くの神社へ初詣などの季節の行事や，メンバーの話し合いで行き先を決める社会見学，卒業生を送るお別れ会などの行事も行っていました。

予後の指標

　木下ほか（2017）では，不登校を主訴に児童思春期デイケアを利用した9〜15歳の症例32例を対象に，治療経過（デイケア利用経過）や予後を含む実態について後方視的な診療録調査を行いました。なお，予後についてはデイケア利用後の学校とのつながり（学校復帰状況）と中学卒業後の進路を調査し，デイケア利用終了時のGAF（Global Assessment of Functioning Scale：機能の全体的評定尺度）（American Psychiatric Association, 2000）による評価を行いました。このGAFは精神科医療の領域で用いられていた，精神的健康と病気という1つの仮想的な連続体を想定し，心理的・社会的・職業的機能を0から100の間で数値化していくというものです。なお，GAFの評定に関しては，医療専門職3名によって行っています。

予後に至るまでの経過

　予後に至るまでの経過を検討するため，木下（2018）では，児童思春期デイケアを利用した不登校「重症例」の症例研究を行いました。児童思春期デイケアという集団の場面での変化を描くため，中学生男子の2症例を対象とし，症例1はデイケア治療期間1年2か月，利用日数110日，症例2はデイケア治療期間2年10か月，利用日数476日と長期にわたる経過について検討を行いました。

3−2−2. 何がわかったのか

　木下ほか（2017）では，児童思春期デイケアの利用を継続できた群は学校復帰率，GAF，高校進学率が高く，予後が良好という結果となりました。本研究から児童思春期デイケアの役割として，①危機状態に陥った際の一時避難

所，②安心できる居場所，③外界へ挑戦する際の安全基地の3点が考えられました。不登校「重症例」の子どもたちは危機状態から一時避難所を利用し，安心できる居場所を得，仲間と交流し活力を取り戻していき，再登校など外界へのチャレンジをしたり，進路と向き合ったりするようになるのではないかと考えられました。

　木下（2018）では予後につながるまでのプロセスを2症例から検討しました。なお，どちらの症例も長期の経過となるため，症例の詳細は本章では割愛します（詳細は，木下，2018を参照）。

　2つの症例の分析を通して，齊藤（2007; 2016）の「中間的・過渡的な集団との再会段階」はさらに4つの段階（①居場所を得る段階，②活動の幅が広がり，多様な対人関係を経験する段階，③問題を共有する段階，④外の世界に目を向ける段階）に分かれると考えられ，支援に際しては各段階におけるスタッフの役割の重要性が示唆されました。以下は各段階の特徴とそれに対応するスタッフの役割です。

①居場所を得る段階：不登校の児童生徒たちは学校との関係が途切れており，同年齢集団と過ごす居場所を失っている状態にあるといえます。そのため，まずは不登校であっても通える居場所が保障されることが重要です。新たな集団との出会いにあたり，子どもたちの不安，緊張は非常に高まっています。この段階のスタッフの役割は，メンバーと信頼関係を構築し，安全基地として，子どもたちがデイケアで過ごせるように配慮することといえます。たとえば，メンバーと一緒に参加するプログラムとその内容を考慮する，参加せずに見学だけでもよいことを保証するといった，メンバー一人ひとりに合わせたデイケア利用の方法を一緒に模索していく必要があります。また，症例2との面談では，サッカーの攻めや守りのたとえを用いて登校をめぐる葛藤が語られるようになり，スタッフもそのたとえを用いて話を聞いていきました。このように，メンバーの興味，関心の対象を理解しようと努め，メンバーの世界に寄り添うこともスタッフの重要な姿勢と考えられました。

②活動の幅が広がり，多様な対人関係を経験する段階：デイケアを居場所とし，過ごす時間が増えると，メンバーは活動の幅を広げ，活動を通じて成

功体験を積み自信をつけていけるようになります。同時に，この段階では
メンバー同士の交流が活発になり，メンバーそれぞれの対人関係のありよ
うが現れたり，新たな人間関係が構築されたりと，より深い対人関係が生
じるようになります。この段階では，スタッフは種々のプログラムにおい
て，責任者としての役割に加え，メンバーと一緒に活動に参加することが
重要と考えられました。青木（2001）によると「モデルとしての治療者を
通じて子どもたちは現実社会をみる」とされています。デイケアスタッフ
には，まさにこのモデルとしての役割を引き受け，子どもたちに何かを教
える，指導するというよりは，一緒に活動し，楽しみ，ときには挑戦を受
け，競い合うことが重要と考えられました。また，この段階では，スタッ
フはメンバーの趣味・嗜好を活用して，対人関係が苦手なメンバー同士を
つなぐ役割も求められます。

③問題を共有する段階：メンバー同士のつながりが生まれ，デイケア集団の
凝集性がより高まってくると，家庭での問題や，学校に対する思いなど，
メンバーそれぞれが直面する問題が表現され，それをデイケア集団全体で
抱える動きが生じます。不登校という共通の悩み，苦しみをもつ集団であ
るからか，一人が学校について語りはじめると，他のメンバーがそれに共
感し，学校での体験や思いを語ることも少なくありません。それを抱える
ことは集団の重要な機能と考えられます。スタッフは個々のメンバーの問
題を取り扱いつつ，デイケアで生じる集団力動を敏感に察知し，アセスメ
ントし，それをスタッフ間で共有することが重要となります。

④外の世界に目を向ける段階：個人で，ときには集団で，抱えている問題と
向き合う経験を通じて，デイケアの外の世界へ挑戦する動きが生じてきま
す。復学を目指すメンバーは，別室登校やスクールカウンセラーとの面談
というかたちで再登校をはじめ，徐々に学校で過ごすようになるケースも
みられます。また，再登校をはじめた後も本論のデイケアは学校との併用
が可能であり，登校をはじめた後でも安全基地として保障されています。
また，再登校するのが難しいメンバーでも，中学卒業後の進路についてス
タッフと面談したり，保護者と話し合ったりと，この段階はメンバーそれ
ぞれが外の世界へ目を向け，その後の人生について考えはじめる段階とい

えます。この段階では，スタッフはメンバーの主体的な選択を尊重することが重要です。たとえば，学校復帰を求めるメンバーへは，保護者や学校との調整役として動く必要があるでしょう。登校に限らず，デイケアの外の世界に目が向きはじめたメンバーに対してはメンバーの意思決定を尊重し，それを支持する姿勢が重要になります。

　上述した段階に分けてデイケアのメンバーや集団の様子をとらえるには，日々のデイケア活動の振り返りが必須です。本論のデイケアでも，デイケア終了時には必ず振り返りを行い，メンバーの様子とスタッフの対応，その際にスタッフに生じた感情を共有し，職種や年齢の異なるスタッフの複数の視点によって，メンバーや集団力動について理解を深められるよう心がけていました。支援者集団がお互いの意見や考えを活発に言い合える関係を築けている点も不登校児童生徒を支えるグループにとっては重要な要素といえます。

不登校からの「回復」

　以上の研究をまとめると，不登校の子どもたち，とくに長期欠席しており，学校内の支援が届かなくなった不登校の「重症例」とも考えられる子どもたちであっても，学校外の支援施設の利用を続けると，徐々に活力を取り戻していき，毎日通えるようになる，今まで取り組んだことのない活動に取り組む，同年齢の仲間関係を築いていくといった変化が生じたといえます。また，そのような経過を積み重ねることで，学校とのつながりという予後も良好となる可能性が示唆されました。つまり，家族以外の大人であるスタッフや同年齢のメンバーと過ごす学校外の支援施設という社会とのつながりを再構築することによって起きる不登校児童生徒の変化，成長は，不登校からの「回復」といえるのではないでしょうか。

　この不登校からの「回復」について掘り下げて考えてみたいと思います。元来の「回復」とは，「一度失ったものをとりもどすこと。もとのとおりになること」（広辞苑第7版より）を意味します。これに基づくと，不登校からの「回復」とは原籍級や原籍校に復帰することであるのは明白です。また，より広くとらえるならば，たとえば中学生のころに不登校であった子が高校に進学し登校できるようになったというように，学校現場に戻るという意味で，進学も不

登校からの「回復」といえるかもしれません。しかし，不登校「重症例」の子どもたちとのかかわりを想起すると，学校に復帰するまでの道のりは長く，険しい場合が多かったといえます。不登校の「回復」を学校とのつながりだけで考えると，不登校の子どもたちのミクロな成長，変化を見落とすことにはならないでしょうか。私たちは，不登校「重症例」の子どもたちが仮に登校復帰や進学という予後に至るとしても，その前の段階に重要な意味があり，学校外の支援施設で予後につながる変化，成長の兆しをみせていると考え，そのプロセスを踏んでいけることこそが不登校からの「回復」と考えます。

　現在はさらに研究を進め，医療領域，教育領域，福祉領域など多領域での学校外の支援施設を対象に調査を行い，不登校からの「回復」過程とそれを可能にする要因や，学校外の支援施設の利用を継続できる要因について検討を行っています。

4　それが実践にもつ意義は何か
予防にも予後にも，他者とのつながりが重要

　以上，本章では不登校を，学校社会とのつながりが弱まる過程と，つながりが再構築されていく過程という視点からみてきました。最後にその視点に立つことでみえてきた不登校に関する教育政策と学校現場への示唆を述べます。

4−1.　教育政策に対する提言

4−1−1.　移行期における学校環境に関して

　不登校の数が増える中学校段階は小学校段階と比べて生徒と学校社会とのつながりが弱いと考えられましたが，その原因の1つと考えられる学校環境の移行の影響を検証した結果，施設一体型の小中学校と非一貫校で学校享受感の変化に違いはみられませんでした。一方で，どの学校でも，進学直後の教師―生徒関係がのちの学校享受感の変化を予測していました。これらの結果より，学校社会とのつながりの弱まりにおいては，一貫校か非一貫校かという制度や施設の違いは影響せず，移行後の教師―生徒関係という学校生活の内実が重要で

あることが示唆されました。

　また，小中移行期に学校享受感が上がった生徒もいたことから，新しい学校環境の変化をポジティブにとらえるケースもあることが示されました。小中一貫化で小学校から中学校への移行がなく学校環境をリセットできないことが，一部の生徒にとっては不適応要因になりうることも念頭に置く必要があるといえるでしょう。

4−1−2. 不登校児童生徒の教育の場について

　2017年に「義務教育の段階における普通教育に相当する教育の機会の確保等に関する法律（教育機会確保法）」が成立し，不登校児童生徒への学校における学習支援や，学校以外の場における学習活動の支援についても明言されました（文部科学省, 2017）。しかし，この法律はフリースクールへの通学や自宅学習などを，義務教育の選択肢として積極的には認めませんでした（和久田, 2020）。加えて，総じて学習に関する言及が多いことから，不登校の主たる問題は学習機会の損失と理解されており，この法律の不登校児童生徒に関する言及には，「不登校は問題行動ではないけれど，できるだけ学校に来て勉強しよう」という意味合いが強いのではないでしょうか。学習は目的性の強い活動であり，意欲が必要で，そして評価も伴います。また学習・教育は一人で完結する活動ではなく，教師や友人といった他者の存在が必要です。そのような他者とのつながりが切れてしまっている不登校の児童生徒にとっては学習ありきではなく，まずはそのつながりを再構築していく必要があります。

　不登校児童生徒が学校社会と再びつながるようになるには細かいプロセスを必要とします。それには第一に学校のみではなく，学校外であっても安心して通うことのできる居場所が必要です。そこで，不登校の児童生徒たちは小さな過渡的な集団の中で他者に対する安心感・信頼感を育み，自分自身に対する信頼・自尊も回復し，そのプロセスを踏むことで学校に戻ったり，再び広い社会とつながったりできるようになると考えられます。したがって，不登校の児童生徒が通っているフリースクール等の学校外の支援施設を不登校児童生徒の学習環境の1つとして政策に位置づけていくことが期待されます。

4-2. 学校現場へのメッセージ

　中学校移行前の適応状態が移行後の欠席と関連していたという結果から，中学校移行後の問題を見据えて，小学校段階で要支援生徒の把握と対応を行うこと，小中学校で移行前の不適応生徒の情報共有などが必要と考えられます。

　また，学校外の支援施設における不登校の予後や回復過程の示唆は，不登校の児童生徒とかかわる現場の教師にも有益であるといえます。本研究の不登校回復過程を学級に戻ってきた不登校児童生徒や，欠席が増えてきた児童生徒，所属するクラス集団の状態を理解する1つの指標として用い，段階に合わせた支援を検討できると考えられます。また，新たに適応指導教室（教育支援センター）やフリースクールなどの学校外の支援施設や相談室登校といった学校内支援を立ち上げる際の体制づくりや実践の検討に活用できると考えられます。

　加えて，本研究の対象とする学校外支援の資源について現場の教師が関心を向け，知識として知っておくこと，必要に応じて連携をとることによって，不登校児童生徒へのより包括的でシームレスな支援を提供できると考えます。

[引用文献]

Almeida, D. M., & Wong, J. D. (2009). Life transitions and daily stress processes. In G. H. Elder, Jr. & J. Z. Giele (Eds.), *The craft of life course research* (pp. 141-162). New York, NY: Guilford Press.

American Psychiatric Association (2000). Diagnostic and statistical manual of mental disorders, 4th edition, text revision (DSM-IV-TR). Washington, D.C.: American Psychiatric Association.

青木 省三（2001）．思春期の心の臨床――面接の基本とすすめ方――　金剛出版．

Caspi, A., & Moffitt, T. E. (1993). When do individual differences matter? A paradoxical theory of personality coherence. *Psychological Inquiry*, *4*(4), 247-271.

古市 裕一・玉木 弘之（1994）．学校生活の楽しさとその規定要因　岡山大学教育学部研究集録，*96*，105-113.

Grigg, J. (2012). School enrollment changes and student achievement growth: A case study in educational disruption and continuity. *Sociology of Education*, *85*(4), 388-404.

林田 美咲・黒川 光流・喜田 裕子（2018）．親への愛着および教師・友人関係に対する満足感が学校適応感に及ぼす影響　教育心理学研究，*66*(2)，127-135.

日高 樹奈・谷口 明子（2010）．中1ギャップの構造と規定因――学級適応感との関連から――

山梨大学教育人間科学部紀要, *12*(19). 308-314.

侯 玥江・太田 正義・加藤 弘通（2019）．中学生の学年移行期における学校生活享受感と欠席行動との関連　北海道大学大学院教育学研究院紀要, *134*, 1-15.

侯 玥江・太田 正義・加藤 弘通（2020）．小中移行期における学校享受感の変化様態および教師・親との縦断影響プロセス───一貫校と非一貫校を比較して───　教育心理学研究, *68*(4), 360-372.

神村 栄一・上野 昌弘（2015）．中1ギャップ───新潟から広まった教育の実践───　新潟日報事業社.

木下 弘基（2018）．思春期を対象とした精神科デイケアにおける不登校回復過程──2症例の検討──　思春期青年期精神医学, *28*(1), 37-48.

木下 弘基・奥山 玲子・河合 健彦・鎌田 隼輔（2017）．不登校症例の後方視的調査から考える児童思春期デイケアの役割　児童青年精神医学とその近接領域, *58*(3), 398-408.

小泉 令三（1992）．中学校進学時における生徒の適応過程　教育心理学研究, *40*(3), 348-358.

文部科学省（2014a）．不登校に関する実態調査───平成18年度不登校生徒に関する追跡調査報告書───. https://www.mext.go.jp/component/a_menu/education/detail/__icsFiles/afieldfile/2014/08/04/1349956_02.pdf（2021年3月12日アクセス）

文部科学省（2014b）．子供の発達や学習者の意欲・能力等に応じた柔軟かつ効果的な教育システムの構築について（答申）. http://www.mext.go.jp/b_menu/shingi/chukyo/chukyo0/toushin/1354193.htm（2019年11月5日アクセス）

文部科学省（2016）．生徒指導リーフ15 「中1ギャップ」の真実. https://www.nier.go.jp/shido/leaf/leaf15.pdf（2020年11月28日アクセス）

文部科学省（2017）．義務教育の段階における普通教育に相当する教育の機会の確保等に関する基本指針. https://www.mext.go.jp/a_menu/shotou/seitoshidou/__icsFiles/afieldfile/2017/04/17/1384371_1.pdf（2021年3月12日アクセス）

文部科学省（2018a）．生徒指導リーフ22 不登校の数を「継続数」と「新規数」とで考える. https://www.nier.go.jp/shido/leaf/leaf22.pdf（2020年11月28日アクセス）

文部科学省（2018b）．学校基本調査───結果の概要───. http://www.mext.go.jp/b_menu/toukei/chousa01/kihon/kekka/1268046.htm（2018年5月24日アクセス）

文部科学省（2018c）．児童生徒の問題行動・不登校等生徒指導上の諸課題に関する調査e-Stat 政府統計の総合窓口. https://www.e-stat.go.jp/stat-search/files?page=1&toukei=00400304&kikan=00400&result_page1（2018年5月24日アクセス）

文部科学省（2020）．令和2年度 児童生徒の問題行動・不登校等生徒指導上の諸課題に関する調査結果の概要. https://www.mext.go.jp/content/20201015-mext_jidou02-100002753_01.pdf（2021年2月28日アクセス）

森田 洋司（編著）（2003）．不登校その後――不登校経験者が語る心理と行動の軌跡――　教育開発研究所.

大久保 智生・青柳 肇（2004）．中高生用学校生活尺度の作成と信頼性・妥当性の検討　日本福祉教育専門学校研究紀要, *12*, 9-15.

Roeser, R. W., Midgley, C., & Urdan, T. C. (1996). Perceptions of the school psychological environment and early adolescents' psychological and behavioral functioning in school: The mediating role of goals and belonging. *Journal of Educational Psychology*, *88*(3), 408-422.

Ruzek, E. A., Hafen, C. A., Allen, J. P., Gregory, A., Mikami, A. Y., & Pianta, R. C. (2016). How teacher emotional support motivates students: The mediating roles of perceived peer relatedness, autonomy support, and competence. *Learning and Instruction*, *42*, 95-103.

齊藤 万比古（2007）．不登校の児童青年精神医学的観点　児童青年精神医学とその近接領域, *48*(3), 187-199.

齊藤 万比古（2016）．増補 不登校の児童・思春期精神医学　金剛出版.

滝川 一廣（2017）．子どものための精神医学　医学書院.

和久田 学（2020）．不登校とひきこもり――学校が子どもたちを傷つけていないか？――こころの科学, *212*, 40-45.

Wentzel, K. R. (1998). Social relationships and motivation in middle school: The role of parents, teachers, and peers. *Journal of Educational Psychology*, *90*(2), 202-209.

翟 宇華（2006）．中国都市部中学生の学校忌避感を抑制する要因に関する研究　教育心理学研究, *54*(2), 233-242.

過剰適応：
"キャラ"を介した友人関係の視点から

村井　史香

1. "キャラ"とは何か？

　近年，現代青年の友人関係のあり方を理解する視点の1つとして，"キャラ"という概念が注目されています。キャラには，抜けた発言の多い「天然キャラ」，いつもまじめな発言や行動をする「まじめキャラ」などがありますが（瀬沼, 2018），日常会話の中で，誰もが一度は耳にしたことがあるのではないでしょうか。ここでは，友人関係におけるキャラについて紹介し，現代青年の友人関係を理解するためのヒントとなる知見を提供したいと思います。

　キャラとは，「キャラクター」の略語であり，1999年ごろに定着した若者言葉です（瀬沼, 2007）。研究者によって定義は異なりますが，千島・村上（2015）では先行研究を踏まえて，「小集団内での個人に割り振られた役割や，関係依存的な仮の自分らしさ」と定義されています。キャラは，友人グループのメンバーに役割を与えることで，集団内のコミュニケーションを円滑にし，わかりやすく楽しい関係を築くことに役立ちます。一方，キャラによって，自分の気持ちとは違う言動を強いられることで疲弊する，いわゆる「キャラ疲れ」の問題も報告されてきました（岩宮, 2010）。さらに，「いじられキャラ」としてからかわれているうちに，関係がいじめに発展する可能性があることも危惧されています（土井, 2009）。

　キャラには，類似した概念として，あだ名やペルソナ，性格，社会的役割などがあげられますが，キャラは，①あだ名のように日常的な呼び名としてではなく，主に集団内のコミュニケーションの中で使用されること，②社会的役割とは異なり，インフォーマルな集団の中で，互いに楽しく過ごすことを目的とした役割であること，③演じるという意識が伴うこと，④他者からの承認を前提として成立しており，自身の意思だけではコントロールが効きにくい，という点において，類似の概念とは異なると考えられます。つまり，キャラのよう

な概念は以前から存在していたと考えられますが，キャラは友人関係のような，メンバーの役割や立場が揺れ動きやすく，脆弱とも思われる関係を，安定して楽しく維持していくために用いられるという点が特徴的といえそうです。

2. "キャラ"研究の動向

　キャラに関しては2000年代以降，社会学，心理学，哲学といったさまざまな分野において，論じられてきました。論考では，現代青年にとってはコミュニケーション能力こそが自己肯定感の基盤であり，キャラは，コミュニケーションを成立させる技法の1つであること（土井, 2009），自己呈示への自信がない人にとって，キャラは対人場面での迷いを解消してくれるものであること（榎本, 2014）などが指摘されています。また，現代的な自己のあり方である，多元的自己との関連も指摘されており，自己の多元化が進むほど，自分が「何者なのか」を説明することが難しくなるのに対し，自己をわかりやすく表現できるキャラは，その対応策となると論じられています（浅野, 2015）。

　では，ここからは実際のデータをもとにした知見を紹介します。千島・村上（2015）は，大学生を対象にキャラの実態調査を行い，友人関係の中でキャラがあることには，コミュニケーションが円滑化するというメリットがある反面，「固定観念の形成」「言動の制限」「キャラへのとらわれ」というデメリットがあることを示しました。さらに，キャラを介した友人関係の影響は，学校段階によっても異なることが知られています。中学生では，周囲から与えられたキャラを演じることが心理的不適応を生じさせるのに対し（千島・村上, 2016; 本田, 2011），大学生では，キャラを演じることと適応との間に関連はなく，与えられたキャラを消極的にでも受け入れることが居場所感の高さと関連していました（千島・村上, 2016）。

3. 筆者にとってのキャラ研究

　ここまではキャラに関する論考や先行研究について紹介してきましたが，以下では，筆者がどのようにキャラの研究を進めてきたのかについて，述べたい

と思います。筆者がキャラの研究をはじめたのは，大学4年生のときでした。発達心理学の講義の中で偶然，キャラの研究に出会い，こうした若者言葉が研究対象となることに新鮮な驚きを感じました。

　しかし，そもそも筆者がなぜキャラに関心をもったのかを振り返ってみると，小学校時代の体験までさかのぼります。筆者にとって，学校はなじみにくい場所でした。とくに小学4年生になると，教室内の人間関係も複雑になり，クラスで平穏に過ごすためにはどんな「私」でいればよいのかを模索することに，多大なエネルギーを費やしていました。その場の空気を敏感に感じ取り，適切な「私」を演じることが，教室という狭い世界への適応には必要不可欠に思えたのです。そして，このときに経験した，“適応するために，自分を演じる”という感覚は筆者の中に残り続け，キャラを演じ合う関係への関心につながったように思います。

　キャラ研究をはじめたばかりのころ，筆者は，「なぜ現代青年は，キャラを用いて友人とかかわるのか？」「キャラを介した関係は自己形成にどのような影響をもたらすのか？」という疑問をもっていました。青年期における友人関係の研究を参照すると，従来の，内面を打ち明け合うような関係は自己形成やソーシャルスキルを獲得するうえで重要であるとされてきたのに対し，キャラを用いるような関係はその場のノリを楽しむような，“表面的で希薄な関係”ととらえられるようです。つまり，キャラを用いて友人とかかわることは，青年の自己のあり方自体にも変化をもたらすのかもしれないと考えました。しかし，これまでのキャラに関する知見は，上述したような論考が中心であり，実証研究は非常に少ない状況だったため，まずは実態調査によって，キャラをもつ青年の割合を調べることからはじめる必要がありました。また，キャラを介した関係の背景要因として，承認欲求や評価懸念の高さなどが想定されていることを知り，そうした要因が本当にキャラの利用と関連しているのかを検討したいと考えました。さらに，キャラを介した友人関係がどのようにはじまり，維持されていくのか，そのプロセスを知りたいと考えました。

4. 研究から明らかになったこと

　以上の疑問に対して，筆者は，(1) 中学生，高校生，大学生を対象とした質問紙調査と，(2) 大学生を対象とした面接調査によって研究を行ってきました。

　まず，質問紙調査では，先行研究において調査の対象とされていなかった，高校生224名を対象にキャラの実態調査を行いました（Murai et al., 2016）。この調査では，キャラの有無や個数，キャラの種類などを尋ねています。次に，中学生と大学生を対象に，友人関係においてキャラを利用する背景にどのような要因が関連しているのかを検討しました。具体的には，これまでの論考で指摘されてきた，承認欲求，評価懸念，コミュニケーションスキルとの関連に着目しました。中学生434名と大学生219名のデータを用いて，①友人関係におけるキャラの利用と承認欲求（賞賛獲得欲求・拒否回避欲求）および，評価懸念との関連の検討（村井ほか, 2019），そして，②コミュニケーションスキルとかかわりのある，セルフ・モニタリング（自己呈示変容能力・他者の表出行動への感受性）との関連の検討（村井ほか, 2021）を行いました。

　面接調査では，キャラを介した友人関係の形成・維持プロセスを明らかにするため，キャラをもつ大学生15名を対象とした調査を行いました（村井・岡本, 2021）。調査協力者から，現在の友人関係におけるキャラの決定方法，キャラに沿ったふるまいの内容と程度，キャラを利用することをどのように感じているのかといった内容を聞き取りました。そして，彼らの語りをもとに，所属する友人グループの中で，キャラが決定し，そのキャラに沿ったふるまいが継続されるまでのプロセスをまとめました。

　以上の研究から明らかになったことは，以下の3つです。

　第一に，キャラを介した関係は，青年期に広くみられる現象であるということです。高校生対象の調査では，友人関係に限定せず，自身に1つでもキャラがあると回答した者は73.7％にのぼりました。また，中学生と大学生を対象とした調査では，友人関係におけるキャラを尋ねていますが，中学生ではキャラのある者が47.9％，大学生ではキャラのある者が58.5％で，中学生よりも大学生のほうがキャラを有する者が多いことがわかりました。

　第二に，学校段階（中学・大学）にかかわらず，キャラのある者のほうが，

承認欲求の1つである賞賛獲得欲求と，セルフ・モニタリングが高いことがわかりました。また，キャラを積極的に利用する背景には，賞賛獲得欲求と，セルフ・モニタリングの一側面である自己呈示変容能力が関連していました。一方で，拒否回避欲求や評価懸念，他者の表出行動への感受性は，キャラの積極的な利用とは関連していませんでした。

　第三に，大学生を対象とした面接調査からは，友人関係を円滑にするため，積極的にキャラを利用しはじめますが，キャラとしてふるまううちに，自身の言動が制限され，次第に不適応的になっていく場合があることが示されました。

　以上の結果から，青年期におけるキャラを介した関係には，適応的な側面がある一方，キャラとしての言動を周囲から期待されることで，本来の自分としての言動が制限されて疲弊していく，すなわち，キャラに過剰適応することで不適応に陥る可能性があると考えられました。

5.　これからの“キャラ”研究に向けて

　これまでの研究から，キャラは，現代青年が集団に適応していくうえでの大事な戦略の1つである一方，友人関係の経過や関係性，キャラの演じ方によっては，友人関係が苦しくなってしまう可能性も十分にあるといえます。今後の研究では，キャラを介した関係が不適応的になるプロセスの中で何が起きているのか，面接調査などを行いながら，より詳細に検討していくことが必要であると考えています。また，これまでの研究では，キャラの有無とその種類だけを尋ねてきましたが，本来の自分をどのようにとらえているかもあわせて尋ねることで，両者の差異やその程度についても考慮した検討ができると思われます。キャラによって，本来の自分としてのふるまいが制限されること，つまり，キャラとしてのあり方に過剰適応的になることがストレスとなっていると考えられるため，その解消に向けて，実証研究からの示唆を行っていくことが期待されます。

[引用文献]

浅野 智彦 (2015)．「若者」とは誰か——アイデンティティの30年——［増補新版］　河出書房新社．

千島 雄太・村上 達也 (2015)．現代青年における“キャラ”を介した友人関係の実態と友人関係満足感の関連——“キャラ”に対する考え方を中心に——　青年心理学研究, *26*(2), 129-146.

千島 雄太・村上 達也 (2016)．友人関係における“キャラ”の受け止め方と心理的適応——中学生と大学生の比較——　教育心理学研究, *64*(1), 1-12.

土井 隆義 (2009)．キャラ化する／される子どもたち——排除型社会における新たな人間像——　岩波書店．

榎本 博明 (2014)．バラエティ番組化する人々——あなたのキャラは「自分らしい」のか?——廣済堂出版．

本田 由紀 (2011)．学校の「空気」——若者の気分——　岩波書店．

岩宮 恵子 (2010)．(子どもとメディア) キャラ，演じ疲れた「本当の自分じゃない」　朝日新聞11月20日朝刊, 29.

Murai, F., Kato, H., & Naka, M. (2016). "Kyara" (a Japanese term for simplified personality) and the multiple self in Japanese adolescents. 31st International Congress of Psychology (ICP2016).

村井 史香・岡本 祐子 (2021)．大学生の友人関係における“自認するキャラ”の形成・維持プロセスの検討　心理臨床学研究, *38*(6), 480-492.

村井 史香・岡本 祐子・太田 正義・加藤 弘通 (2019)．青年期における“自認するキャラ”を介した友人関係と承認欲求・評価懸念との関連　発達心理学研究, *30*(3), 121-131.

村井 史香・岡本 祐子・太田 正義・加藤 弘通 (2021)．中学生・大学生の“自認するキャラ”を介した友人関係とセルフ・モニタリングとの関連　子ども発達臨床研究, *15*, 31-39.

瀬沼 文彰 (2007)．キャラ論　STUDIO CELLO.

瀬沼 文彰 (2018)．若者たちのキャラ化のその後　定延 利之 (編)．「キャラ」概念の広がりと深まりに向けて (pp. 154-179)　三省堂．

第4章
いじめ:
プロセスとしてとらえる

舒　悦・加藤　弘通

1. なぜこの問題を研究しようと思ったのか
　プロセスとしていじめをとらえる

1-1. いじめの何が問題なのか？

　学校ではさまざまな問題が起きますが，とりわけ，いじめは深刻な問題です。その理由はいくつかあります。1つは，毎年いじめによる自殺報道がなされるように，何よりもまず命にかかわる問題だということです。2つ目は，いじめは長期間にわたり被害者の人生を蝕むということです（坂西, 1995; 水谷・雨宮, 2015）。イギリスで行われた大規模な縦断調査によると，子ども時代のいじめの被害は，さまざまな要因を統制したうえでも50歳時点のうつ病や自殺のリスクを約1.5〜2倍以上高めるという報告もなされています（Takizawa et al., 2014）。加害者にそのつもりがなくても，被害者の精神はいじめによって長期間，苦しめられます。あるいじめ被害の当事者が「いじめは，いじめ行為を受けている間は例えようもない程の苦しみにもがきます。そしていじめ行為が終わった後も，いじめられた人は自分が何をされたのかもわからないまま，苦しみ続けることになります」（瀬尾, 2012）と述べているように，いじめは客観的にはそれが終わった後にも，主観的に被害者を苦しめます。というのも，被害者は「なぜ自分はいじめられなければならなかったのか？」「自分に何か悪いところがあったのではないか？」「何の理由もないのに，あんなひどい目にあわされるわけがない」と，自らの「悪いところ」を探し続けることを強いられ，かつそのたびに屈辱的な被害を思い出すという過酷な体験を強いられることがしばしば生じるからです。これは誇張でも何でもなく，いじめが被害者の人生に「呪い」をかけることを意味しています。つまり，いじめとは単に被害

状況を解消して終わりというような単純なものではないということです。

　そして3つ目の理由は，いじめに関しては，その把握が難しいということがあります。文部科学省や教育委員会は公式統計として毎年，教師が把握したいじめの認知件数を報告しています。しかし，公式統計に表れる教師の認知率と子どもを対象とした調査から把握されるいじめの被害率には大きな乖離があります。たとえば，私たちが2017年度にA市の小4〜中3の全児童生徒を対象に行った調査では，過去3か月で1度以上何らかのいじめ被害にあったと報告した者（被害全体）は，小学生で45.2％，中学生で32.5％でした。また「週に何度も」というより深刻な被害に限ってみても，小学生で8.6％，中学生で7.3％でした。それに対して，その年度に文部科学省（2018a）が公表したいじめ被害者数と全児童生徒数からいじめ被害率を算出したところ，小学生で3.7％，中学生で2.1％でした。また同じ年度に公表されたA市の統計から算出した被害率は，小学生で2.0％[*1]，中学生で2.4％でした。つまり最大で，小学生で約23倍，中学生で約14倍の開きがあり，教師をはじめとする大人がいじめを把握することがいかに難しいことであるかがわかると思います。

　以上をまとめると，いじめとは，被害者の人生を長期にわたり蝕み，ときに命を奪う深刻な問題であるにもかかわらず，教師による把握が難しい問題であるといえます。このような問題が，多くの子どもが通う学校という場に存在しているということは，とても恐ろしいことではないでしょうか。

1−2. これまでの研究とその問題点

　もちろん，心理学者をはじめとする研究者も，このように深刻な問題であるいじめについて，何もしてこなかったわけではありません。これまでにもたくさんの研究がなされてきました。たとえば，臨床レベルでは「把握が難しい」という点に注目して，どうしたら被害にあった子どもが，周囲に助けを求められるか，大人に相談できるかという援助要請に関する研究がなされてきました。つまり，教師がいじめの実態を把握することが難しい理由の1つには，被害にあった子どもたちが，教師をはじめ周囲に相談しない・相談することができないからというわけです。実際，東京都教職員研修センター（2014）が行っ

た調査では，いじめの被害にあいながらも，教師に相談しなかった者が小学生で約4割，中学生で約5割にのぼることが報告されています。したがって，子どもたちがいじめ被害にあったときに，適切に周囲に援助要請を出せるよう支援することは，いじめの深刻化を防ぐうえでは有効な策であると思われます。たとえば，援助要請をしない行動を回避と名づけ，その要因を探る研究（木村・濱野，2010; 永井・新井，2007）や，子どもたちの援助要請スキルを高める研究（本田，2017）などが行われ，最近では学校で，自殺予防として「SOSの出し方に関する教育を少なくとも年1回実施するなど積極的に推進」（文部科学省，2018b）することが求められています。

　しかし，ここで素朴な疑問があります。たとえ子どもたちの援助要請スキルが高まり，誰かにヘルプを出せたとして，その後，教師をはじめとする大人はどれほどいじめを解決することができるのでしょうか。というのも，先の東京都教職員研修センター（2014）の調査で，いじめの被害にあっても教師に相談しなかった理由として，7割強の者が「被害が悪化するから」，5割強の者が「誰かに言ってもいじめは解決しないから」と答えているからです。さらに厄介なことに，教師への援助要請は，解決のきっかけとなる一方で，教師がいじめを認知しながらも有効な策がとられない，つまり解決できない場合，そのことがいじめの深刻化，ひいては不登校や自殺のリスクを高めるということも指摘されています（松本，2016）。というのも，教師がいじめの事実を知りながら，それにうまく対応できない場合，生徒たちに，教師はこの問題に何も対応できないということが明らかになり，加害者の行為に「お墨付き」を与えるのと同様なことになります。また被害者からすると，たとえ教師が気づいても助けてもらえないことがはっきりとし，よりいっそう絶望が深くなります。

　つまり，何らかの支援によって児童生徒の援助要請スキルを高めたとしても，教師の解決スキルが十分でなければ，逆に事態を深刻化させてしまうことさえあるということです。実際，私たちが行った調査（加藤，2019）では，いじめ被害にあった際に，小学生では教師に相談したほうが，その後，いじめが解決したと答えた者の割合が高くなっていたのに対して，中学生では逆に教師に相談した者のほうが解決していないと答えた割合が高くなっていました。また中学生の深刻な事例に関しては，教師への援助要請をした者であっても，5割

近くの者が解決していないと回答していました。つまり，小学生では，いじめ被害にあったときに，教師に援助要請を出すことは解決に資する可能性が高いのですが，中学生の場合は，教師に援助要請を出しても結果は変わらないか，場合によっては悪化する可能性さえあるということです。したがって，中学生でいじめが起きた場合，単に教師への援助要請を促すという手立てだけでは不十分であり，深刻化を防げない可能性が高いといえます。

　このように考えると，いじめの問題というのは，被害者のスキルの改善といった「点」の対応でとらえるのではなく，具体的な状況の中で，もしそれを改善するとどうなり，次にどんな条件が整う必要があるのか，といった一連の流れ＝「プロセス」としてとらえ，より広い視野で改善に努めなければならない問題だということがわかるのではないでしょうか。

2. どんな問いを立てたのか
どういうときにいじめは深刻化するのか？／どうすればいじめの連鎖は止められるのか？

　以上のような問題意識を踏まえ，私たちは，いじめをプロセスという視点からとらえる必要があると考え，以下，2つの問いを立てました。

　1つ目の問いは，「いじめはなぜ起きるのか？」ではなく，「どういうときにいじめは深刻化するのか？」ということです。つまり，発生ではなく，発生から深刻化へと至るプロセスを検討し，そのリスク要因を明らかにしたいと考えました。表1は，私たちがこれまでに行ってきた8回の調査の被害率を整理したものですが，そこに示したとおり，過去3か月のいじめ被害に関して，「1度以上」という基準でとらえると，小学生で5割前後，中学校で約3〜4割の者が被害を受けています。それに対して，「週に何度も」という深刻事例になると，小学生も中学生も1割前後か，それ以下になります。別の見方をするなら，軽微なものまでを含めると非常に多くの者がいじめを経験しているわけですから，子どもの世界というのは，いじめがあるのがある種の日常ともいえます。それをすべて防ぐことは難しいかもしれません。しかし大事なことは，その軽微ないじめを深刻なものにしないということです。これを教師の立場で考える

表1　児童生徒を対象とした調査のいじめ被害率

調査No	年度	N	被害率			
			小学生		中学生	
			被害全体	深刻被害	被害全体	深刻被害
第1回 A市	2014年	41,251	42.5(45.1)	—	31.4(30.9)	—
第2回 B市	2016年	4,080	60.0	10.3	48.6	8.5
第3回 C市	2016年	5,952	52.8(59.7/47.1)	8.3(6.5/5.3)	35.7(37.5/60.0)	6.3(16.7/0.0)
第4回 B市	2017年	4,030	50.1(63.2)	9.4(26.3)	35.4(32.3)	7.7(4.8)
第5回 A市	2017年	38,915	45.2(53.9)	8.6(18.8)	32.5(42.3)	7.3(16.5)
第6回 B市	2018年	4,022	50.7(37.5)	10.2(12.5)	34.3(27.0)	8.0(6.3)
第7回 B市	2019年	3,897	44.2(42.1)	8.4(10.5)	27.7(25.6)	7.9(5.1)
第8回 B市	2020年	3,978	46.6(41.7)	8.5(12.5)	27.9(32.7)	5.6(4.1)

※　（　）内は特別支援学級の値，第3回調査のみ（特別支援学級／外国にルーツをもつ者）の値。

　なら，いじめを起こさせないことよりも，深刻化させないことが大事ということになります。この視点の変更は，教師に対しても強いメッセージをもつことになると思っています。というのも，発生を問うことは，いじめを起こさせないことを研究することになり，「いじめが起きてはいけない」というメッセージを裏で伝える可能性があります。そのため教師がいじめを認知することをためらわせることにもなりかねないからです。実際，大学でいじめの授業を行っていると，学生がその日の感想に，小中学生時代，いじめアンケートに「いじめがある」と記入したら，教師に呼び出されて「いじめはない」にアンケートを書き直させられたというようなエピソードが書かれているのをしばしば目にします。最初にこのことを知ったときは，正直なところ，「ひどい話だなぁ」と思いました。しかし，現場の教師とのかかわりが増えるうちに，この背景には，悪意というよりも，いじめが自分の学校・学級で起きることに対する教師の強い忌避の念が感じられるようになりました。つまり，良いか悪いかは別にして，このことは「自分の学級でいじめを起こさせてはいけない」という周囲からの要請に対する教師の強い責任感の裏返しでもあるのかもしれないということです。

　それに対して，深刻化を問うことは，「起きること自体が問題ではない，それよりも大事なことはそれを深刻化させないことだ」というメッセージをもつ

ことになります。これはいじめが起きたことを隠すのではなく，「起きたいじめをどうするか」，その対応へと教師を動機づけることになると思われます。実際，調査協力を得ることが難しいといわれる小中学校において，さらにいじめという嫌がられるテーマで，上記のようにほぼ毎年，数千〜数万人という大規模な調査を継続的に実施できている背景には，こうした問いの変更と，その意義を繰り返し訴えたことも関係しているのではないかと思います。

　2つ目の問いは，「どうすればいじめの連鎖は止められるのか？」ということです。というのも，のちにみるように，加害者が過去に被害経験をもっていたり，被害者が過去に加害経験をもっていたりする場合，いじめが深刻化するリスクが高まるということが，だんだんとわかってきたからです（加藤ほか，2018）。日本のいじめの場合，被害者と加害者がしばしば入れ替わることが，その特徴として指摘されてきました。ある研究者はそれを「ロシアン・ルーレット」と呼び（土井，2016），現代の子どもたちの友人関係を象徴するものと考えています。もちろん，そういう側面もあるのかもしれません。

　しかし，私たちは，また別の視点から，被害者が次の加害者へと連鎖していくことの背景には，いじめの解消後，被害者に対して十分な手当てがなされていないことが関係しているのではないかと考えています。つまり，先にも述べたように，いじめはそれが解消した後も，被害者の精神に深刻な影響を与え続けます。教育現場では，被害状況の解消が注目されがちで，その後の手当てについては，あまり注目されてきませんでした。しかし，臨床レベルでは以前から「長く激しいいじめを経験した人は，加害者の攻撃性をそのまま自分のものにしてしまうことがある。結果として，いじめの被害者までも非常に攻撃的な人間になってしまう」との指摘がなされてきました（斉藤，2007）。たとえば，海外では，いじめの被害者だった生徒が，そのリベンジ（復讐）のために学校で銃を乱射するスクールシューティングがしばしば事件化し，被害者に生じる攻撃性をどう手当てするかということが研究されてきました（Unnever, 2005）。こうした事件は日本では起きないと考える人が多いかもしれません。しかし，過去の新聞記事を検索すると，日本でも1969年から今までの間に「復讐」「リベンジ」という言葉でいじめに関連する記事は，少なくとも36件ありました。具体的には加害者に直接復讐する事件が19件，他人を巻き込む事件が16件，

自殺を通して復讐する事件が1件あり，やり方は主に刃物で刺す，家に放火するなどでした。ここまで被害者の攻撃性が事件化するのはまれであるのかもしれません。しかし，私たちはそれ以前の状態として，被害者が加害者に転じることの背景には，被害後，十分な手当てがなされなかったことによる行き場のない攻撃性が関係しているのではないかと考えています。つまり，スクールシューティングのように目立ちませんが，日本社会でも，実は，被害者と加害者が入れ替わるというかたちで，私たちが思っているよりも頻繁に，リベンジが起きているのではないかということです。

とはいえ，この被害者から加害者へと転じるプロセスにいったい何が起きているのかについては，ほとんど何もわかっていません。そこでリベンジという視点から，この被害→加害→被害……というプロセスで何が起きているのかを明らかにし，いじめの連鎖をどうすれば断ち切ることができるのかを考えたいと思いました。

3.　どんな研究をし，何がわかったのか
いじめ深刻化のリスク要因とリベンジの研究

以上のような問いに答えるために，私たちは学校を対象に複数の調査と実験を行ってきました。ここでは深刻化のリスク要因に関する調査研究（加藤ほか, 2018）と，いじめの連鎖についてのリベンジに関する実験研究（Shu & Luo, 2021）に分けて示していきたいと思います。

3−1.　いじめ深刻化のリスク要因

3−1−1.　どんな研究をしたのか
深刻化の指標

いじめ深刻化のリスク要因を検討するために，2つのことをクリアする必要がありました。1つは何をもって深刻化とするかです。これまでの研究は発生に関するものが主で，深刻化に関する研究はほとんどなく，質問紙調査では森田（2010）による「週に1回以上，1学期間以上続く」という頻度と期間によ

る定義がわが国では唯一のものでした。しかし，この定義もどのような根拠に基づいているのかは不明確です。実際，自殺事例の分析においては，いじめの発生から自殺までの期間が比較的短いということも指摘されています（松本，2016）。そこで私たちの研究では，深刻化の指標を期間は限定せず，頻度に絞ることにしました。またその妥当性を検討するために，被害の頻度と抑うつの関連を検討したところ，有意な相関が得られました（小学生 ρ =.32, p<.01；中学生 ρ =.27, p<.01）。つまり，いじめの頻度が上がると，抑うつの得点も上がるということであり，被害の頻度を深刻化の指標とすることが，被害者の主観からみても妥当であると考えました。なお加害者の要因については加害の頻度との関係を検討しました。

深刻化のリスク要因

　もう1つはリスク要因として何に注目すべきかということでした。検討すべき要因を絞り込むために以下のことをしました。まず新聞記事データベースを用いて，いじめ自殺報道が盛んになった1980年以降から2016年までを対象に「いじめ」「自殺」をキーワードに検索しました。その結果，その報道が複数紙に複数回，掲載されている15事例を抽出し，共通する要因を探索的に検討しました。さらにいじめの自殺事例を分析した先行研究が指摘した要因を加え，被害・加害の頻度との関係を検討することとしました。具体的には性別や学年といったデモグラフィック変数，「教師への相談の効果」（教師への相談の結果，事態が好転したか否か），「教師との関係」「教師との接触頻度」「親との関係」「被害者における過去の加害経験」「加害者における過去の被害経験」といった個人レベルの変数，加えて学級規模や「学級崩壊」といった学級レベルの要因等です。

いじめ被害

　いじめ被害については，国立教育政策研究所生徒指導研究センター（2010）に，性被害の項目を加え，「仲間はずれや無視をされた」「ものを取られたり，かくされたりした」「かげで悪口をいわれた」「なぐられたり，けられたりした」「直接，悪口やイヤなことをいわれた」「パソコンや携帯電話，スマホを使ってイヤなことをされた」「遊ぶふりをして軽くたたいたり，おされたりした」「服を脱がされたり，性的な嫌がらせをうけたりした」の8項目を使用し

ました。これらの質問に対して，「あなたは今の学年になって誰かから，次のようなことをされたことがありますか」という教示のもと「まったくない」「1度だけある」「月に1度くらいある」「週に1度くらいある」「週に何度もある」の5件法で回答を求めました。調査はいずれも6月末〜7月初旬に行っているため，ここで答えられた被害経験は，おおよそ過去3か月の被害経験ということになります。

3−1−2.　どうやって調査したのか

　さて，いよいよ調査の実施です。私たちは，いじめに関する調査をするに際して，なるべく大規模な調査をしたいと考えました。というのも，いじめはありふれた問題ではありますが，それに関与している児童生徒は，全体の中ではごく少数です。またいじめは「教室の病」（森田，2010）といわれるように，個人レベルの要因のみならず，学級といった集団レベルの要因を検討する必要があり，それなりの学級数も必要になります。したがって，分析に耐えられ，一般化可能な知見を得るためには，大規模かつ複数の地域で継続的な調査を行えることが理想です。

　結果として，表1に示したように，私たちは現時点で3つの市の教育委員会と連携し，大規模な調査を8回，実施できました。それが実現できた背景にはいくつか理由があります。1つ目の理由は，教育現場と強いパイプをもった共同研究者を得たということです。それにより，調査して報告書を出して終わりではなく，それに対する学校関係者からのフィードバックが得られるようになりました。そのおかげで対象となる学校や地域の状況を聞き取る機会が増え，追加分析の依頼や次の調査に加えてほしい項目などのリクエストをもらうようになりました。2つ目は，結果について報告書を作成することはもちろん，その返却のスピードにこだわりました。だいたい毎回の調査で40〜50ページの報告書を作成します。そして，それを先方から求められた締切よりも早く出すということを心がけています。また追加分析の依頼があれば，できるだけ，その週のうちに返します。ちょっとしたことですが，こうした努力により継続した調査が現在まで可能になっています。

3－1－3.　何がわかったのか

　それではいじめ深刻化のリスク要因としてどんなことがわかっているのでしょうか。現在までの調査でわかってきたことについて述べます。深刻化のリスク要因については，検討すべき要因が多岐にわたるため，1回の調査ですべての要因を検討することができません。そこで複数の調査を組み合わせてリスク要因を推定しました。具体的には，「教師との関係」を基準にして，それとの関連でリスク要因を検討しました。「教師との関係」（より正確には関係の良好さ）は，複数の先行研究でいじめの抑止要因であることが確認されています（本間，2003; 大西，2015; Smith，2014）。また私たちのすべての調査で用いられており，毎回，いじめの加害・被害の頻度と比較的強い関連がみられる要因です。そこで教師との関係を基準にして，それよりも回帰係数が高い要因を抽出していきました（詳しくは，加藤ほか，2018）。その結果，抽出された要因をいじめの深刻化と関連が強い順に示したものが表2です。もちろん，未検討の要因もありますので，今後もこのリストは増えていく可能性はあります。しかし，現時点で表2にみられる要因がある場合は，いじめが深刻化するリスクが高いと考えられます。したがって，現在とられている対応より，より密度の高い対策が求められることになります。

　具体的には，教職員がいじめに対応する際の単位の見直しです。2013年に公布されたいじめ防止対策推進法では，いじめには複数教員のチームで対応にあたることが明記されています。しかし，実際には，形式的にチームは組まれているものの，ほぼ担任教師だけが対応しているという事例もみられます。担任教師も，本当は助けが必要であっても，「自分のクラスのことは，自分でなんとかしなければ」という責任感が強ければ強いほど，周りに頼れない，また周りの教師も，担任教師の気持ちを尊重して手を出しにくいというような場合

表2　いじめ深刻化のリスク要因

1. 加害者にいじめの被害経験があるとき
2. 学級崩壊や学級の荒れが起きているとき
3. 教師がいじめの事実を認知していながら問題が解決に向かっていないとき
4. 被害者にいじめの加害経験があるとき
5. 加害者が教師との関係がよくないとき
6. 被害者が教師との関係がよくないとき

があります。現場の判断を軽視するわけではありませんが，個々の教師の主観的な判断に頼ることで，ある学校・学級では組織的に対応してもらえることが，別の学校・学級では対応してもらえない，その結果として，いじめが解決せず，深刻化するということも起きたりします。繰り返しますが，このことは決して教師が手を抜いているから起きるのではなく，むしろ学級や学校に対する責任感の強さゆえに起こりうるという点に注意が必要です。したがって，現場内部からの自主的な変革は困難です。しかし，表2のような外的基準を示すことができれば，個々の教師の主観的な判断に頼るのではなく，ある程度客観的な基準で対応の修正をお願いすることができるようになります。また客観的な基準を使う利点としては，自らの立場では他からの支援を仰ぎにくかった教師にも「今まで対応にあたってきた先生方には申し訳ないのですが，こういう要因がある以上，対応する組織のあり方を見直しましょう」というようなかたちで，新たな支援策を受け容れてもらいやすくなることが考えられます。つまり，外的な基準を使うことでむしろ，教師の自尊感情に配慮しながら，対応の単位を上げることが可能になるのではないかということです。

3−2．リベンジとしてのいじめ連鎖

　表2で示したように，最もいじめの深刻化を予測する要因は，加害者が過去にいじめの被害の経験をもっている場合でした。つまり，被害者が加害者へとつながる連鎖をどう断ち切るかということが，いじめの深刻化を考えるうえで重要なカギになるということです。そこでいじめの被害が加害へとつながっていくメカニズムを検討しました。

3−2−1．どんな研究をしたのか
　具体的には，以下の3つのことを検討しました。1つ目は，いじめの被害経験がリベンジに対する態度にどのように影響するのか，2つ目は，リベンジを肯定する態度があれば，実際にリベンジを実施しやすくなるのか，そして，最後の3つ目は，いじめの被害がリベンジへの態度に影響し，リベンジの行動をとりやすくなるとしたら，その傾向をどのように抑制すればよいのかを実験を

通して検討しました。

　まず対象となる中学生を2つの群にランダムに分け，こちらが用意したそれぞれ異なるストーリーを読んでもらうことで架空の場面を想像してもらいました。1つ目は，いじめの「被害経験なし」群で「高校に入学しました。新しいクラスのみんなは仲よく，あなたは誰からもいじめられるようなことはありません。しかし，あなたをいらつかせるクラスメイトが何人かいました」というストーリーを読んでもらいました。2つ目は，いじめの「被害経験あり」群で「高校に入学しました。残念ながら，あなたは誰かからいじめられていました。たいした被害ではないが，あなたはそうされることにいらついていました」というストーリーを読んでもらいました。その後，2つの群ともに同じ挑発のストーリー，「ある日，あなたが廊下を歩いていると，突然，あなたがいらついていたそのクラスメイトが，どこからか出てきて，あなたにぶつかってきました。それに対して，あなたは腹が立ちました」を読んでもらいます。ここでのねらいは，中学生がそのときの挑発に対してリベンジしたいと思うかどうかを明らかにすることです。

　さらにそのリベンジの抑制策として，中学生の自己パースペクティブを操作しました。自己パースペクティブとは，起こった出来事に対して，自分がどのように考えているかを指す概念です。たとえば，その挑発に対して距離をおけず，自分自身をコントロールできないほど感情的になってしまっている状態を自己没入化（Self-immersion）と呼びます。それに対して，その挑発に対して距離をおくことができ，他者のことのように客観的な視点から理性的に考えられている状態を自己距離化（Self-distancing）と呼びます。これらの自己パースペクティブを操作するために，中学生全体を3つの群，統制群，自己没入化群，自己距離化群にランダムに振り分けました。まず統制群は何の操作もしない群で，挑発とは関係のないこと，たとえば，ストーリーを読んで想像した高校の建物は何階建てか？　学級の人数は？　などを考えてもらい，その高校についての作文を書いてもらいました。次に自己没入化群には，2分間ほど，ぶつかったときの状況を自分の視点で，実際にその挑発にあったとして，相手の表情がはっきりとわかるほど鮮明に状況を想像してもらい，その後にそのときの感情や考えたことを作文に書いてもらいました。そして，自己距離化群には，

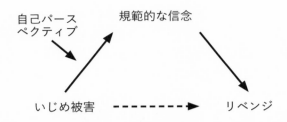

図1　いじめ被害とリベンジの関係についての仮説モデル

同じく2分間ほど，ぶつかったときの状況を第三者の視点から想像してもらいました。つまり，当事者の視点ではなく，できる限り無関係である他者の視点から想像して，客観的にその挑発的な出来事を考えてもらいました。想像した後に，そのときの感情や考えたことを三人称を使って作文に書いてもらいました。

　それから最後にもう1つ，リベンジ行動に対する規範的な信念を測りました。規範的な信念とは，ある行動に対する許容度（acceptability）を表す概念で，良いか悪いかではなく，その行動を許容できるか否かを重視します（Huesmann & Guerra, 1997）。ここでは挑発されたとき，リベンジすることは許容されるかということについての認識を尋ねるものになります。私たちは，この規範的な信念が，被害経験とリベンジ行動を媒介するのではないかと考えました。つまり，いじめられると，リベンジの許容度が高くなり，リベンジをする可能性が高まるという仮説を立てました。またもう1つ仮説として考えたことは，自己パースペクティブがいじめ被害経験と規範的な信念の関係に対して調整効果をもつということです。つまり，統制群と比べて，自己没入化群のほうがリベンジの許容度が高くなり，リベンジをする可能性が高くなる一方で，自己距離化群はリベンジの受容度が抑制され，リベンジする可能性が下がるということです。以上のことをモデル化したのが図1です。

3−2−2. 何がわかったのか
　実験の結果は前者の仮説を支持しましたが，後者の仮説の半分しか支持しませんでした。具体的にいうと，自己没入化群と統制群では，いじめ被害と規範

的な信念の間に有意な正の関連性がみられ，規範的な信念とリベンジの間にも有意な正の関連性があることが明らかになりました。また，被害経験はリベンジに直接に関連していないことも明らかになりました。つまり，自己没入化群と統制群では，いじめ被害の経験がリベンジを許容する規範的な信念を高めることを介して，リベンジする可能性を高めるということが明らかになりました。ただし，仮説とは異なり，自己没入化は，統制群に比べ，いじめ被害が規範的な信念に与える影響を促進しているわけではありませんでした。すなわち，自己没入化は認知（リベンジを許容する信念）にはあまり影響がないということです。

　そして，自己距離化群では，いじめ被害の経験と規範的な信念の関連性が有意ではなくなっていました。つまり，自己距離化群では，リベンジを許容する規範的な信念は，いじめの被害経験から影響を受けていなかったということです。言い換えると，いじめられたとしても，自己距離化をうまく使うことができれば，客観的な認知を保つことができ，被害経験とリベンジとのつながりを抑制することができると考えられます。

　以上の結果をまとめると，いじめ被害の経験は，リベンジすることへの許容度を高めます。さらにリベンジが許されると思えば思うほど，リベンジ行動を実施しやすくなります。おそらく，これがいじめの被害と加害の連鎖のメカニズムの一端を示していると思われます。そしてこのことは，いじめの被害にあったとしても，何らかの支援や介入により，被害者がその経験から客観的に距離をおいて考えることができるなら，リベンジが行われない，つまり，被害が加害へと連鎖しない可能性があることを意味しています。

　しかしながら，自己距離化の研究の歴史が短く，どのような支援や介入をすることでその能力を子どもたちに育てることができるかはまだよくわかっていません。しかし，1つだけはっきりしているのは，いじめの問題というのは，やはり，その被害状況を解消すればよいというわけではなく，その後，自己距離化を促すような何らかのケアが必要だということです。自己距離化は，個人の能力である一方で，教師や保護者といった他者から丁寧に話を聞いてもらったり，大切に扱ってもらったりすることで育まれる能力でもあるかもしれません。いずれにしても教師を含めた大人は，いじめの問題を少し広い視野でとら

え，被害状況が解消した後に，必要とされる支援があることを肝に銘じる必要
があると思います。そして，そのことが，いじめを一連のプロセスとしてとら
えたときに，次なるいじめ被害の深刻化を防ぐ1つの有効な対応になると考え
られます。

4. それが実践にもつ意義は何か
かかわりの選択肢を増やすこと

　私たちの研究では，少し視野を広げ，いじめを点ではなく，プロセスとして
とらえることを意識して調査や実験を行ってきました。具体的には，いじめが
「なぜ起きるのか？」ではなく，起きたいじめが「どういうときに深刻化する
のか？」を検討しました。また「被害者と加害者が入れ替わる」という日本の
いじめの特徴を「近年の友人関係の特徴」として思考停止するのではなく，そ
れが生じるメカニズムを明らかにし，その連鎖を断つためのヒントを探してき
ました。

　それでは私たちの研究知見が教育現場にもたらす意義とは何でしょうか。も
ちろん，いじめに対する基礎的な知見をもたらしたということも意義の1つで
はあると思います。しかし，それ以上に重要なことは，いじめ問題にかかわる
人たちに対して，その視点の転換や拡張を図ることです。

　近年，「エビデンス」が強調され，現場で教師により行われていることやと
られている策はエビデンスがないと批判する声がよく聞かれます。そのような
批判をもっともだと思う反面，気をつけなくてはならないのは，そのエビデ
ンスがある策というのが，唯一の正解や解決策を意味しているのでもないとい
うことです。あくまでも自分たちが調べた範囲＝視野の中で確率的にみて解決
に至る可能性が高いかかわりの策はどれかという程度のことを意味しているは
ずです。したがって，視野が変われば，もっと違った範囲のかかわりの策があ
り，そのほうが有効であるかもしれません。そして，教育が日々更新されてい
くためには，今ある手持ちの策のうち，どれが最も優れた策かということだけ
にこだわるよりも，手持ちの策以外へと，柔軟に視野を拡張できることこそが
重要なのではないかと考えます。

　私たちの研究では，いじめをプロセスでとらえるということを強調しました。いじめの発生から深刻化へと問いを変更することで，深刻化のリスク要因を明らかにするのはもちろんですが，ねらいはそれだけではありません。むしろ，そのように問いを変更することで，いじめを起きてはいけないものとみなすのではなく，深刻化しないようにすべきものへと教師の認識に変更を迫ることもねらいとしています。また被害と加害の連鎖プロセスに注意を向けることで，被害状況の解消のみならず，解消後の対応にこそ，深刻化を抑止するカギがあるということを示しました。そうすることで，現場の教師たちが，いじめが起きている状況をどうするかという従来のやり方だけではない，新たなかかわりの選択肢を得られることがねらいです。

　現場の問題を具体的に解決していくのは教師をはじめとした実践者たちであって研究者ではありません。したがって，もし現場でうまくいっていない問題があるとするなら，研究者がすべきことは，中途半端な正解を与えることよりも，今，正解と思われているものの背後にある選択の範囲自体を問い直すことではないかと思います。具体的には，研究によって現場の人たちの視野を拡張すること，そのことによって，今までやられていたある範囲の中でのベターな選択ではなく，より広い範囲の中での現象の認識が可能となるような研究が必要なのではないかと思います。したがって，私たちに求められるのは，エビデンスを示すと同時に，そのエビデンスをもたらす背後にある見方の枠組み＝視野を拡張することではないでしょうか。それこそが理論と呼ばれるものであり，現場の外部にいて異なる視点をもつ者だからこそできることではないかと思います。

[注]
＊1　A市の小学生の被害率には，本調査が対象としていない小学1〜3年生のデータも含まれています。

[引用文献]
坂西　友秀（1995）．いじめが被害者に及ぼす長期的な影響および被害者の自己認知と他の被

害者認知の差　社会心理学研究, *11*(2), 105-115.

土井 隆義（2016）．いじめ問題はどう変わったのか？――その歴史的変遷と社会的背景――　臨床心理学, *16*(6), 657-662.

本田 真大（2017）．いじめに対する援助要請のカウンセリング――「助けて」が言える子ども，「助けて」に気づける援助者になるために――　金子書房.

本間 友巳（2003）．中学生におけるいじめの停止に関連する要因といじめ加害者への対応　教育心理学研究, *51*(4), 390-400.

Huesmann, L. R., & Guerra, N. G. (1997). Children's normative beliefs about aggression and aggressive behavior. *Journal of Personality and Social Psychology*, *72*(2), 408-419.

加藤 弘通（2019）．いじめを受けている子のSOSを捉えた先のこと　教育と医学, *67*(2), 108-114.

加藤 弘通・太田 正義・藤井 基貴（2018）．2017年度一般研究助成 研究報告 いじめの深刻化の要因の検討とアセスメントツールの開発　日工組社会安全研究財団. http://www.syaanken.or.jp/wp-content/uploads/2018/12/RP2017A_002.pdf（2021年1月2日アクセス）

木村 真人・濱野 晋吾（2010）．いじめ被害における援助要請行動を抑制する要因の探索的検討　東京成徳短期大学紀要, *43*, 1-12.

国立教育政策研究所生徒指導研究センター（2010）．いじめ追跡調査2007-2009 いじめQ&A. https://www.nier.go.jp/shido/centerhp/shienshiryou2/3.pdf（2022年4月28日アクセス）

松本 俊彦（2016）．「いじめ」はいつ自殺に転じるのか　臨床心理学, *16*(6), 643-650.

水谷 聡秀・雨宮 俊彦（2015）．小中高時代のいじめ経験が大学生の自尊感情とWell-Beingに与える影響　教育心理学研究, *63*(2), 102-110.

文部科学省（2018a）．平成29年度 児童生徒の問題行動・不登校等生徒指導上の諸課題に関する調査結果について. https://www.mext.go.jp/component/a_menu/education/detail/__icsFiles/afieldfile/2019/10/25/1412082-29.pdf（2021年1月2日アクセス）

文部科学省（2018b）．児童生徒の自殺予防に向けた困難な事態，強い心理的負担を受けた場合等における対処の仕方を身に付ける等のための教育の教材例について. https://www.mext.go.jp/a_menu/shotou/seitoshidou/1410401.htm（2021年1月2日アクセス）

森田 洋司（2010）．いじめとは何か――教室の問題，社会の問題――　中央公論新社.

永井 智・新井 邦二郎（2007）．利益とコストの予期が中学生における友人への相談行動に与える影響の検討　教育心理学研究, *55*(2), 197-207.

大西 彩子（2015）．いじめ加害者の心理学――学級でいじめが起こるメカニズムの研究――　ナカニシヤ出版.

斉藤 環（2007）．思春期ポストモダン――成熟はいかにして可能か――　幻冬舎.

瀬尾 りお（2012）．いじめからの逃げ方　静岡新聞社.

Shu, Y., & Luo, Z. (2021). Peer victimization and reactive aggression in junior high-school students:

A moderated mediation model of retaliatory normative beliefs and self-perspective. *Aggressive Behavior, 47*(5), 583-592.

Smith, P. (2014). *Understanding school bullying: Its nature and prevention strategies.* London: Sage Publications.

Takizawa, R., Maughan, B., & Arseneault, L. (2014). Adult health outcomes of childhood bullying victimization: Evidence from a five-decade longitudinal British cohort. *American Journal of Psychiatry, 171*(7), 777-784.

東京都教職員研修センター（2014）．いじめ問題に関する研究報告書　第3章　調査研究. https://www.kyoiku-kensyu.metro.tokyo.lg.jp/09seika/reports/files/bulletin/h25/materials/h25_05. pdf（2022年5月23日アクセス）

Unnever, J. D. (2005). Bullies, aggressive victims, and victims: Are they distinct groups? *Aggressive Behavior, 31*(2), 153-171.

コラム
4

スクールカースト：
筆者の研究者としての歩みとともに

水野　君平

1.「スクールカースト」研究との出会いと問い

　筆者は卒業論文から現在まで「スクールカースト」に関する研究を進めて
きました。このテーマを選んだのは，卒業論文のテーマに迷っていたころに
『教室内〈スクール〉カースト』（鈴木, 2012）を読んだのがきっかけです。自
分が生徒だったころ，なんともいえなかった学校の空気を，データ（質的・量
的）化してその正体に迫っていることに衝撃を受けたからでした。しかし，「ス
クールカースト」の研究をみていくと，データに基づかずにいじめとの関係が
述べられていたり（森口, 2007），鈴木（2012）のアンケートデータは中学2年生
のみの回答データとなっていて，どのような条件や心理メカニズムで学校適応
と結びつくのかという検討が不十分であることがわかりました。そのため，本
当に「スクールカースト」によって学校での問題が起こるのかという「問い」
を抱きました。
　この研究をはじめた当初は，友だちグループの地位がいじめ加害・被害や学
校適応にかかわるのかという比較的単純な問いを立てていました。そこから，
単純な関連を探るのではなく，グループの地位と学校適応の関連にはどういう
心理プロセスが存在するのか（媒介変数の検討），また，どういう条件でグルー
プの地位と学校適応の関連が変化するのか（調整変数の検討）という問いが派生
しました。これらの問いを立てた背景としては，グループの地位と学校適応の
関連を明らかにした際に，どのように研究知見を現場（ひいては社会）に還元
し，子どもたちのよりよい学校生活に役立てていくかを考え，媒介変数や調整
変数を問いに含めることが1つの手がかりになると考えたからです。

2. 筆者の「スクールカースト」研究のはじまり

　筆者の指導教員が計量的研究をしており，また，「行動を数値化する」ことで数値として人間の行動を表せるという心理学の手法に興味を抱いたので，主にアンケートによる質問紙調査研究を進めてきました。より具体的に説明すると，(1) 学校適応感に対する調査研究，(2) いじめに対する調査研究，(3) 内外の類似した研究と比較した文献検討です。(1) では筆者がメインとなって400〜1000人規模の調査を数回行ってきました。水野・太田 (2017) では，1000人強の中学生に対して，友だちグループの地位と学校適応感の関連メカニズムを明らかにしました。水野・日高 (2019) では，46学級の中学生に対してどのような学級で友だちグループの地位と学校適応感の関連が変化するのかを明らかにしました。水野・柳岡 (2020) では，自尊心などの複数の心理的適応を用いて友だちグループの地位とそれらの間の関連が指標間でどう違い，中高生の間にも違いがみられるのかを明らかにしました。(2) では指導教員がとりまとめている大規模ないじめ調査研究のプロジェクトの中で行う機会に恵まれました。水野ほか (2019) では，2000人強の中学生に対していじめ被害・加害と友だちグループの地位の関連を明らかにしました。(3) では学会で知り合った同士と一緒に国内外のさまざまな文献をもとに「スクールカースト」の特徴を文献レビューで明らかにしました (水野・唐, 2020)。

　また上記の研究のうち挑戦的な試みとして，水野・日高 (2019) は日本の心理系では初めてのクラウドファンディングを行いました。これは博士後期課程2年のころに企画したもので，クラウドファンデングを行ったのは，正直をいえば，世の中の新しい試みに挑戦したいという筆者の性格的な理由と，筆者が日本学術振興会特別研究員などのフェローシップには採択されず，研究資金を捻出する手段を求めていたという金銭的理由によるものでした。このプロジェクトは結果的に多くの方々にご支援を賜り，研究を理解していただくことができました。そして，学会発表賞をいただき，学会のシンポジウムで成果を発表して論文としてまとめることができました。

　近年流行しているネット調査にも挑戦しました (水野・柳岡, 2020)。この研究では，ネット調査会社のモニタで中高生の子どもをもつ親御さんの協力を得て

全国の中高生から回答を得ました。ただ，すべての調査が主観的報告に基づくという限界点もあります。

3. 研究で明らかになったこととその反響

　これらの研究の結果，(1)では，概して「スクールカースト」で地位の低いグループに所属するほど学校適応感が低くなり（逆にいうと，上位のグループに属する生徒ほど学校適応感が高い），そこに中高生で顕著な差はみられませんでした。(2)では，「スクールカースト」が決定的ないじめ被害・加害の要因とはなりにくい（水野ほか, 2019）ということから，とくにいじめに関してはイメージで語られているほどは関係しないということがわかりました。(3)では，国内外の関連した研究を概観し，個人的な地位を示す人気者（popularity）や評判に基づくグループの類型であるピア・クラウド（peer crowd）との比較を行い，「スクールカースト」は学級内の実在集団間の地位という点で特質があるということが明らかになりました。

　これらのことから，「スクールカースト」はいじめというよりも，学校適応感のような心理的問題により結びつくということがいえます（水野・日高, 2019; 水野・太田, 2017; 水野・柳岡, 2020）。また，意外なことに「スクールカースト」における友だちグループの地位と自尊心の関連は強くないという結果から，自己に対する肯定的な価値を脅かすことは少ないかもしれないことも示唆されます。

　これらの研究結果が実践にもつ意義は，「スクールカースト」の問題はいじめよりも学校への楽しさの問題と深く関係するということを明らかにしたことです。この知見から，生徒指導や学級運営に活用することで，一部の生徒の学校適応が下がるなど「スクールカースト」の悪影響を軽減することができるでしょう。もちろん，「スクールカースト」の研究ははじまったばかりで，今後多くの研究知見が蓄積されてくれば違った結論になるのかもしれませんが，今のところはそのような意義があると考えられます。

　そして，筆者たちの研究を大学生がゼミ活動で読んだり，卒業論文のテーマとして取り上げたりしているという話を知り合いの研究者からよく聞きます。

しかし，残念ながら学校現場の先生方からは知り合いの方を除いて，管見の限り筆者たちの研究について知っていただいていません。また，クラウドファンディングでは，「スクールカースト」で嫌なことを経験した当事者やその保護者の方から関心をもってもらえました。新しい研究知見が明らかになるだけでなく，「スクールカースト」の研究を行うこと自体にも当事者（だった人）に対して何かしらの意義があるのではないかと考えられます。また，最近は研究成果を国際誌にも投稿していますが，この研究の意義や海外の類似した研究と比較した場合の位置づけがうまく伝わらず，5誌連続で不採択を受けました。しかし，最近ようやく採択となりました（Mizuno et al, 2022）。どうやって研究成果を国際的に還元していくかも今後の課題です。

4．教師や保護者の方々に伝えたいこと

　以上のさまざまな研究を通して，私たちはこれまで「スクールカースト」の問題に取り組んできました。これらの研究からいえることは，繰り返しになりますが，「スクールカースト」の問題はいじめよりも学校適応感という学校での楽しさや心地よさなどの問題とより深く結びついているということです。そのため「スクールカースト」がもつ学校適応感への影響を担任である教師や学校単位でどう弱めるかの工夫が必要であると考えられます。たとえば，荒川（2013）は特定の生徒だけでなくさまざまな生徒が活躍する場面を意図的につくっている実践を紹介していますが，このように担任が働きかけて，どんな生徒も学級で活躍できて「ほどほどにやれている」と思える学級環境づくりも重要です。そして，制度との関連でいうと，いわゆる「学級（ホームルーム）」の必要性についてあらためて問う必要があるのかもしれません。いじめを研究している教育社会学者の内藤朝雄は，日本で起こるいじめは学級を解体することで解決するだろうと指摘しています（内藤, 2009）。「スクールカースト」も学級内の友だちグループ間の上下関係を表し，鈴木（2012）は休み時間や行事などでの学級内の生徒間のコミュニケーションを通してグループの上下関係が生徒間で意識されやすいことをインタビューから明らかにしています。そのため，日本の一部の学校やイギリスなどの諸外国の学校のように学級をなくすこと

で，「スクールカースト」は生徒の間で意識されることが少なくなるのかもしれません。

5.　これからどんな研究が望まれるか

　「スクールカースト」の研究はそのネガティブな印象からなかなか実施が難しいと思われます。実際，筆者が学会などで他の研究者と話すときにはそのことがよく話題になります。そのため，学校に対して「なぜその研究をする必要があるのか」「その研究がどう現場に還元されうるのか（できるだけ早いフィードバックも行うこと）」「生徒にとって回答しやすい内容や分量であること」を十分に吟味・説明し，良好な信頼関係を築いてから実施する必要があります。そして，今後もさまざまな角度からの「スクールカースト」研究が望まれます。とくに，筆者たちはこれまで主観的報告に頼る「スクールカースト」の指標を用いてきており，それに起因する限界点が研究に残っています。そのため，主観的な指標の他にも，客観的な指標が必要だと考えられます。代表的なものに仲間指名（peer nomination）という測定法があり，これは乗り越えるべき倫理的な課題を抱えていますが（水野・唐, 2020），この問題を乗り越え測定法の課題をクリアすることが望まれます。

[引用文献]

荒川 拓之（2013）．自作アンケート──方法と活かし方──　授業力＆学級統率力, *45*, 20-22.

水野 君平・日高 茂暢（2019）．「スクールカースト」におけるグループ間の地位と学校適応感の関連の学級間差──2種類の学級風土とグループ間の地位におけるヒエラルキーの調整効果に着目した検討──　教育心理学研究, *67*(1), 1-11.

水野 君平・加藤 弘通・太田 正義（2019）．中学生のグループ間の地位といじめ被害・加害の関係性の検討　対人社会心理学研究, *19*, 14-21.

水野 君平・太田 正義（2017）．中学生のスクールカーストと学校適応の関連　教育心理学研究, *65*(4), 501-511.

Mizuno, K., Shu, Y., Ota, M., & Kato, H.（2022）. Inter-peer group status and school bullying: The case of middle school students in Japan. *Adolescents*, *2*(2), 252-262.

水野　君平・唐　音啓（2020）．仲間関係研究における「スクールカースト」の位置づけと展望　心理学評論，*62*(4)，311-327.

水野　君平・柳岡　開地（2020）．中高生の「スクールカースト」と学校適応，顕在的・潜在的自尊心，仮想的有能感との関連の検討　パーソナリティ研究，*29*(2)，97-108.

森口　朗（2007）．いじめの構造　新潮社.

内藤　朝雄（2009）．いじめの構造──なぜ人が怪物になるのか──　講談社.

鈴木　翔（2012）．教室内〈スクール〉カースト　光文社.

第5章
虐待・自傷：
親子というつながりの問い直し

穴水 ゆかり・濤岡 優

1. なぜこの問題を研究しようと思ったのか
家族・親子とは？

1−1. 問われ続ける「家族」の枠組み

　家族とはどのような関係なのでしょうか。

　私たち人間は，自分一人で生まれてくるわけではなく，必ず誰かの子どもとして，あるいは誰かの存在のそばに生まれます。そして，多くの場合は，その生まれた落ちた集団がその人の家族となり，親子，きょうだいといった関係性の中に組み込まれていきます。同時に，家族は人が一番はじめに獲得するつながりです。それゆえに，家族関係の中で，とくに親と子の関係の中で，信頼や愛着といった情緒的に親密なつながりをつくることが，人の発達の基盤になります。

　この親子関係を含めた家族集団は，単独に孤立して存在するわけではなく，より大きなコミュニティや組織の集まりである社会の中に位置づけられます。したがって，時代や社会のあり方が変化するとき，家族のあり方も変容していきます。

　たとえば，戦前の時代の家族は，土地とのつながりが強く，また個人よりも個人を包括する「家」に重きが置かれました。一方で，社会保障や福祉制度が十分に整っていない当時の日本において，家族は生活を保障する機能も担いました。しかし，戦後の高度経済成長を経験する中で，とくに，女性が経済的な自立を獲得し，結婚や離婚，また子どもを産むことが女性にとって選択可能なものになっていく中で，ステップファミリーや一人親世帯といった家族のかたちが，社会の中に浸透していきます。一方では，伝統的な家族の価値観やあり

方に対する疑問を背景に，事実婚という夫婦のあり方が選ばれるようになった
り，最近では，医療分野での生殖補助技術の急速な発展を背景に，人工授精や
体外受精，代理出産が可能になり，子どもを得る手段の選択肢も広がっていま
す。他にも，LGBTQや国際結婚など，さまざまな社会の認識や関心の拡大に
連動して，家族のあり方も多様化し続けています。

　このような時代とともに変化してきた家族のあり方を踏まえると，「家族」
を明確に定義することが実はとても難しいことに気づきます。しかし，かたち
はどうであれ家族という関係の枠組みが社会の中に残り続けていること，また
家族とは何かという問いが，問われ続けていること自体に意味があるようにも
思います。

1-2.　なぜ親子関係に注目するのか

　前項では社会学的な観点から家族についてみました。この大きな歴史の変化
とともに変容する家族を，よりミクロな観点から検討してきたのが心理学で
す。つまり，家族関係の中で，お互いのメンバーがどのようにかかわり合い，
互いに影響し合っているのか，さらには，その家族の中でどのような困難や問
題が生じているのか，といった問いが，心理学では検討されてきました。本章
では，家族の中でもとくに親子関係に注目し，この関係を自傷と虐待という2
つの切り口からみていきます。

　筆者の一人（濤岡）は親子関係に焦点を当てて，これまで研究を続けてきま
した。そもそも，なぜ親子関係を取り上げる必要があるのでしょうか。親子と
いう関係性に注目することで何がみえてくるのでしょうか。ここで少しだけ，
筆者が実施してきたこれまでの研究にふれながら，筆者自身の問いのはじまり
の地点について書いてみようと思います。

　「今振り返ると」の話ですが，筆者が親子関係について研究しようと思った
きっかけは，親からの自立の葛藤であったように思います。筆者が卒業論文に
向けて研究テーマを考えはじめる大学3年生のころは，ちょうど親からの自立
に悩んでいた時期でした。そのような状況の中で，筆者の関心はおのずと親子
の分離や自立に向かっていったのだと思います。そして，先行研究を調べてい

くうちに，大学生の段階を含む青年期は親子が心理的に分離する時期にあること，また，青年が親と異なる存在として自分を形成することは，大人になるための重要な発達課題であることがわかりました。これは，まさに筆者自身の経験を言い当てたものでした。その後，筆者の関心は徐々に「自分」というものに広がり，先行研究を調べはじめてたどり着いたのが，ミード（Mead, G. H.；ミード, 1973）の「他者を前提とした自己の存在」という自己に関する理論でした。そして，親もその他者の一人として位置づけられていることを知りました。しかし，この「他者としての親」という説明に筆者は大きな違和感を覚えました。先ほど説明したように，そのときの筆者は親との距離感に悩んでいたのですが，親から自立したい，離れたい，という思いをもちながらも，どこかで親と同じように思考している自分や，親の気持ちを無視できない自分がいることも認識していました。もちろん，親は自分とは異なる存在で，違う人生を生きているわけですが，それでも自分の「外側」にいる存在として親を説明することが腑に落ちませんでした。しかし，当時はそれ以上この問いを先に進めることができず，別のテーマで卒業論文を書くことになりました。

　その後，修士課程に進学してさまざまな経験をしながら自己に関する理論や考えを学び，思考を積み重ねる中で，「他者としての親」という枠組みでは説明できない親子のあり方があるのではないかと，あらためて思うようになりました。そこで，子どもにとっての親はどのような存在なのか，親子の関係とは何なのか，その答えを探るための調査にとりかかり，2組の親子にインタビューを行いました。

　結果として，この調査ではいくつかのことがみえてきました。1つ目は，子どもにとっての親ははじめから「他者」なのではなく，大人へと成長する中で，自分とは異なる存在として認識するプロセスを経験するのではないか，ということです。この経験を，筆者は「親を他者化するプロセス」と呼ぶことにしました。そもそも，友人や先生といった他者との関係は，大人になっていく過程の中で獲得する関係性です。それゆえに友人や先生とは，自分の外側にいる「他者」として出会います。一方，親との関係は，生まれたときからすでにもっている関係であり，いわば当たり前のつながりです。したがって，親はそもそも自分の外側にいるか内側にいるか，ということ自体が問われない存在で

す。しかし，思春期・青年期の時期にさまざまな他者と出会いながら新たな関係を獲得・構築していく中で，それまでは自明だった親の存在が初めて相対化され，その結果，親を自分の外側にいる存在として「他者化」していくのではないか，という仮説がみえてきました。

　2つ目は，この他者化のプロセスの中で，子どもは親を自分とは異なる存在として認識しつつも，同時に，親は自分にとっての親であり，また自分は親にとっての子どもであることを，あらためて受け止めていくのではないか，ということでした。つまり，親を「他者化」することで，親もまた社会で生きる一人の人間，弱さをもった一人の人間であることを理解し，一方では，それでも変わらずに親子であり続けるという，揺らがないつながりの事実を認識することで，親子になり直す経験をしていることがわかりました。

　さらに，この調査では，筆者にとっての大きな発見がありました。それは，親と子の2世代の関係に関する語りを聞くとき，その語りは祖父母世代の話まで展開していく，ということです。そもそも計画の段階では，親との関係あるいは子どもとの関係を中心に，話を聞いていくつもりでした。しかし，実際に話を聞いていくと，親の側では自分が子どもだったころの話や，自分の親の話（祖父母世代の話），また自分が親になった今，あらためて子どもという立場で感じていること，などが語られました。一方，子どもの側でも，単に自分とふだんかかわる親の姿だけではなく，祖父母の介護やサポートをする親の姿についても語られました。その語りを聞いていた筆者は，祖父母の話にまで内容が広がっていったとき，"話がそれてしまった"と感じ，内心焦っていました。しかし，語りの記録を何度も読み返していくうちに，そもそも筆者自身が，親子を二者関係，あるいは2世代のつながり，という限定的な枠組みの中で理解していたことに気づかされました。つまり，実際に経験されている親子関係は，研究する側が勝手に区切った親と子の2世代に閉じた世界ではなく，複数の世代をまたがった重層的なつながりの中で経験されている，という事実の発見であり，筆者の認識が拡張された経験でした。

　以上の3つの発見がその後に続く筆者の研究の土台となり，今その一つひとつの発見をもう一度問いとして立て直し，インタビュー調査を続けています。

2.　どんな問いを立てたのか
親子というつながりの「切れなさ」とは？

　ここまでは，親子関係を肯定的なものとして説明し，そのつながりの安定的な側面をみてきました。しかし，ときに親子関係は，信頼感や親密さをもった関係とはならず，親であり子どもであることが肯定的に受け止められないこともあります。そして，親子のつながりが負担になったり，その関係の中で傷を受けることもあります。さらには，周りからの視線や反応，態度によって親子であることが過剰に意識させられ，窮屈さを感じることさえあります。つまり，生まれたときからもっている親子関係は，安心や愛着といった言葉で説明される肯定的な側面がある一方で，その関係そのものが人を縛り，あるいは虐待といったかたちで傷を受ける否定的な側面ももちえます。

　実際に，以前筆者の一人（濤岡）がインタビューをした親子は，家族の中で対立関係にあるメンバーを抱えていて，家族として受け入れられない想いを語っていました。そして，その想いは，家族の縁を切る，という言葉で表現されるほどに強いものでした。しかし，親子としての縁を切ったと語る一方で，その家族の存在は，自分の中から消すことのできないもの，どんなに関係が希薄になっても残り続けるもの，としても語られました。

　このような語りを踏まえると，家族や親子のつながりは，どんなことがあっても切れない，安定的で肯定的な「切れなさ」をもった関係として描くこともできますが，ふだんの生活で親子としてかかわるときに実感する，切りたくても切ることのできない否定的な「切れなさ」をもった関係としても説明できます。そして肯定的なものであれ否定的なものであれ，この「切れなさ」は，多くの人が経験しているものではないかと思います。では，この「切れなさ」とは何なのでしょうか。私たちは，何に対してこの「切れなさ」を感じているのでしょうか。親子関係が私たちにとってネガティブなものであったとき，私たちは親子のつながりを切ること，離れることができるのでしょうか。

　本章では，このような親子関係に対する問いを探っていくために，自傷および虐待という現象を取り上げていきたいと思います。この2つの現象のどちら

においても，親子のあり方は大きく関与しています。

　自傷は，自分で自分を傷つけることですが，この自傷の背景には，親から傷つけられた経験が隠れていることもあります。また一方では，親や家族からの支えによって，自傷を乗り越えることもできます。このように，自傷を理解するとき，親子のつながりは，子どもの育ち・発達を支え安定させる肯定的な関係，あるいは子どもの育ちを阻害し不安定にさせる否定的な関係として現れます。したがって，自傷行為を検討することによって，親子関係の2つの側面が実際にどのようなかたちで経験されているのかを理解することができます。

　一方，虐待は親が子どもを守り育てること，そして子どもが親に頼り，親からの支えを受けることが困難になった状態であり，その意味で関係そのものが機能不全になっています。このような親子関係は，子どもの発達や人生に大きな困難をもたらし，前述した自傷行為につながることもあります。したがって，被虐待経験者は自分を守るために，ときに親から物理的・心理的に離れることが必要になります。このとき，親から離れることは，親子のつながりそのものが切れることを意味するのでしょうか。この視点をもって虐待について検討することは，親子のつながりの「切れなさ」を理解することになると考えられます。

　以上に立てた問いの具体的な検討に入る前に，そもそも自傷行為や虐待がどのような現象なのか，その大枠を知っておくことが理解の助けになると思います。そこで簡単にですが，以下にそれぞれの現象を説明してみます。

2−1.　自傷行為とは

　自傷行為とは「意図的に自らの身体を傷つける行動」のことです。自傷行為の具体的な行動としては「直接的に身体に損傷を加える行為」，すなわち身体の表面を切る，火傷をする，身体を強くぶつける，壁などを殴る，髪を抜く，皮膚をむしる，引っかく等の行為を指すことが多いようです。また，自傷行為の1つである過量服薬は自殺との関連が強い行為ですが，この場合，自傷と自殺を別のものとして理解するかどうかは，今もなお判断が難しい論点となっています。ひとまず，本章では「自傷と自殺の峻別は困難」と考え，過量服薬を

自傷行動の1つとして理解することにします。

2−1−1. 子どもの自傷行為

　自傷行為は12〜13歳ごろから増えはじめ，30歳以降で減少していきます。そして，この12歳から30歳の期間にかかわりが強く，30歳以降になると関係が希薄になっていくのは，親との関係であると推定されることから，土居・三宅（2019）は「親子の関係が重要な時期に自傷行為が多くみられるのではないか」と指摘します。

　まず，どの時期にどれくらいの子どもたちが，自傷行為を経験するのでしょうか。ある調査によると，これまでに自傷行為を経験したことがある中学生は，男子50.6%，女子46.7%，高校生は，男子39.8%，女子42.3%いることがわかっています（濱田ほか, 2009; 関本・朝倉, 2017）。自傷経験には地域差や学校差があると考えられますが，それでも，4〜5割の子どもたちが，何らかのかたちで自分自身の身体を傷つけた経験をもっているといえます。

　また，女子は男子よりも自傷経験率が高いとみられがちですが，自傷の方法を男女で比較してみると，女子は，腕や身体を切る，髪を抜く，過量服薬という方法が，一方，男子では，殴打や熱傷という方法が多くみられます。自己殴打などは，刃物を使う自傷と比べると傷の手当てや傷跡からの発見が難しく，また，自傷による傷が，粗暴行為や神経症的な行動，あるいは発達障害による強迫行動等によるものとみなされるケースもあると考えられます。そうであるならば，男子の自傷行為は，女子以上に表面化されず周囲から気づかれにくいため，見逃されて対応されていないままになる可能性が高いといえます。

　また，筆者の一人（穴水）が実施した調査では，小学4年から6年生にかけては，男子の自傷経験率が高く，中学2年生では，逆転して女子のほうが高くなる傾向がみられました（穴水ほか, 2018）（図1）。このように性別という観点でみると，思春期の時期を境目にして自傷行為の様相にも変化がみられる可能性があることが指摘できます。

　ところで，自傷行為，とくにリストカットや過量服薬などは「本当は死ぬ気などないのに，周囲からの注目を集めるためにやっている」とみられがちです。しかし実際には，多くの子どもたちが希死念慮を抱え，また大部分の子ど

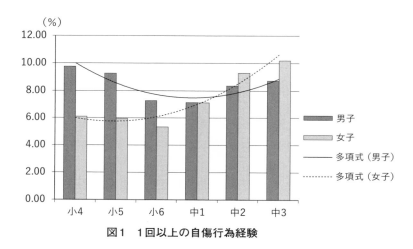

図1　1回以上の自傷行為経験

もたちが自宅の部屋で，一人で自傷行為を行っています。したがって，自傷行為はひとつ間違えると自殺と結びつく可能性が高い行為といえます。このような事実と，教師や親を含めた大人たちは真摯に向き合う必要があるのではないでしょうか。

2-1-2.　自傷行為の関連要因

　青少年を対象とした自傷研究では，前述した自傷経験率やその方法等の実態把握のほか，自傷の理由，自傷と関連する問題行動や，環境，心理等の関連要因についても検討されています。ここからは先行研究を踏まえながら，なぜ子どもたちが自分自身を傷つけてしまうのか，またその行為にはどのような要因が関連しているのかをみていきます。

　自傷行為に関連する背景要因や環境的要因としては，①学業不振や怠学など学校生活に関連する要因，②仲間との葛藤やいじめ等の仲間集団や友人関係に関連する要因，③喫煙や飲酒，ピアス，タトゥー，薬物使用等の反社会的行動に関連する要因，④異性関係や性行動，食行動といった身体に関連する要因があげられます。また，心理的要因としては，①攻撃性や衝動性等のパーソナリティ要因，②抑うつや自己否定感などのさまざまな心理的要因等が，ネガティブに関連しています。さらに，自傷行為をする人の多くは自傷行為単独ではな

く，他にも何らかの問題行動を伴いながら自傷を経験しています。つまり，自傷行為とは独立した疾患ではなく，さまざまな背景要因によって引き起こされ，あらゆるネガティブな問題の兆候を示す可能性のある一症状ともいえます。

　そして，本章で注目する親子関係や家庭環境も，自傷行為と大きく関連します。親子関係や家庭環境に問題を抱える生徒で自傷行為の経験率が高いことは，多くの研究によって明らかにされています。家庭が抱える問題の例をあげてみると，両親との葛藤，両親の離婚，再婚，離別，失業や不適切な養育態度，家庭の経済的問題，本人の家出など多岐にわたりますが，これらの問題が，児童生徒の自傷にかかわっています。

　虐待も自傷行為と強く関連することがわかっています。たとえば，幼児期の不適切な養育が，中高生の自傷経験と関連しているといわれています（Swahn et al., 2012）。このように，親・家族関係や家庭環境は，リアルタイムの自傷行為に影響を与えるだけではなく，時間がたってからも影響力をもち続けるため，長期的な視点をもって家庭が抱える問題を扱いながら，自傷を経験する子どもたちとかかわっていく必要があります。

2−2. 虐待とは

2−2−1. 虐待という現象：「社会問題」としての虐待

　虐待が日本で関心を集めはじめたのは1990年代からで，この時期に虐待を防止する運動や報道，議論が急速に活発になりました。それ以前から「児童虐待」という言葉や現象自体は存在しましたが，大きく社会問題として取り上げられることはありませんでした。しかし，民間組織が虐待を防止するためのさまざまな活動を展開しそれが広がっていったこと，また厚生労働省（旧・厚生省）が1990年度から，児童相談所がかかわった虐待相談の対応件数を公表するようになったこと，さらに，「子どもの権利条約」に署名・批准したことなど，さまざまな虐待防止につながる動きが出てきます。その流れの中で，「虐待」は社会の中で解決するべき課題となっていきました。その結果，日本では2000年の「児童虐待防止法」という法律が制定されるに至ります。先ほどふれた厚生労働省が毎年発表する「児童相談所における虐待相談対応件数」によ

ると，虐待相談への対応は増加の一途をたどっています。したがって，虐待は増加しているという認識が社会の中には強くあり，早急な解決を求める声が多くあがっています。

　しかし一方で，虐待は増加している，という認識に警鐘を鳴らす指摘もあります。そもそも虐待の相談対応件数と，実際に虐待として認知された件数は異なるものです。したがって，相談件数の増加が虐待の発生そのものの増加を意味しているわけではない，という指摘です。さらに，虐待の発生を客観的に測る指標として位置づけられる虐待死の発生数自体は，むしろ減少していることから，虐待が増加しているという認識自体が不適切であるともいわれています（滝川，2019）。

　もちろん，発生件数が増加していないからといって，虐待を軽視してよいわけではありません。ただ，上述したような事実を欠いたままに，「増加する虐待」という認識が拡大することは，子育てを担う養育者に対して，虐待を疑う社会からの視線を強くし，結果的に養育者の不安を過剰にあおったり，子育てに悩んでいても虐待と疑われることを恐れて相談できない状況をつくる可能性があります。したがって，虐待を過剰に社会問題化すること自体の問題にも目を向けることが重要ではないかと思います。

2－2－2. 被虐待経験が個人や関係に与える影響

　では，このような社会的背景をもった虐待は，子どもの発達や生活にどのような影響を与えるのでしょうか。

　まず，親からの虐待は，子どもの心身の発達を大きく損なうとされ，身体的な発育の遅れや，言語認知，脳の萎縮，社会性の遅滞といった発達の遅れが生じるという指摘があります（Hopwood & Becker, 1979; 内田, 2010）。また，子どもは，幼少期に自分は親や特定の存在から守られるに値する存在であることを実感し，その経験を積み重ねることで，自分自身に対する信頼や養育者以外の者に対する信頼の感覚を獲得していきます。そのため，親からの安定した保護や情緒的な安心感を得られない環境で育った子どもは，他者を信頼できず，周りからの援助に対してすらも悪意や敵意を感じることがあると指摘されます（遠藤, 2020; Music, 2017）。

　さらに，虐待は「虐待者と被虐待者」の中で完結する問題ではなく，次の世代にも影響を与えます。虐待を受けた者が次の世代を育てる者になったとき，自分自身の子どもに虐待を繰り返すという，負の世代間連鎖です。しかし，被虐待経験者が虐待を繰り返す確率は30％程度であることもわかっています。つまり，裏を返せば70％の被虐待経験者は虐待を繰り返すことなく，子育てに取り組んでいるということです（Kaufman & Zigler, 1987）。あわせて，親に代わって愛情やサポートを提供してくれる他者の存在により，虐待の連鎖は阻止されること，また虐待の連鎖を促進する要因は，貧困や社会からの差別といった社会経済的要因であるともいわれています（内田，2010）。

　このことから，多くの場合，虐待の連鎖は断ち切られていること，かつ虐待は単に個人の問題ではなく社会構造の問題でもあることがみえてきます。しかし，虐待はそれを受けた子どもにさまざまな困難を引き起こすことも事実であり，発達，精神，経済，社会といったさまざまな方向からの支援が必要とされます。

　ここであらためて本章の問いに戻ります。それは，親子関係の「切れなさ」とは何か，でした。この問いに迫るために，まず自傷行為に関する事例を中心に，親子関係の肯定的な側面と否定的な側面を検討していきます。次に，親子関係の否定的な側面として，虐待を取り上げます。そして，親から虐待を受けた方の経験を踏まえつつ，親子のつながりやその関係の「切れなさ」について考えていきます。

3. どんな研究をし，何がわかったのか
自傷・虐待からみる親子関係

3−1. 自傷行為からみえてくる親子のつながり

3−1−1. 親子・家族関係が自傷行為に与えるポジティブな影響

　まず，親子関係の肯定的な側面を理解するために，家族関係や家庭環境は子どもの自傷行為を抑える保護要因になりうるのか，を検討してみたいと思います。先行研究では，両親に自傷を打ち明けることで，子どもは親からの援助を

受けやすくなることや，親子の信頼感によって自傷のリスクが下がることがわかっています（関本・朝倉, 2017）。ここでは，筆者の一人（穴水）が高校の養護教諭をしていたころに出会った具体的な事例をもとに，親の存在がどのように自傷行為の抑制にかかわるのかをみていきます。

　思春期の発達上のテーマは親からの自立でありながらも，親は思春期の半ばごろまでの主要な愛着対象であると考えられています。そして，次にあげるのは，愛着対象としての母親の存在が，短い期間で急速に重症化した自傷行為の抑制に役立ったと考えられる事例です。

事例1

　A子（高3）は母子家庭の長女。卒業後は就職し，母親ときょうだいのために頑張りたいという強い意志をもっていましたが，恋人との別れをきっかけにリストカットをするようになりました。学校のトイレで前腕をカッターで切り，「血が止まらない」と傷の処置を求めて保健室に来室しました。

　A子の前腕には縦横無尽に切傷がみられました。自傷時の記憶はあるものの，痛みは感じていないとのことでした。筆者は看過できない状況と判断しましたが，A子は，母親は気づいていないし心配をかけたくないので，自分が自傷していることは決して知られたくはないと強く主張しました。無理な対応は状況を悪化させることが予想されたため，筆者は少しだけ様子をみることにしました。

　A子はその後，毎日のように傷の手当てや軽いおしゃべりを目的に保健室に来るようになりました。ある日，筆者が血液のついたシャツの袖口を目にして「洗濯は自分でしているの？」と尋ねると，A子は母親がしていると答えました。筆者が「お母さん，実は気づいているのでは」と言うと，あっという表情になりました。そして，そういえば最近，救急箱に大判のカットバンがたくさん入っている，と言いました。母親はずっと自分を見守ってくれていたのだと気づき，A子の表情が明るくなりました。

　このころは，A子にとって，ちょうど就職活動が本格化する時期でした。A子は試験勉強に没頭するようになり，同時に自傷はみられなくなっ

ていきました。

　A子にとって母親は大好きな安全基地でした。しかし母親にとっての自分は，いかなるときも心配をかけず，頼りにされる娘でありたかったようです。一方，筆者は養護教諭としてA子の自傷を保護者に伝える必要性を理解しながらも，筆者に対してはA子が弱みをみせるほど信頼を寄せるようになっていたことから，一時的な愛着対象としてA子にかかわることにしました。その結果，A子は自分が守るべき対象ととらえていた母親が，実は自分を見守ってくれていたことに気づきました。そのとき，筆者はA子の愛着対象としての役目を終えました。付け加えると，A子が家族のためという気持ちを糧に就職試験の準備に没頭したことも，自傷行為に気持ちが向かなくなった好転要因の1つであったと考えられます。

　この事例が示すように，親は子どもの自傷からの回復を促す保護要因として機能することがあります。一方で，学校で児童生徒の自傷にかかわる教員の頭を悩ませることの1つは，事例1にもみられた「親に内緒にしてほしい」という本人からの要望です。ある調査では，教師や養護教諭，スクールカウンセラーの4割以上が「保護者に知らせるべきか，生徒が望まない場合は判断に迷う」と答えています（坂口，2015）。状況の悪化や自殺企図等のリスクを考えれば，保護者には子どもの自傷について伝えるべきです。しかし教員が躊躇する理由は，子どもとの信頼関係が崩れることに対する懸念だけではなく，自傷行為に対する家族の過剰反応が，自傷行為を悪化させるリスクも踏まえているからです。さらに，保護者から強い叱責や怒りを向けられることで，子どもに過度な自責や混乱などの反応が予想される場合もあります。

　一方，子どもの自傷行為をあまりに冷静に受け止められても，子どもはそのような親の反応を自分への無関心ととらえて傷つくことも考えられます。そして，このような親の反応が，自傷からの回復を妨げてしまうことがあります。実際に，子どもが抱える問題に対して無関心な家族が，自傷から回復するための阻害要因になっていたケースもあります。以下では，このようなケースを事例として取り上げながら，親子関係の否定的な側面に焦点を当ててみます。

3−1−2. 親子・家族関係が自傷行為に与えるネガティブな影響

事例2

　B子（高校2年生）は2人姉妹の次女。「家で，自分で切った傷だけれどみてもらえますか？」と保健室に来たときには，大腿部には刃物による深い傷が数本あり，傷にはまだ血がにじんでいました。

　筆者が傷の処置をしながら事情を尋ねたところ，B子は大腿部等の自己切傷や過食嘔吐を繰り返していました。家族はそれらの事実を知っていましたが，トイレにB子の吐瀉物の汚れが残っていることを咎めるくらいで，「私に関心ないみたい」とB子は寂しそうに話します。また，母親が買ってきたお菓子を食べようとしたときに，姉に「どうせ吐くのだから食べなくていいでしょ」と言われたことを，泣きながら話していたこともありました。B子に対して家族はずいぶん冷たいようですが，そのころは母親が通院中であるほか，家族それぞれが問題を抱えている状況でした。それでも母親の付き添いでB子は受診に至り医療機関に通院するようになりましたが，「先生と話しているほうが楽しい」と言ってよく保健室に来室していました。

　卒業するころにはB子の自傷行為や過食嘔吐はかなり治ってきたものの，気分が不安定になると再発していました。その後，卒業後にできた恋人との間に信頼関係が構築されるにつれて，B子は家族からの愛情を期待しなくなっていきました。それと同時に自傷行為は治まり，過食嘔吐も徐々にやめられるようになっていったようです。B子が順調に学生生活を送る中で，母親も健康を取り戻すなど家族の状況も落ち着いていき，家族関係は穏やかで安定したものになっていきました。

　事例2では，家族からの愛情に心満たされていないことが，B子の自傷行為やその辺縁行動ともいえる過食嘔吐の主な背景要因と考えられます。高校生になっても親の愛情を希求するというのはやや幼い気がしますが，満たされない気持ちが幼児期・児童期のまま固着していたのかもしれません。その結果B子のケースでは，家族関係が自傷といった問題行動の阻害要因になっていまし

た。一方，恋人との信頼関係が構築されたこと，またB子が家族の愛情を期待しなくなったことが，B子の自傷からの回復を促しました。

　このケースでもみられるとおり，家族や親子は，自傷行為からの回復を妨げたり，自傷行為の要因そのものになることがあります。しかし，問題を生起させる背景要因が親や家族にあるとわかったところで，他者には直接的な介入が困難であるという難しさがあります。この困難さを踏まえたうえで，支援者はどのような介入ができるのでしょうか。この具体的な支援のあり方については最後の節でふれたいと思います。

　この項では2つの事例について説明しましたが，さらに，筆者が小中学生と高校生に対して実施した調査を紹介します。

　まず1つ目の調査は，2017年にA市の小学4年生〜中学3年生の児童生徒3万9167名を対象に実施したものです（穴水ほか，2018）。親や保護者は「私のいうことを真剣に聞いてくれる」「私の気持ちをわかってくれる」「困っているときに励ましてくれる」という3項目から構成された「親・保護者」尺度（大久保・加藤，2010）を用いて検討した結果，児童生徒がネガティブに感じている親や保護者とのかかわりは，自傷行為経験のリスクを上げていました。

　2つ目の調査は，2018年にB市の高校1年生300名に対し「親・保護者」尺度を用いて実施しました。その結果，生徒がネガティブに感じている親や保護者とのかかわりは，複数回にわたる行為や複数の方法を用いた行為など，深刻で重症化した自傷行為経験に影響していました。

　以上の2つの調査結果から，親や家族との関係性は，小中学生では自傷行為経験，高校生では重症化した自傷行為経験に影響を与えていることがわかりました。そして筆者の研究では，自傷経験が親や家族関係の影響を受ける可能性の高いことがみえてきましたが，それが自傷経験と具体的にどのようにつながっていくのかは確認できていません。しかし，親や家族との負の愛着関係認知が否定的自己イメージ，さらに自傷行為の動機につながっていくことは明らかにされています（山口ほか，2013）。筆者自身も，乳児期から現在に至る親や保護者の養育態度から影響を受けて形成された子ども自身のパーソナリティが，自傷行為に影響しているのではないかという仮説を立てています。このことについては今後，さらなる研究を重ねることにより明らかにできればと思っ

ています。

3-2.　被虐待経験からみえる親子のつながり

3-2-1.　被虐待経験を聞くこと

　筆者の一人（濤岡）はこれまでに，インタビューという方法を使って研究を進めてきました。そして，今回紹介する調査でも，親からの虐待を経験した方々に話を聞いていますが，そもそも筆者と調査協力者の方々との関係は，調査のために知人を介してつながった関係でした。想像してみると，まったく知らない初対面の人から，自分の過去について，しかも虐待を受けていたことや，その親との関係について聞かれることは，決して心地よく感じるものではないはずです。また，被虐待経験を含めた過去について話すことで，その過去があらためて思い出され，親や自分自身に対しての感情が再び経験されることもありえます。そういったことを踏まえると，被虐待経験やその経験を含めた過去は，興味本位に立ち入ってよいものではありません。この倫理的な問題は，調査者として筆者自身がとても悩んだことでしたが，この問題とどのように向き合うかを考えることは，虐待について理解するうえでも，とても重要だと思っています。そこで，少しだけこの倫理のことにふれてみたいと思います。

　そもそも研究はそれ自体が，研究者の目的のために人の生活や経験に介入する行為です。たとえその研究が多くの人の利益を生み出すような公的な意義をもったものであってもです。研究を目的に，さまざまなかたちで他者に介入することは「構造的な暴力」と表現されます（岸, 2016）。そして，筆者が被虐待経験者にその過去の話を聞くことも，多くのリスクをはらむ行為です。では，研究の目的で被虐待の経験を聞くことは，完全に否定されるべきことなのでしょうか。聞いてはいけないもの，ふれてはいけないものとして，経験者の中にとどめておくべきなのでしょうか。

　ジャーナリストとして多くの紛争地を訪れ取材を重ねてきたカロリン・エムケ（Emcke, C.）は以下のような言葉を綴っています。

　不明瞭な描写は，恐ろしい事実を想像したくない者たちを守る。……「言葉では描写できない」という概念は，その体験をしなかった者が，体験した者の苦しみがどんなものだったかを想像することを妨げる。(エムケ, 2019, pp. 111-112)

　繰り返しになりますが，筆者が被虐待の経験を聞くことは，研究を目的とした介入であり，そのことはしっかりと認識しておく必要があります。しかし，事実として生じた被虐待の経験にふれないままに，その経験の外側にいる者が虐待について考え議論することは，その経験の外側にいる者にとって都合のよい言葉や理論しか生み出さない危険性もあります。そして何よりも，私たちが「聞かない」「ふれない」という態度を示すことは，被虐待の経験そのものを不可視化し，被虐待経験者から，語る言葉を奪うことになります。だからこそ，私たちは他者の経験に介入することに後ろめたさを感じながらも，その経験に耳を傾けることをやめるべきではなく，また，聞いたことを他者と共有し続けていくことが必要だと思います。

　インタビューの中で，調査協力者の何人かは，少しでも親子関係に悩んでいる人の役に立てば，という思いで自分の経験を話したことを伝えてくれました。今この調査はまだ途中段階にあるため，その具体的な語りをここに載せることはできませんが，この調査の背後にこのような調査協力者の思いがあることをみなさんと共有できればと思います。そして，ここからは，このインタビューを通して今の時点でみえてきたことを示しながら，虐待やその中で経験される親子関係の「切れなさ」について検討します。

3-2-2. 被虐待経験を伴った親子関係
　この調査でみえてきたことの1つは，被虐待経験者（以下，"彼ら""経験者"）にとって，親と物理的・心理的に離れることは容易ではない，ということでした。一般的に，ある家庭で虐待が発見され，これ以上親子が一緒に生活することは不可能と判断される過程で，児童相談所や社会福祉士といった第三者が介入します。私がインタビューをした協力者の場合もそうでした。つまり，誰かの介入がなければ，自分が虐待を受けていることに気づけない，あるいは気づ

いていたとしても，自分の力で親から離れることができない，という状況があ
ります。しかし，物理的に離れた後であっても，そこで問題が解決するわけで
はありません。彼らは親を残してきたことに罪悪感をもち，自分は親に望まれ
て生まれてきたのか，という不安と向き合い続けていました。つまり，親と直
接顔を合わせることがなくなっても，依然として心理的に離れることは難しい
課題であり続けているようでした。

　虐待を経験していない場合であっても，親元を離れて生計を立てることや，
心理的に親から分離し，親とは違う生き方を模索することは，大人になる過程
で必要な経験です。しかし，この分離はあくまで親との信頼関係があることを
前提にした話です。したがって，親子は分離を経験しながらも，子どもにとっ
て親は頼ることのできる存在であり続けます。しかし，彼らにとっての親は，
物理的にも精神的にも頼ることができない，むしろ負担になる存在でした。そ
れゆえに，自分を守るために親と自分を意識的に切り離し，かつ一時的にでは
なく，長期にわたって距離をとり続ける必要がありました。このような彼らの
経験を踏まえると，彼らにとって，親と離れること，また親の経験や親の存在
から自分を切り離すことは，大きなエネルギーを要することがわかります。

　さらに，協力者の中には，新しい家族の中で子育てに携わっている方もいま
した。そして今の家族に関する話になったときに，自分も親と同じようなこと
を繰り返してしまうかもしれないという不安や，親になった今，自分を虐待し
た親の気持ちがわかるといった共感についても語られました。しかし，そのよ
うな不安や共感を抱えながらも，自分を育てた親と，今親として子どもにかか
わる自分を切り離しながら，子育てに励み自分の家族をつくろうとしているこ
とが語られました。

　一方で，彼らは自分の親子関係を，必要のないもの，あるいは切り捨てられ
るもの，としては語りませんでした。むしろ，彼らにとっての親子関係は，今
の自分を説明するために，また自分の存在そのものを肯定するために，無視す
ることのできない，切り離すことのできないものとして意味づけられていまし
た。これはインタビューでわかった2つ目のことです。一人の協力者は，たと
え親が死んでいなくなったとしても，被虐待の経験やそれに付随する親子の問
題は解決するわけでない，そして自分がその親に育てられたという事実は変わ

らずに残り続ける，と語りました。つまり，その協力者の中で親子関係は今も経験され続けている，ということです。

　このことから，彼らにとっての親との関係は，離れること，また離れ続けることを必要とする関係でありながらも，そのつながり自体はもうすでに「あるもの」であり，自分が存在する限り，つながり続けていくものであることが理解されます。そして，親子の関係が頼れるもの，支えになるものではなく，むしろ自分を傷つけるものであり，それゆえに親と離れ続ける選択をしなければならなかったとしても，彼らはその親子関係の中に生き続けている，という事実がみえてきます。

3−2−3.　親子関係の「切れなさ」とは

　この事実に，親子関係の「切れなさ」をみることができるのではないかと思います。ここで，先行研究における親子のつながりに関する議論を踏まえながら，あらためて親子関係の「切れなさ」について考えてみます。

　これまでの親子・家族関係に関する研究の中には，個人を縛るものとしてそのつながりを理解する場合，そもそもその関係は社会的に構築されたものであって，親密な関係は自ら選択した相手とつくり上げていくことができる，という見方がありました（齋藤，2003）。つまり，家族や親子のつながりはある種の虚構であり，解消可能な関係であるという理解です。確かに，そのような説明によって見直される社会の構造や価値観があり，新たな支援の実現につなげていくこともできます。また，私たちは親子や家族のつながりに縛られることもなくなるかもしれません。しかし，インタビューを通してみえてきた被虐待経験者の経験を踏まえると，社会的な構築物として簡単に片づけることはできない親子関係の「切れなさ」があるように思われます。

　親子関係の「切れなさ」を説明する1つの概念として，「血のつながり」があります。先行研究でも，養子関係の中で育った人を対象とした，自分の「ルーツ探し」やアイデンティティに関する研究がみられます。そして，血縁的つながりは，産みの親と育ての親がいる状況の中で，どのような意味をもっているのか，ということが検討されています。筆者が行ったインタビューの中でも，親との血のつながりに関して語った経験者がいます。しかし，その語り

は，単に生物学的なつながりよりも，むしろ「誰かとのつながりの中に存在している自分」に強調点があったように思います。

　なぜ私たちは血のつながりに重きを置き，血のつながりを求めるのでしょうか。今の時点での筆者の考えは，人は自分の存在が誰かの存在とつながっていることを必要とするからではないか，ということです。そのつながった先が，たとえ自分にとっては受け入れがたいような関係だったとしても，自分は誰から生まれたのか，という存在的次元でのつながりを確認できることが必要なのではないかと思います。そして，この存在にかかわるつながりが，親子関係における「切れなさ」なのではないでしょうか。家族とのつながりが安定したもので，かつ自明である場合は，ふだん意識されることのない「切れなさ」かもしれません。しかし，その「切れなさ」を成す親子としてのつながりがみえていること，あるいは，自分の存在の起源を知ること自体が，私たちの自分を形づくる営みを支えている，これがこの調査を通してみえてきたことでした。

4. それが実践にもつ意義は何か
「養育者」としての親から「存在にかかわる者」としての親への視点の転換

　最後に，幼稚園や学校，地域における実践の場で子どもやその家族と実際にかかわっていくとき，本章で検討してきた親子の「切れなさ」という視点は，親子の関係や親に対する支援者の見方をどのように変えうるのか，その可能性について考えてみたいと思います。

　すでに述べたように，家族や親との関係は，子どもの発達の基盤としてその育ちを支える側面と，発達を阻害し，関係そのものが子どもの負担になる側面をもちます。支える関係として家族や親を位置づけると，子どもが何らかの困難や悩みを抱えている場合には，支援者は家族や親とその問題を共有し協力しながら解決策を模索したり，自傷行為の事例1で紹介したように，支援者が親と子どもの仲介者となって，親子の関係をつなぎ直す役割を担うことができます。しかし，もし家族や親子の関係そのものが傷んでいて，その関係に起因する負担が親と子の両者にとって大きい場合は，親子を物理的にも精神的にも切

り離すことが必要になります。

　自傷行為に関する事例を検討する中で，自傷の事実を親に内緒にしてほしいという生徒の要望に，教員の多くが頭を痛めている現状にふれました。そして，本人がそのように望む場合は親子関係に問題を抱えていることが多いようですが，それでも親に伝えたり，子どもの前で親に説明することが必要とされます（松本，2014）。しかし，子どもの自傷行為に悩まず，むしろその子どもを突き放す親の場合は，異なる対応が求められます。それは，親が親になることをあきらめ，子どもが親を乗り越えることができるように支えたり，あるいは支援者が，親は「変わらない」ことを子どもに認識させ，子どもを意識レベルで保護者から切り離す，といった対応です（藤間，2014）。実際に，事例2で取り上げたB子は，親に対する愛情希求の気持ちを切り離したことにより，自傷行為などの行動が落ち着きました。このように，子どもにとって親子関係がネガティブなものである場合には，親と子の物理的・心理的な分離は避けられなくなります。

　ではB子は親子関係を「切った」のでしょうか。確かにB子は，家族に対してあきらめをもち，家族以外の愛着関係をもとに自らの生活を再生していきました。しかしその後，家族の状況は落ち着き，B子を含めた家族関係は穏やかで安定したものになっていきました。つまり，B子は親子関係を一時的に棚上げしただけで，完全に断ち切ったわけではありませんでした。B子は親子関係を「切れな」かったというよりも，「切らなかった」のです。棚上げする必要はあっても，切る必要はなかったのでしょう。これは想像ですが，B子にとって高校時代の親子関係は望ましいものではなかったとしても，幼少期や子ども時代に親から愛された記憶が残っていたのではないでしょうか。親からしっかり愛されていた時期があったから，親以外の他者と愛着関係を築き，立ち直ることができたのかもしれません。

　また本章の後半では，被虐待の経験にふれながら，親子がネガティブな関係であったときに，子どもにとっての親とのつながりはどのような意味をもっているのか，そのつながりは切ることができるのか，という問いをめぐって話を展開してきました。そして，その「切れなさ」は，自分はどこから来たのか，どのつながりの中に存在しているのか，といった存在にかかわるものである可

能性を提示しました。このように，自傷を経験してきた子どもたちの事例や被虐待経験者の語りを踏まえると，親子関係を含む家族関係は，完全に切ることができないもの，何かで代替することができないもの，として理解する必要があるように思われます。

　このような理解は，家族や親を少し違った角度からとらえることを可能にするのではないでしょうか。つまり，単に家族を子どもが育つ環境の1つとして，また親を，子どもにケアを提供する養育者としてみる視点から，子どもの存在そのものにかかわる者としてみる視点へと転換することができると思います。ここで具体的な支援のあり方を提案・提示することは控えますが，この「子どもの存在にかかわる者としての親」という視点が，子どもを直接支援する場面や，その子どもの親や家族とかかわることが必要な場面で，親子関係にどのように介入していくかを模索する助けになればと思います。

　「問い」は，大学にいるから，あるいは研究者だから問い続けられるような制限された枠の中にあるものではなく，それぞれの生活の中で，誰もが自由に立ち上げることができるものだと思います。また，自傷や虐待といった現象は，確かに多くの問題や課題を抱えていますが，問題が「問い」に置き換えられたとき，視点や思考を先に進めることができます。その問いと丁寧に向き合いながら，身近な人と共有していくときに，問題や困難だらけにみえる状況の中に可能性を見出すことができるのではないでしょうか。筆者も「研究」という手段を使って，自分の中にある問いを見失わないように更新し続けていくことを目指しながら，私たちの生きる社会全体で多くの問いが育ち共有されていくことを願っています。

[引用文献]

穴水 ゆかり・加藤 弘通・太田 正義 (2018). 児童生徒のいじめ体験と自傷念慮・自傷行為経験の関連——小学生・中学生を対象とした質問紙調査から—— 日本教育心理学会総会発表論文集, 60, 562.

土居 正人・三宅 俊治 (2019). 自傷行為に及ぼす親子関係の歪みについて 吉備国際大学研究紀要 人文・社会科学系, 29, 1-9.

Emcke, C. (2013). *Weil es sagbar ist: Über zeugenschaft und gerechtigkeit*. Frankfurt: S. Fischer Verlag GmbH.（エムケ，C. 浅井 晶子（訳）（2019）．なぜならそれは言葉にできるから――証言することと正義について―― みすず書房）

遠藤 利彦（2020）．虐待対応に活かし得る発達心理学の知見 滝川 一廣・内海 新祐（編）．子ども虐待を考えるために知っておくべきこと（pp. 94-103） 日本評論社．

藤間 公太（2014）．家族再統合の諸相――ある児童自立支援施設の実践から―― 家族社会学研究，*26*（2），127-138.

濱田 祥子・村瀬 聡美・大高 一則・金子 一史・吉住 隆弘・本城 秀次（2009）．高校生の自傷行為の特徴――行為ごとの経験率と自傷行為前後の感情に着目して―― 児童青年精神医学とその近接領域，*50*（5），504-516.

Hopwood, N. J., & Becker, D. J. (1979). Psychosocial dwarfism: Detection, evaluation and management. *Child Abuse & Neglect*, 3(2), 439-447.

Kaufman, J., & Zigler, E. (1987). Do abused children become abusive parents? *American Journal of Orthopsychiatry*, 57(2), 186-192.

岸 政彦（2016）．生活史 岸 政彦・石岡 丈昇・丸山 里美．質的社会調査の方法――他者の合理性の理解社会学――（pp. 155-253） 有斐閣．

松本 俊彦（2014）．自傷・自殺する子どもたち 合同出版．

Mead, G. H. (1934). *Mind, self, and society: Form the standpoint of a social behaviorist*. Chicago, IL: University of Chicago Press.（ミード，G. H. 稲葉 三千男・滝沢 正樹・中野 収（訳）（1973）．精神・自我・社会 青木書店）

Music, G. (2017). *Naturing natures: Attachment and children's emotional sociocultural and brain development* (2nd. ed.). New York, NY: Routledge.

大久保 智生・加藤 弘通（2010）．中学生の問題行動とその動機の語彙との関連――中和化の技術に注目して―― 香川大学教育学部研究報告 第1部，*134*，1-12.

齋藤 純一（編）（2003）．親密圏のポリティクス ナカニシヤ出版．

坂口 由佳（2015）．自傷行為に対する教職員の対応の実態と背景の把握――中学校・高等学校における質問紙調査から―― 学校メンタルヘルス，*18*（1），30-39.

関本 富美子・朝倉 隆司（2017）．中学生における自傷行為の経験率，性差と心理社会的要因――神奈川県の公立中学校における疫学調査―― 東京学芸大学紀要 芸術・スポーツ科学系，*69*，183-191.

Swahn, M. H., Bina, A. B., Bossarte, R. M., Dulmen, M. V., Crosby, A., Jones, A. C., & Schinka, K. C. (2012). Self-harm and suicide attempts among high-risk, urban youth in the U.S.: Shared and unique risk and protective factors. *International Journal of Environmental Research and Public Health*, 9(1), 178-191.

滝川 一廣（2019）．〈児童虐待〉は増えているのか 敬心・研究ジャーナル，*3*（2），1-8.

内田 伸子（2010）．負の連鎖――増え続ける虐待，傷つく子どもたち―― 内田 伸子・見上 まり子．虐待をこえて，生きる――負の連鎖を断ち切る力――（pp. 1-20）　新曜社．

山口 豊・窪田 辰政・松本 俊彦・橋本 佐由理・宗像 恒次（2013）．思春期自傷行為と否定的 自己イメージの因果モデルに関する研究　思春期学，*31*（2），227-237.

コラム 5

子育て支援：
育てながら親になる

須藤　敦子

1. 子育て支援にある矛盾

　私たちは，生まれた瞬間からさまざまなことを経験したり，学んだりすることで，言葉，基本的生活習慣，知識などを身につけます。ではなぜ，親の経験をしていないのに，親になる教育を受けていないのに，子どもをもった瞬間から，ひいては子どもを宿した瞬間から「親」であることを求められるのでしょうか。

　妊娠中に喫煙している女性をみかけたとき，「お腹に赤ちゃんがいるのに信じられない」と思う人は多いでしょう。乳幼児だけ家に残して夜飲みに行った親のニュースを聞いたとき，「子どもがかわいそう。親失格だ」と思う人は多いでしょう。では，妊娠中の喫煙は避けるべきだと，いつ誰が教えてくれたのでしょうか。乳幼児だけ家に残して夜飲みに行くことはよくないと，いつ誰が教えてくれたのでしょうか。

　子育てには，「妊娠中の喫煙は避けるべきだ」「乳幼児だけを家に残して夜飲みに行ってはいけない」などといった暗黙の常識やルールが多く存在します。このような子育てに関する暗黙の常識やルールというのは，明確な基準や正解があるわけではなく，その人が「人として」経験してきたことや学んできたことの積み重ねとしてつくり上げられていくのです。

　さまざまな家庭や学校や社会があり，さまざまな親子関係や友人関係や人間関係があり，「人として」経験することや学ぶことは多様です。その一方で，「人として」の経験や学びの積み重ねとしてつくられる「親として」のあり方には，一定の常識やルールが求められるものです。「人として」は多様性が認められるのに，「親として」は一定の常識やルールを求められるという矛盾，この矛盾を感じることが子育て支援にかかわっているとよくあります。

　この矛盾というのは，子育てにおける「親として」の悩みや不安の一因にな

るだけでなく，この矛盾を理解したうえで子育て支援を行わないと，本当の意味での支援につながっていかないと日々感じています。「人として」の多様性を前提として，子育てにおける「親として」のあり方を支援していくとはどういうことなのかを，ここでは考えてみたいと思います。

2. 現在の子育て環境

　私は自治体の保健センターで心理職として，1歳6か月健康診査，3歳児健康診査，個別相談などの業務に20年近く携わっています。同じ自治体の保健センターで働き続けていると，子育て支援施策など，国や地域での取り組みが，徐々に成果をあげてきていることを実感します。

(1) 父親が積極的に子育てに参加

　出産前の両親学級の父親の参加率が56.9%（2011年）であること，厚生労働科学研究費補助金分担研究「母親が望む安全で満足な妊娠出産に関する全国調査」の研究報告書（島田, 2013）によると出産に立ち会った父親の割合が前回調査（2006年）の39%から53%へと大きく増加したことなど，父親が子育てに積極的に参加している傾向をみてとることができます。保健センターで仕事をしている中でも，以前は母親と子どもが健診や相談に来所することが多かったのが，最近では父親も一緒に来ることが多くなってきたと実感します。

(2) 子育て環境の利便性の向上

　年々，保育園，子育て支援センター，プレ幼稚園，一時保育など何らかの子育て支援関連施設を利用している親子が増加しています。女性の社会進出により，妊娠出産後も仕事を継続する女性が増えており，保育園の利用率が高くなることは当然ですが，それと同時に，仕事をしていなくても，親自身の用事，他のきょうだいの用事，休息などといった理由で，一時保育や子育て広場を気軽に利用する傾向が強くなってきています。

　これらのことにより，生活環境，医療施設・福祉サービスの充実など環境領域に関するQOL（生活の質）が，とくに育児期の夫婦で顕著に向上しているこ

とにつながっていると考えられています（ベネッセ次世代育成研究所, 2011）。

3. 相談件数の増加

　保健センターでの相談件数に関しては，減少することなく，むしろ増加しています。子育て支援施策が成果をあげ，そこへの満足度が高いにもかかわらず，子育ての相談をしたいと思う親が多いのはなぜなのでしょうか。

(1) 子育ての相談相手

　子育ての相談相手は，「配偶者」が95.1％と最も高く，次に「自分の親」88.3％，「自分の友人・知人」82.4％と続きます（ベネッセ次世代育成研究所, 2011）。身近な存在である「配偶者」や「自分の親」が相談相手となり，悩みや不安の共有をできることはよい傾向である一方，健診や個別相談に来所した夫婦の相談を受けていると，一緒に悩みや不安を共有する同志のような存在にはなっているが，悩みや不安を一緒に解決していくような存在にはなりにくいように感じます。

　また，「近隣に，子育てについて相談できる・子どもを預かってくれる・気にかけてくれる・子ども同士遊ばせながら立ち話ができるといった，かつて多子社会であったころには日常茶飯にありえたような何気ないサポートを供給してくれる人」（ベネッセ次世代育成研究所, 2011）の割合は減少してきており，家族の中で悩みや不安を完結させる傾向があることがわかります。

　相談相手として家族の存在が重要である一方で，家族で解決できないときの悩みや不安の次の相談相手としては専門家が求められるようになってきており，結果として保健センターでの相談件数は減少していかないのではないかと思われます。

(2) 子育ての情報源

　ベネッセ次世代育成研究所の『第2回妊娠出産子育て基本調査（横断調査）報告書』(2011) によると，育児期妻の81.6％，育児期夫の72.8％が「インターネット」を子育ての情報源としています。これだけの高い割合で「インター

表1　子育ての悩み（2011年，子どもの年齢別，育児期妻，単位：％）
（ベネッセ次世代育成研究所，2011）

	0歳 (872)		1歳 (568)		2歳 (403)
トレーニング時期・やり方がわからない	10.8	≪	①46.3	＞	①40.9
生活リズムが規則的にならない （起床，就寝，睡眠リズムなど）	①30.4	＞	③21.7	≪	②35.0
○○ちゃんの性質や性格が気になる	③17.0	＜	②25.2		③27.8
テレビやビデオの見せ方がわからない	16.2		14.6	＞	9.4
言葉の遅れが心配だ	1.1	≪	16.4	＞	8.7
体重が増えない	10.9		10.9		7.9
安全な外遊びの場所がない	9.6		7.2		7.9
アレルギー（アトピーやぜんそくなど） のことで困っている	8.8		9.3		6.7
おもちゃや絵本の与え方がわからない	14.9	＞	7.7		5.5
体重が多すぎる	6.3		4.4		4.0
離乳食・幼児食の与え方がわからない	②27.5	＞	6.2		2.5
紙おむつか布おむつか迷っている	0.8		0.4		0.2
母乳の出が悪い	6.9	＞	0.2		0.0
その他	12.3		13.9		14.4

※　複数回答。＜＞は5ポイント以上，≪≫は10ポイント以上差があるもの。（ ）内はサンプル数。
　　丸数字は順位。

ネット」から子育て情報を得ているにもかかわらず，同調査では子育ての悩みとして，「わからない」という項目がどの年齢でも上位に位置している（表1）ことは，注目すべき点ではないでしょうか。

　IT関連メディアというのは，情報量の豊富さや即時性というメリットがある一方で，一人ひとりの状況に合った情報かどうかはきちんと見極めていかなくてはなりません。たくさんの情報を得ることができても，自分の状況に合った情報にめぐり合えなかったり，その情報を自分の子育てにうまく活用できなかったりしている結果，子育てで「わからない」ことが多いのではないかと感じています。

4. 求められる子育て支援とは

(1) 妊娠, 出産, 子育てに伴う母親の心身の変化に関する知識や情報を伝えていく支援

　SNSなどで, 芸能人が出産直後にきれいな姿の写真とともに「生まれてきてくれてありがとう」などとコメントしていることがあります。出産直後の私自身のことを思い出すと,「ありえない！」という思いをもってしまいます。

　何時間もかけて出産した直後というのは, 痛み, 疲れ, 出血, 汗などで決してきれいな状態ではなかったし, 子どもに感謝の気持ちを伝える余裕なんてなく, 痛みや苦しみから解放されたことで放心状態でした。産後も, 母乳を出すための乳房の痛み, 授乳がうまくいかない焦り, 授乳後のゲップをさせる大変さなどがありました。そのときに私が強く思ったのは,「こんなこと知らなかった」「こんなこと誰も教えてくれなかった」ということでした。そして, 出産後もキラキラしている芸能人と心身ともにボロボロな状態の自分とを比較して, 心が揺さぶられるような感覚をもったことを今でも鮮明に覚えています。

　出産の流れ, 授乳方法, 沐浴方法, 衣類の選び方などといったことに関しては, 母子手帳や母親学級などで学ぶ機会をもてます。しかし, 産後自分の身体にあんなにも出血や痛みがあること, 乳房の痛みがあること, 母乳は自然に出るものではないことなどを知る機会はなかったように思います。産後うつや産後1年未満に死亡した女性の死因で最も多いのが「自殺」（国立成育医療研究センター調査, 2015〜2016年：国立成育医療研究センター, 2018）であることからも, 妊娠, 出産, 子育てというのは母親の心身にとても大きな影響を与えることがわかります。

　妊娠, 出産, 子育てに関する手順や方法といった情報と同時に, 妊娠, 出産, 子育てに伴う母親の心身の変化に関する情報を伝えていくことも大切ではないかと感じています。精神的に不安定になったり, 産後うつになったり, ときには死にたいという気持ちが出てきたとしても, それは特別なことではないこと, またそれに対応する支援体制はあるということを事前に伝えておくことで, キラキラした芸能人のSNSに心揺さぶられることなく, 切り取られた日

常の一部だと客観的に受け取れるようになっていくのではないでしょうか。

(2)　発達や子育てに関する知識や情報を伝えていく支援

　良くも悪くもたくさんの情報を得ることができる現代において，必要な知識や情報を取捨選択する力を親がもつことの重要性を日々感じています。

　たとえば，1歳6か月健診を受ける前に健診でチェックする項目を事前にインターネットなどで調べ，「積木が積めないから健診でひっかかってしまう」「指さしが出ていないから発達障害が心配だ」と言っている親に出会うことがあります。なかには，健診前に積木や指さしの練習を必死に子どもにさせてくる親もいるのです。確かに，インターネットで「言葉が遅い」「指さしがない」などの言葉を検索すると，「自閉スペクトラム症」「発達障害」「療育」などといった言葉が出てきます。もちろん「発達障害」や「自閉スペクトラム症」の可能性があることもありますが，1歳6か月健診で経過観察された子どもの3分の2が2歳過ぎに正常範囲内の発達を遂げ，親の不安も解消された（矢野，2015）とあるように，「言葉が遅い」「指さしがない」といったことを過度に不安がる必要はないのです。

　「言葉や指さしがないから，発達障害かもしれない」という思いを抱え，日々言葉や指さしの表出に一喜一憂する子育ては，親にも子にもよい影響を与えるものにはならないと思います。健診や相談の場面では，1歳6か月健診で言葉や指さしの確認をするのはなぜか，言葉や指さしの有無だけで発達をとらえるわけではないこと，この時期に発達を促すような親子のかかわりとはどのようなものなのかなどを伝えるようにしています。このようなことを伝えることで，チェックリストのチェック項目を増やしていくといった視点の子育てをするのではなく，その子の今の状態を適切に理解し，親子で成長していけるような視点の子育てをしてもらえるように心がけています。

(3)　「人として」の経験や学びの多様性を前提として知識や情報を伝えていく支援

　幼少期に夜に一人で過ごすことが多かった「人」が「親」になったとき，夜に子どもを一人で置いて出かけてはいけないと思うようになることは当たり前

のことなのでしょうか。

　子育て支援にかかわっていると，劣悪な環境や不適切な養育で育ってきている人が一定数いることを実感します。第三者からみれば劣悪な環境や不適切な養育だったとしても，その中で生きてきた「人」にとっては，それが当たり前なのです。そして，「親」になったとき，その当たり前で子育てすることはなんら不思議なことではないのです。幼少期に夜に一人で過ごすことが多かった「人」は，「親」になったとき，夜に子どもを一人で置いて出かけることがあっても，それはその「人」にとっては当たり前のことなのです。

　虐待の加害者となった親の「死ぬとは思っていませんでした」「愛していました」という言葉をよく耳にしますが，この言葉は罪を軽くするための言い訳という側面もあるとは思いますが，彼らにとっては自分の当たり前の子育てをしていただけなのであって，「愛していた」という言葉は真実なのかもしれないのです。

　石井（2021）に「『親の愛情』『母性愛』といった言葉に信頼を置くのではなく，子育てができない大人が一定数いるという前提に立ち，支援のあり方を考えていく必要があるのではないだろうか」とあるように，明確な基準や正解のない「愛情」や「母性」といったものに重きを置くのではなく，より具体的に何をしてよいのか，何をしてはいけないのか，一人で対応できないときはどうしたらよいのかなどを伝えていく必要があるのではないでしょうか。「親になれば，子どもを置いて夜飲みに行くわけはない」などと曖昧なことに価値を置いていては，本当の意味での子育て支援とはならないと感じています。

5.　子育てを教育する支援

　私たちは，子育てをしながら親になっていきます。親ならば当然できるだろう，親ならば当然知っているだろうという視点に立つのではなく，日々親として成長していく過程を支援していくという視点が大切になってきます。

　そのためには，不安や悩みに寄り添い，共感していくというかかわりだけではなく，不安や悩みをきちんと把握し，不安や悩みの背景にある「わからなさ」がどのレベルなのか，そのわからなさを解消するためには，どのレベルで

伝えていくことがよいのかを見極めていくことが必要になってきます。このことを個別の相談でやっていくには，時間的にも人的にも限界があると同時に，相談につながらない人には対応できないのです。

　学校教育の中，または母子手帳交付や両親学級の際など，どのようなタイミングでどのように教育されていくことが，子育て支援につながっていくのかということを考えていく研究や実践が今後なされていくことを願っています。

[引用文献]

ベネッセ次世代育成研究所（2011）．第2回妊娠出産子育て基本調査（横断調査）報告書．

石井　光太（2021）．ゴミ部屋に閉じ込め…愛児の遺体を7年放置した父親の「言い分」　FRIDAY DIGITAL．https://friday.kodansha.co.jp/article/160375（2021年2月5日アクセス）

国立成育医療研究センター（2018）．日本の妊娠中・産後の死亡の現況からわかること　厚生労働科学研究費補助金・臨床研究等ICT基盤構築研究事業「周産期関連の医療データベースのリンケージの研究」報告．

島田　三恵子（2013）．母親が望む安全で満足な妊娠出産に関する全国調査——科学的根拠に基づく快適で安全な妊娠出産のためのガイドラインの改訂——　厚生労働科学研究費補助金（政策科学総合研究事業）分担研究．

矢野　のり子（2015）．1歳6カ月健診における親と子への発達援助と子育て支援　神戸山手大学紀要, *17*, 41-48.

第 2 部

学校を取り巻く問題

第6章
放課後：
その過ごし方が子どもに与える影響

岡田　有司

1. なぜこの問題を研究しようと思ったのか
放課後の多様性と子どもの適応・発達

1-1. 放課後の個人的体験から

　みなさんは子ども時代にどのような放課後を過ごしてきたでしょうか。以下で述べるように，学校生活と違い放課後の過ごし方は多様です。個人的な体験を話すと，筆者は父親の仕事の関係で小学校時代は2年おきに引っ越しをし，そのつど新たな友人をつくり，放課後はよく公園や自然の中で遊んでいました。家では図鑑が好きでよくみており，小学校高学年以降はテレビゲームにも熱中するようになりました。こうした活動の他に，スイミングや学習塾などさまざまな習い事も経験しました。小学生時代に経験した，させてもらった遊びは大人になってからの余暇の過ごし方にも影響しています。習い事はあまり身につかないものもありましたが，できることは増え，そのことは自信につながったように思います。当時は意識しませんでしたが，図鑑やテレビゲームは偶然家にあったのがきっかけでしたし，習い事も親に勧められて通っていたので，小学生時代の放課後の過ごし方は家庭環境に大きな影響を受けていたといえます。

　中学生になったときも親の都合で入学と同時に見知らぬ土地に引っ越しました。入学した学校では全員が部活動に参加する必要がありました。当時の筆者は，入学して間もなくまだ友だちも少なかったため，部活動を選ぶ際に周囲からの影響をあまり受けませんでした。そして，平日だけでなく土日も活動する運動部は大変そうだと思い，忙しくないからという消極的な理由で美術部に入ることにしました。こうして深く考えずに部活動を選びましたが，後になって

この選択が放課後の過ごし方や学校生活に少なからぬ影響があったことに気づきました。学校生活がはじまると部活動を中心に友人をつくっていく生徒が多い中，美術部を選択した男子は少ないためそうした関係は広がらず，多くの生徒は放課後も部活動で忙しいので家に帰ってから遊べる友人も限られていました。今になって思えば，ただでさえ引っ越ししたばかりで友人関係が未形成であった筆者には，この選択はベストではなかったかもしれません。一方で，運動部の友人の話を聞いても，運動部に転部したいとは思いませんでした。中学校に入学した1992年ころはまだウサギ跳びや体罰を伴う指導があり，ハードな走り込みで嘔吐する者，膝の酷使によりオスグッド病になる者も珍しくありませんでした。プロスポーツ選手を目指している人ばかりではないのになぜそこまでやるのか疑問に感じたものです。

　以上は個人的なエピソードですが，ここには以下で考えていく放課後にまつわる家庭・学校環境の問題や部活動の問題が暗示されています。そして，多くの小中学生は放課後の過ごし方が自分の将来にどのような影響を与えるのかを熟考することはまだなく，子ども時代の筆者のように，自分が置かれた環境の中でそれぞれの活動にコミットしているのではないかと思います。しかし，これからみていくように，実はそうした一つひとつの何気ない選択が，その後の生活や生き方に少なからぬ影響を与えている可能性があるのです。

1−2．放課後の過ごし方とその多様性

　小中学生は学校という空間，そして時間割という時間構造の中で，学習指導要領に定められた教育内容を学び，学校生活を過ごしています。学校によってその内実に多少の揺らぎはありますが，子どもが学校で経験する空間的・時間的構造は類似しています。これに対し，放課後の過ごし方は子どもによってさまざまです。そして，この多様性は発達の多様性にもつながっていくと考えられます（岡田，2008a）。

　それでは子どもたちはどのように放課後を過ごしているのでしょうか。図1は小中学生の放課後の時間と，その過ごし方を示したものです。放課後の時間は小学生よりも中学生のほうが長くなっていますが，この主な理由は中学生

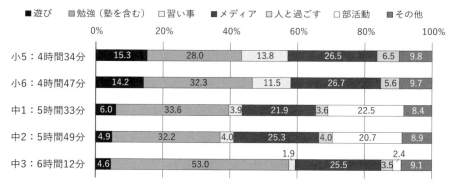

■遊び　■勉強（塾を含む）　□習い事　■メディア　■人と過ごす　□部活動　■その他

小5：4時間34分	15.3 / 28.0 / 13.8 / 26.5 / 6.5 / 9.8
小6：4時間47分	14.2 / 32.3 / 11.5 / 26.7 / 5.6 / 9.7
中1：5時間33分	6.0 / 33.6 / 3.9 / 21.9 / 3.6 / 22.5 / 8.4
中2：5時間49分	4.9 / 32.2 / 4.0 / 25.3 / 4.0 / 20.7 / 8.9
中3：6時間12分	4.6 / 53.0 / 1.9 / 25.5 / 2.4 / 3.5 / 9.1

図1　小中学生の放課後の時間と過ごし方
（ベネッセ教育総合研究所，2015をもとに筆者作成）

のほうが睡眠時間が短いためです。過ごし方をみると，小中学生ともに「勉強
（塾を含む）」と「メディア」が多く，中学生ではこれに「部活動」が加わりま
す。中学3年生については，部活動はほとんどなく勉強時間が長くなっており，
ここには高校受験のための勉強が関係しているといえます。

　この図で示されているのは平均的な放課後の過ごし方ですが，放課後の16：
00〜18：00は一日の中でも最も多様な過ごし方をしている時間帯（松村，2014）
と指摘されているように，子どもによって時間の使い方はさまざまです。た
とえば，塾を含む習い事は約8割の小学生が経験していますが，その内訳は多
いものから順に「水泳（26.7％）」「学習塾（18.1％）」「英会話・英語塾（16.9％）」
「通信教育（16.7％）」「音楽教室（15.3％）」となっており（学研教育総合研究所，
2020a），子どもによって通っている習い事は異なるといえます。もちろんこれ
以外にも多くの習い事が存在しています。中学生になると習い事をしているの
は約7割で，「学習塾（44.5％）」の割合が高くなりますが，「通信教育（12.7％）」
「英会話・英語塾（9.3％）」「音楽教室（6.8％）」と（学研教育総合研究所，2020b），
やはり習い事にはバリエーションがあります。また，中学生になると多くの子
どもが部活動に参加するようになり，さまざまな部活動の中から興味のあるも
のを選ぶことになります。ただし，部活動への参加率は全国で一様ではありま
せん。全国平均でみると87.4％の中学生が部活動に参加していますが，最も高
い岩手県では98.5％なのに対し，最も低い沖縄県では73.8％と25％ほども開き

があります（国立教育政策研究所，2019）。そのため，中学生だからといって必ず
しも部活動に参加しているわけではないといえます。

　以上のように，全体的には子どもは放課後に勉強やメディア活動，部活動に
時間を費やすことが多いのですが，学校生活とは異なり子どもたちの放課後の
生態は多様だといえるでしょう。

1-3.　放課後の過ごし方と適応・発達

　それでは，放課後の過ごし方は子どもたちにどのような影響を与えているの
でしょうか。放課後の時間使用は子どもの適応や発達にポジティブにもネガ
ティブにも影響を与えており，国外ではこの問題について研究が蓄積されてき
ました（たとえば，Badura et al., 2016; Mahoney & Stattin, 2000; McHale et al., 2001）。
ザレットとマホニー（Zarrett, N. & Mahoney, J. L., 2011/2014）は放課後を含む学
校以外での活動を「構成的な活動」と「構成的でない活動」に大きく区分して
とらえ，その特徴について説明しています。「構成的な活動」には何らかのス
キル向上のための挑戦や機会をもたらすすべての活動が含まれ，活動への参加
には相応の努力とコミットメントが必要であるとともに，ふつうは長期的に行
われます。構成的な活動には部活動や地域のスポーツクラブ，習い事のように
組織化されているものと，読書や趣味で楽器を弾いたり絵を描く，友だち同士
でスポーツをするといった必ずしも組織化されていないものがあります。とく
に，組織化された「構成的な活動」は学校への適応や学業成績の向上だけでな
く，心理社会的な適応，認知的・非認知的スキルの向上などさまざまな側面で
ポジティブに作用することが示されています。一方，「構成的でない活動」に
はとくにやるべきことが決まっておらず構造化されていない，挑戦や努力が
必要でなくスキルの向上を指向していない，年長者などによるモニタリング
がないといった特徴があります。たとえば，教育とは無関係なテレビの視聴，
ショッピングモールをぶらぶらするなどの活動が該当します。放課後にこうし
た活動を多くすることは，子どもに利益をもたらさないだけでなく，逸脱行動
の増加につながるなど適応のさまざまな側面にネガティブな影響があることが
指摘されています。

　このように，放課後の過ごし方が子どもの適応や発達に影響を与えている
ことを踏まえると，放課後の時間を有意義に過ごせるかどうかが重要になり
ます。すでにみたように放課後の時間は小学生から中学生にかけて増加してい
きますが，時間の増加と同時に，児童期から青年期にかけて自由時間に対する
コントロール可能性も増大することが指摘されています（Caldwell et al., 1999）。
つまり，年齢が高くなるほど自分で時間の使い方を決められる放課後の時間が
長くなると考えられ，このことは子どもに自分をどのような活動に方向づける
のかを考えさせることになるのです（Csikszentmihalyi & Larson, 1984）。そして，
この時間にどのような活動にコミットするのかは，その後のアイデンティティ
の形成にもつながっていきます（Eccles & Barber, 1999; Shaw et al., 1995）。先の
ザレットとマホニー（Zarrett & Mahoney, 2011/2014）の説明を踏まえれば，こ
うした発達の過程で「構成的な活動」に自らを方向づけることができればよい
のですが，さまざまなメディアが多くの若者に浸透している現代において，誰
もがそうした活動にコミットできるとは限らず（Caldwell et al., 2004），自由時
間をうまく使うことのできない子どもも存在するといえます。

2.　どんな問いを立てたのか
　放課後は子どもにどのような影響を与えているのか

2−1.　放課後の過ごし方に関する問い

　上述のように，放課後の過ごし方については国外では研究がなされてきたも
のの，国内ではこの問題を扱った心理学研究はあまりありません。先行研究か
らは，放課後になされる構成的な活動は子どもにポジティブな影響を与えるこ
とが示されていますが，放課後をめぐる状況は国や文化によってかなり様相が
異なります（日本青少年研究所, 2009）。先に紹介したように国内では放課後の子
どもの実態を調査したものはいくつかありますが，日本の子どもが経験するさ
まざまな放課後の活動がどのように概念化できるのか，そうした活動が子ども
の適応や発達にどのような影響を与えているのかを明らかにしたものは限られ
ています。

　また，学校生活と異なり放課後の過ごし方は多様です。学校の教師は学校の中のことはわかりますが，子どもが放課後にどのように過ごしているのかはみえません。また，親は自分の子どもがどのような放課後を過ごしているのかはある程度わかりますが，他の家庭の子どものことはわかりません。つまり，放課後の過ごし方は確かに多様なのですが，どのように多様なのかについては教師にも親にもみえないのです。放課後の多様性を明らかにし，何がそうした違いを生じさせているのかを明らかにするためには，調査研究を行う必要があるのです。

2−2．部活動に関する問い

　放課後の活動の中でも部活動に対する子どもの期待は大きく（都筑, 2001），実際に9割近い中学生が参加しています。部活動は構成的な活動と位置づけることができ，国内外で子どもへの影響が検討され（たとえば，Darling et al., 2005; Guèvremont et al., 2014; 角谷・無藤, 2001），基本的にポジティブな効果があるととらえられています。筆者が国際学会で部活動の発表をした際も，多くの子どもが参加している状況を海外の研究者からうらやましがられたことがあります。素直にとらえれば，構成的な活動である部活動に多くが参加している日本の状況は好ましいものです。しかし，あらためて考えてみると，正課の活動ではなく子どもが自主的に選択するはずの部活動にこれほど多くの者が参加しているのは不思議でもあります。先述のように部活動への参加率は都道府県によって違いがあるのですが，なぜこのような違いが生じるのでしょうか。実は，3分の1程度の公立中学校は冒頭でふれた筆者が通っていた中学校のように部活動について全員加入の方針をとっており（スポーツ庁, 2018），参加率の高い都道府県ではこうした学校が多いものと考えられます。正課外で実施される放課後の部活動は本来，子どもの自主性が尊重されるものですが，全員参加が義務づけられればそのことは部活動に参加しながらも積極的にはなれない者を生み出します。正課外の活動でありながら義務的な要素もまとった特殊な状況にある日本の部活動を検討するにあたっては，部活動への参加という視点だけでなく，積極的に参加しているのかといった視点も重要になるといえます。また，一口に部活動といってもさまざまな種類があります。運動部とそれ以外の活動では

適応への影響が異なることも示されており（Guèvremont et al., 2014），部活動のタイプを考慮した検討も必要です。以上のことから，これらの点を考慮したうえで部活動の影響を明らかにすることが望まれます。

　部活動をめぐるもう1つの問いは，正課外の活動である部活動と学校生活の相互の関係についてです。学校に適応するためにはクラスでうまく過ごせるかが重要ですが（岡田，2008b），クラスでうまくいかない子どもにとっては部活動が学校適応を補いうることが指摘されています（角谷・無藤，2001）。つまり，部活動はそれ以外の学校生活の側面と相互に影響を及ぼし合っているといえ，どのような学校生活を過ごしているかは，上述の部活動への積極的な参加という問題にもかかわっていると考えられます。しかし，こうした相互の関係について複数時点のデータを用いて検討した研究はなされていません。

3. どんな研究をし，何がわかったのか
放課後の光と影

3-1.　放課後の過ごし方に関する調査[*1]

　以上の問いを踏まえ，ここでは放課後の時間が長くなり自身によるコントロール可能性も高まる中学生の放課後に注目し，まず，①放課後の過ごし方が学業への意欲や適応にどのような影響を与えているのかを明らかにします。次に，②個人的・環境的要因が放課後の過ごし方にどのような影響を与えるのかについて検討していきます。

3-1-1.　調査対象・調査内容
　調査は2008年6〜7月に東京都内の公立中学校3校を対象に実施され，989名の中学生が回答しました。調査内容は表1のとおりです。

3-1-2.　放課後の過ごし方が学業への意欲や適応に与える影響
　まず，部活動や学校外の活動，放課後に過ごす他者が子どもの学業への意欲や適応にどう影響するのかを重回帰分析によって検討しました（表2）。

表1　放課後の過ごし方に関する調査の内容

①部活動の頻度	ふだん週に何回部活動に参加するのかを尋ねた。参加していない人は0回とした。
②学校外の活動[*2]	日本青少年研究所（2000），McHale et al.（2001）を参考に，「テレビを見る」「家で勉強する」など20の活動について「下校してから寝るまでの間に次のことをどのくらいしますか」と尋ねた。回答は「かなりする～ぜんぜんしない」の6件法。因子分析の結果，「勤勉的活動（3項目：α =.60）」「構造化されていない活動（5項目：α =.66）」「社交的活動（5項目：α =.72）」の3因子が得られた。「塾へ行く」「勉強以外の習い事に行く」は因子にまとまらなかったが，重要な放課後の活動だと考え分析に含めた。
③放課後に過ごす他者	McHale et al.（2001）を参考に，「下校してから寝るまでの間に次の人と過ごすことがどのくらいありますか」と教示し，「家の人と過ごす」「友達と過ごす」「家族以外の大人と過ごす」「一人で過ごす」の4項目について尋ねた。回答は「かなりある～ぜんぜんない」の6件法で回答を求めた。
④学業への意欲	学校生活の下位領域に対する意識尺度（岡田，2008b）の下位尺度である「学業への意識（6項目，項目例「学校の勉強には自分から自主的に取り組んでいる」）」を使用。回答は「とてもあてはまる～まったくあてはまらない」の4件法。
⑤学校への心理的適応	岡田（2012）の学校への心理的適応尺度を用いた。本尺度は「欲求充足（6項目，項目例「学校では自分の気持ちを素直に出せている」）」と「要請対処（6項目，項目例「学校生活の中で求められていることはできている」）」の下位尺度から構成される。回答は「とてもそう思う～ぜんぜんそう思わない」の4件法。
⑥学校への社会的適応	孤立傾向と反社会的傾向の2つを測定。孤立傾向の指標としては，いじめ被害・学級不適応児童発見尺度（河村・田上，1997）の下位尺度である被侵害尺度を一部修正して用いた（6項目，項目例「クラスの人たちから，ムシされているようなことがある」）。反社会的傾向は，学校への不適応傾向尺度（酒井ほか，2002）の下位尺度である反社会的傾向の項目のうち，5項目を用いた（項目例「授業中，大声を出したりしてさわぐことがある」）。回答は「よくある～まったくない」の4件法。
⑦自尊感情	田中ほか（2003）の自尊感情を測定する項目を用いた（10項目，項目例「私はだいたいは自分に満足している」）。回答は「とてもそう思う～ぜんぜんそう思わない」の4件法。
⑧計画性	都筑（2008）の時間的展望尺度の下位尺度である計画性尺度（5項目，項目例「なにごともいつまでにやりなさいと決められていないといつまでもやらない」）を用いた。回答は「とてもそうだ～ぜんぜんそうでない」の4件法。
⑨家庭の文化的階層	苅谷ほか（2002）の家庭の文化的階層を測定する項目を参考に6項目を作成。具体的には，「小さいときに，家の人に絵本をよんでもらいたがった」「家の人に博物館や美術館などにつれていってもらいたがった」「家の人にお菓子をつくってもらいたがった」「家の人に勉強でわからないところを教えてくれるようたのむことがあった」「家の人とテレビのニュースについて話すことがある」「家の人にパソコンのつかいかたを教えてくれるようたのむことがあった」の6項目で尋ねた。回答は「とてもそうだ～ぜんぜんそうでない」の4件法。主成分分析により単因子構造が確認され，α 係数は.73であった。

表2　放課後の過ごし方が学業への意欲や適応に与える影響

	学業への意欲	学校への心理的適応		学校への社会的適応		自尊感情
		要請対処	欲求充足	孤立傾向	反社会的傾向	
〈放課後の活動〉						
部活動の頻度		.10 **	.18 ***	-.12 **		
勤勉的活動	.46 ***	.27 ***	.10 **		-.14 ***	
構造化されていない活動	-.12 ***					-.12 **
社交的活動	-.07 *				.25 ***	
塾	.14 ***	.09 **			-.07 *	
勉強以外の習い事			.10 **	-.08 *		.08 *
〈放課後に過ごす他者〉						
家の人と過ごす	.07 *	.17 ***			-.15 ***	.10 **
友達と過ごす			.13 ***	-.12 **	.08 *	
家族以外の大人と過ごす						
一人で過ごす			-.07 *	.14 ***		-.09 *
Adj R^2	.29 ***	.14 ***	.07 ***	.05 ***	.14 ***	.04 ***

* $p<.05$,　** $p<.01$,　*** $p<.001$

　「学業への意欲」に影響を与えていた要因をみると，まず「勤勉的活動」の影響が大きいことが明らかになり，家で勉強をしたり読書をするといった習慣のある者ほど学業に意欲的になるといえます。その他には，「塾」「家の人と過ごす」がポジティブな影響を与えていた一方で，「構造化されていない活動」「社交的活動」は負の影響を与えていました。「学校への心理的適応」についてみると，「部活動の頻度」「勤勉的活動」は「要請対処」「欲求充足」の双方に正の影響を与えており，これらの活動が心理的適応を高めることが明らかになりました。また，「塾」「家の人と過ごす」は「要請対処」を高めること，「勉強以外の習い事」「友達と過ごす」は「欲求充足」を高めることも示されました。「孤立傾向」に関しては，「部活動の頻度」「勉強以外の習い事」「友達と過ごす」が負の影響を，「一人で過ごす」が正の影響を与えており，放課後も他者とかかわる機会の多いことが孤立傾向を低めるといえます。「反社会的傾向」については，「社交的活動」「友達と過ごす」が正の影響を，「勤勉的活動」「塾」「家の人と過ごす」が負の影響を与えており，放課後に学業的な活動を志向せず友人との結びつきのみが強くなると，反社会的傾向が高まってしまうものと考えられます。「自尊感情」へは「勉強以外の習い事」「家の人と過ごす」が正

の影響を，「構造化されていない活動」「一人で過ごす」が負の影響を与えており，一人で有意義な活動にコミットできないことは自尊感情の低下につながるといえるでしょう。

3−1−3. 計画性・家庭の文化的階層と放課後の過ごし方

　上述のように，放課後の過ごし方は子どもの学業への意欲や適応に影響を与えています。それではこうした放課後の過ごし方は何によって左右されるのでしょうか。ここではまず，個人の認知的な要因として計画性に注目しました。これは，計画性のある者は時間をうまく管理することができ，放課後の時間を有意義に過ごすことができると考えられるためです。また，環境側の要因としては，家庭の文化的階層に着目しました。文化的階層は，社会的な階層を反映していると考えられ（苅谷ほか, 2002），こうした家庭の階層は習い事をはじめとした放課後の過ごし方と密接に関係していると予想されます[*3]。

　計画性と文化的階層を平均点で高群と低群に分け，計画性（高・低）と文化的階層（高・低）の2要因の分散分析を行いました。その結果，「部活動の頻度」「社交的活動」「友達と過ごす」については有意な差はありませんでしたが，それ以外では有意差が認められました。次ページに，分析の結果を図示しました（図2〜7）。なお，「家族以外の大人と過ごす」については文化的階層が高いほうが得点が高くなっていましたが，学業への意欲や適応に影響していなかったため割愛しています。

　「勤勉的活動」については，計画性（$F(1, 807)=62.26, p<.001, \eta^2=.07$）と文化的階層（$F(1, 807)=57.86, p<.001, \eta^2=.06$）の主効果が有意で，計画性が高いほど，また文化的階層が高いほど勤勉的活動が多いことが示されました。「構造化されていない活動」は，計画性（$F(1, 807)=27.65, p<.001, \eta^2=.03$）の主効果が認められ，計画性が低いと「構造化されていない活動」が多いことが明らかになりました。「塾（$F(1, 807)=4.02, p<.05, \eta^2=.01$）」「勉強以外の習い事（$F(1, 807)=17.83, p<.001, \eta^2=.02$）」に関しては文化的階層の主効果が有意で，文化的階層が高いほどこれらの習い事を多く経験しているといえます。放課後に過ごす他者については，「家の人と過ごす」では文化的階層（$F(1, 807)=64.77, p<.001, \eta^2=.07$）の主効果が，「一人で過ごす」では計画性（$F(1, 807)=4.91, p<.05,$

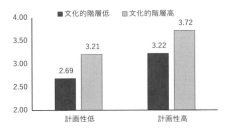

図2　計画性・文化的階層と「勤勉的活動」

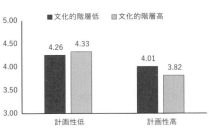

図3　計画性・文化的階層と「構造化されていない活動」

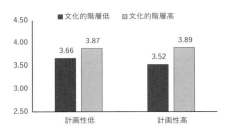

図4　計画性・文化的階層と「塾」

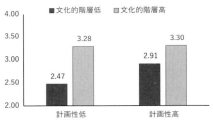

図5　計画性・文化的階層と「勉強以外の習い事」

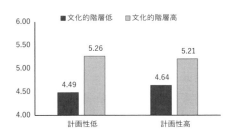

図6　計画性・文化的階層と「家の人と過ごす」

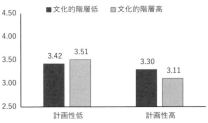

図7　計画性・文化的階層と「一人で過ごす」

$\eta^2 = .01$）の主効果が認められました。そのため，文化的階層の高い者は家族と過ごす時間が長く，計画性の低い者は一人で過ごす時間が長いといえます。

3－1－4.　放課後の過ごし方に関する調査からわかったこと

　ザレットとマホニー（Zarrett & Mahoney, 2011/2014）に従えば部活動や塾，勉強以外の習い事は構成的で組織化された活動ととらえることができ，放課後にこれらの活動にコミットすることは，子どもの適応にポジティブに作用していることが明らかになりました。また，塾については学業への意欲の高さにもつながっていました。勤勉的活動については構成的だけれども組織化はされていない活動と考えられますが，こちらも適応や学業への意欲にポジティブな影響がありました。したがって，先行研究で指摘されているように，構成的な活動は子どもの適応を高めることにつながるといえます。学業への意欲については，塾以上に勤勉的活動の影響力が強くなっており，組織化されていない状況でも自律的に学業に関連した活動に取り組めることがより重要だと考えられます。構造化されていない活動と社交的活動は構成的でない活動ととらえられますが，これらの活動は学業への意欲や適応にネガティブな影響があることが示され，国外の研究と同様の知見が得られました。

　放課後に誰と過ごすのかも学業への意欲や適応に影響を与えており，家族と過ごす時間は全体的にポジティブな影響がある反面，一人で過ごすことはネガティブな影響のあることが示されました。一般的に青年期は親離れをしていく心理的離乳の時期とされますが，中学生ではまだ精神的な自立が確立されておらず，何でも話せる家族のいないことが居場所のなさにつながると指摘されており（杉本・庄司, 2006），家族と過ごす時間のあることが彼らにポジティブな影響を与えるのだと考えられます。友だちと過ごすことについては，学校への心理社会的適応にポジティブにもネガティブにも作用していました。先行研究では大人などによる監督のない状態で友だちと過ごしたり社会的な活動を行うことは問題行動につながることが示されています（McHale et al., 2001）。友だちと過ごすこと自体は問題のある行為ではありませんが，社交的活動が反社会的傾向の高さにつながっていたことも踏まえると，子どもたちだけで過ごしたり活動することが多くなりすぎるとリスクにつながると考えられます。

　放課後の過ごし方の多様性には個人の計画性や家庭の文化的階層が関係していることも明らかになりました。分析から，計画性の高い者は勤勉的活動によりコミットしており，構造化されていない活動にコミットしたり一人で過ごすことが少ないことがわかりました。放課後の過ごし方は計画性という個人の認知的要因によって違いが生じるといえます。そして，計画性の高い子どもほど適応にネガティブな影響を与える過ごし方ではなく，ポジティブな影響を与える過ごし方に自らを方向づけることができることから，結果的に適応状態もよくなると考えられます。また，放課後の過ごし方は家庭の文化的階層の影響も受けており，文化的階層の高い子どもは勤勉的活動や塾，勉強以外の習い事によりコミットし，家の人と過ごす時間も多いことが明らかになりました。塾や習い事には費用がかかるので必然的に家庭の経済状況の影響を受けます。また，家庭の社会的階層の違いが子どもの学業へ向かう意欲の格差を生じさせるという指摘（苅谷, 2001）を踏まえると，文化的階層の高い子どもほど学業に対する価値づけが高く，勤勉的活動へのコミットを強めるのだと考えられます。家庭の社会的階層は子どもが選択できるものではありませんが，こうした環境要因によっても放課後の過ごし方は影響を受けており，ラルー（Lareau, A., 2003）が指摘するように階層の低い家庭の子どもほど構成的な活動にコミットできず適応状態も低くなるという不条理な事態が生じています。

3-2.　部活動への参加と学校生活に関する調査[*4]

　ここでは，中学生にとって重要な放課後の活動である部活動に焦点を当て，まず，①部活動のタイプや部活動への積極性によって，学校生活や学校への適応がどのように異なるのかについて検討します。次に，②学校適応において重要なクラスでの過ごし方と部活動の相互の関係について縦断データを用いて明らかにします。

3-2-1.　調査対象・調査内容
　部活動のタイプ・積極性と学校適応の関係については，2004年8月〜2006年7月に実施された質問紙調査のデータに基づき検討を行いました。東京都・愛

表3　部活動への参加と学校生活に関する調査の内容

①部活動への所属	部活動に所属しているか否か，また，部活動の名称について尋ねた。
②部活動への積極性	学校生活の下位領域に対する意識尺度（岡田，2008b）の下位尺度である「部活動への意識」のうち，4項目を用いた（項目例「部活をやることにやりがいを感じる」）。回答は「とてもあてはまる～まったくあてはまらない」の4件法。
③学校生活のさまざまな領域との関係	学校生活の下位領域に対する意識尺度（岡田，2008b）の下位尺度である「友人への意識（項目例「自分は友だちとはうまくいっている」）」「クラスへの意識（項目例「クラスの中にいるとほっとしたり明るい気分になる」）」「教師への意識（項目例「先生にしたしみを感じる」）」「他学年への意識（項目例「先ぱいや後はいにしたしみを感じる」）」「進路への意識（項目例「自分の進みたい職業の分野については自分から調べている」）」「学業への意識（項目例「学校の勉強には自分から自主的に取り組んでいる」）」「校則への意識（項目例「学校の規則はちゃんと守っている」）」の，それぞれ4項目を用いた。本尺度の「友人への意識」「クラスへの意識」「他学年への意識」はさらに「生徒関係的側面」として，「教師への意識」「進路への意識」「学業への意識」「校則への意識」はさらに「教育指導的側面」としてとらえることが可能である（岡田，2012）。回答は「とてもあてはまる～まったくあてはまらない」の4件法。
④学校への心理的適応	順応感と享受感について尋ねた。順応感については包括的学校適応感尺度（岡田，2006；項目例「自分は学校になじめていると思う」），享受感については学校享受感尺度（古市・玉木，1994；項目例「学校では楽しいことがたくさんある」）を用いた。回答は「とてもそう思う～ぜんぜんそう思わない」の4件法。
⑤学校への社会的適応	孤立傾向と反社会的傾向の2つを測定。用いた尺度や回答方法は「放課後の過ごし方に関する調査」と同様。

　知県の公立中学校6校の中学生894名が回答し，社会的適応に関する尺度にはこのうち271名が回答しました。部活動とクラスへの適応の関係については，東京都の公立中学校1校を対象に実施した2時点の縦断調査のデータに基づき検討しました。調査は2006年6～7月（1学期）と2007年2～3月（3学期）に実施され，338名が回答しました。上記の調査の内容は表3のとおりです。

3−2−2.　部活動のタイプ・積極性と学校生活・学校への適応

　部活動にはさまざまなものがありますが，ここでは大きく分けて，運動系の部活動を運動部，それ以外の部活動を文化部と分類しました。次に，部活動への積極性を平均点に基づき得点の高い群・低い群に区分しました。これらに基づき，運動部で積極的な群（運動部積極群：男子205名，女子158名），運動部で消

極的な群（運動部消極群：男子157名，女子105名），文化部で積極的な群（文化部積極群：男子18名，女子87名），文化部で消極的な群（文化部消極群：男子19名，女子61名），部活動に所属していない群（無所属群：男子44名，女子40名）の5つの群に分け，学校生活や学校適応がどう異なるのかを分散分析により検討しました（図8〜10）。

　まず，学校生活の違いについてみていきます。学校生活のさまざまな側面は生徒同士の横の関係である「生徒関係的側面」と，教育や指導にかかわる「教育指導的側面」の2側面からとらえることができます（岡田, 2012）。分析の結果，「生徒関係的側面（$F(4, 889) = 49.10$, $p < .001$, $\eta^2 = .18$）」「教育指導的側面（$F(4, 889) = 21.56$, $p < .001$, $\eta^2 = .09$）」はともに有意差が認められたため多重比較を行いました。その結果，「生徒関係的側面」については，「運動部積極群」「文化部積極群」がその他の群よりも得点が高くなっていました。「教育指導的側面」については，「運動部積極群」「文化部積極群」は「運動部消極群」「文化部消極群」よりも得点が高いこと，また，「無所属群」は「運動部消極群」よりも得点が高いことが示されました。

　次に，学校への心理的適応についてですが，「順応感（$F(4, 889) = 25.47$, $p < .001$, $\eta^2 = .10$）」「享受感（$F(4, 889) = 15.85$, $p < .001$, $\eta^2 = .07$）」はともに有意差がみられ多重比較を行いました。その結果，順応感については「運動部積極群」「文化部積極群」が他の群よりも得点が高くなっていました。享受感については，「運動部積極群」は「運動部消極群」「文化部消極群」よりも得点が高く，「文化部積極群」は「運動部消極群」よりも得点が高くなっていました。

　最後に，学校への社会的適応ですが，全体的には問題を抱えている者のほうが少ないため得点は低くなっています。「孤立傾向（$F(4, 889) = 3.04$, $p < .05$, $\eta^2 = .04$）」「反社会的傾向（$F(4, 889) = 4.13$, $p < .01$, $\eta^2 = .06$）」はともに有意差が認められたため多重比較を行いました。その結果，「孤立傾向」については「運動部消極群」が「文化部積極群」よりも得点が高い傾向にありました（$p < .08$）。「反社会的傾向」については，「運動部積極群」「運動部消極群」は「文化部積極群」よりも得点が高くなっていました。

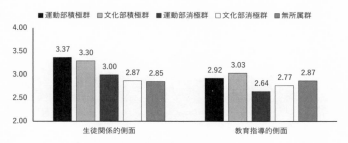

図8　部活動への参加・積極性と学校生活

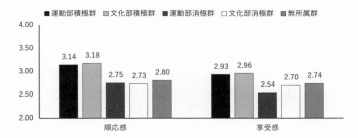

図9　部活動への参加・積極性と学校への心理的適応

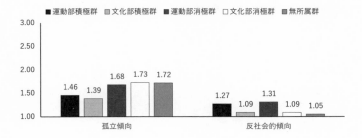

図10　部活動への参加・積極性と学校への社会的適応

3－2－3．部活動とクラスへの適応の関係

　学校生活の中でクラスは居場所として機能しうる重要な場ですが，部活動に所属している者にとっては部活動も居場所になるといえます。とくに，クラスでうまくいっていない子どもにとっては，学校生活の中で部活動はより重要な場になると考えられます。ここでは，1学期と3学期の2時点のデータに基づき，部活動とクラスへの適応の時系列を考慮した分析を行います。なお，クラスへの適応については表3「③学校生活のさまざまな領域との関係」の下位尺度である「クラスへの意識」で測定しています。交差遅延効果モデルを用いて分析した結果，図11の結果が得られました（$\chi^2(3)=1.57$, n.s., AGFI $=.99$, CFI $=1.00$, RMSEA $=.00$）。

　結果をみると，1学期の部活動への積極性は3学期のクラスへの適応には影響を与えていませんでしたが，1学期のクラスへの適応は3学期の部活動への積極性に負の影響（-.10）を与えていました。そのため，1学期にクラスで適応的でなかった者は，3学期時点の部活動への積極性が高くなるといえます。逆に，クラスで適応的であった者は，その後の部活動への積極性が低くなるともいえます。

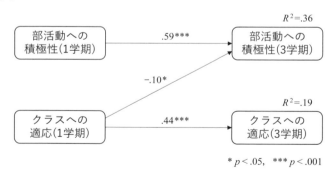

$* p < .05$, $*** p < .001$

図11　部活動への積極性とクラスへの適応の関係についての縦断的検討

3－2－4．部活動への参加と学校生活に関する調査からわかったこと

　放課後の過ごし方に関する調査では部活動が適応にポジティブに作用することが示されていましたが，ここでの分析でも運動部か文化部かにかかわらず，

部活動に積極的に参加している子どもは学校生活の状況や学校への心理的適応がよいことが明らかになりました。また，クラスへの適応状態がよくない者は，部活動へのコミットを強めていくことも示されました。そのため，クラスでうまくいかない子どもにとっては部活動が学校の中で重要な居場所として機能するようになり，それによって学校への適応が維持・改善されると考えられます。これらの知見を踏まえると，先行研究で指摘されているように（Darling et al., 2005; 角谷・無藤, 2001），構成的で組織化された活動である部活動は，中学生の学校生活や適応において重要な役割があるといえます。

　一方で，部活動への積極性や部活動のタイプにも注目して分析を行ったことで，部活動には負の側面もあることが明らかになりました。分析結果から，部活動に消極的な者は積極的に参加している者に比べ学校生活の状況や学校への心理的適応が良好でなく，部活動に所属していない者と違いがありませんでした。また，運動部で消極的な者については，無所属の者よりも教育や指導に関する学校生活の側面で課題のあることが示されました。上記のように部活動は構成的な活動と位置づけられますが，積極的に参加していない場合には適応にポジティブな効果はなく，場合によっては学校生活にネガティブな影響をもたらしてしまうといえます。部活動のタイプによっても適応との関連には違いがあり，運動部の子どもは部活動に積極的か否かにかかわらず，反社会的傾向が高いことが示されました。国外の研究でも運動部への参加が逸脱行動につながることが示されており（Guèvremont et al., 2014），スポーツ活動にはポジティブな面だけでなくリスクもあると考えられます。

4. それが実践にもつ意義は何か
有意義な放課後のあり方とは

4-1. 放課後を有意義に過ごせる子ども・過ごせない子ども

　冒頭でも述べたように，子どもたちの放課後の生態は多様です。そして，調査研究で明らかにされたように，部活動や塾，勉強以外の習い事といった，構成的で組織化された活動は基本的に子どもたちにポジティブな影響を与えてい

ました。また，組織化はされていないけれども構成的な活動といえる勤勉的活動も適応状態の高さにつながっていました。さらに，家族と過ごす時間も適応にポジティブな影響を与えていることが示されました。放課後にこうした過ごし方が可能な環境が整っており，自らをそのような活動に方向づけられる子どもにとっては，放課後は有意義な時間となるでしょう。

　しかし，すべての子どもが放課後を有意義に過ごせるわけではありません。家庭状況により習い事に通ったり家族と過ごす時間があまりもてない子どもがいます。また，構成的な活動が可能な環境があっても，手軽な娯楽をもたらすメディア活動などにからめ取られ，計画や見通しをもって放課後を過ごせない子どももいます。部活動には多くの中学生が参加していますが，積極的に参加できていない者もおり，そうした子どもは部活動による恩恵を受けられていません。学校生活のように類似した空間的・時間的構造があるわけではない放課後においては，その過ごし方の光と影のコントラストがよりはっきりしてしまうといえます。

4-2.　子どもにとって有意義な放課後のために

　最後に，研究から得られた知見が教育実践にどのような示唆があるのかについて考察します。放課後の過ごし方は子どもの計画性や家庭の文化的階層に影響を受けていましたが，文化的階層については変えることが難しい要因です。そのため，子どもが放課後を有意義に過ごせるようになるための1つの方法としては，個人の認知的能力である計画性にアプローチすることが考えらえます。たとえば，コールドウェルら（Caldwell, L. L. et al., 2004）は余暇の時間使用に関する教育プログラムを実践し，その効果を検証しています。こうしたプログラムを教育に取り入れることで，子どもたちは見通しをもって有意義な活動にコミットすることが可能になると考えられます。

　しかし，仮に個人の計画性を高められたとしても，構成的な活動が可能な環境がなければそうした活動にコミットすることはできません。この問題を解決するためには，学校や児童館などの公的な機関が構成的な活動の機会を提供することが考えられます。この点についてはすでに国の取り組みも進められて

おり，文部科学省と厚生労働省が2014年には「放課後子ども総合プラン」を，2018年には「新・放課後子ども総合プラン」を策定し，小学校などでの放課後児童クラブと放課後子供教室の拡充を進めています（文部科学省, 2018）。ただし，この取り組みでは共働き家庭の児童の放課後の居場所を整備することに重きが置かれており，具体的な活動内容については指針などが示されているわけではありません。国外の研究では公的な機関における放課後の活動であっても，構造化されていなければ有益とは限らないことが示されています（Mahoney & Stattin, 2000）。放課後児童クラブ・放課後子供教室によって活動の内容はさまざまですが，そうした活動が子どもに与える影響を検証し，スタッフの専門性の向上やよりよい活動の提供につなげていくことが重要だといえます。

　上記の国の取り組みは小学生を想定していますが，中学生の放課後の活動としては部活動の存在が大きいといえます。部活動については先述のように全員参加の方針をとっている学校も少なくありませんが，参加を義務づけることは部活動に積極的になれない者を生み出すとともに，部活動でうまくいかなくなってもやめにくい状況を生じさせます。積極的でない者にとって部活動が有益なものにはならないことを踏まえると，部活動への参加はあくまで子どもの自主性に基づく必要があるでしょう。このことに関して，筆者が調査結果をフィードバックした際に，ある中学校長から「部活動をせずに彼らを放課後に解き放ったら何が起こるかわからない」と言われたことがあります。その学校は比較的荒れている学校でもあり，その意見には首肯できる面もありました。しかし，そうだとすれば，単に部活動に参加させることを目的とするのではなく，子どもが主体的・積極的に参加できるような工夫が必要と思います。部活動をめぐっては，勝利至上主義などの問題点があることが指摘されています（尾見, 2019）。部活動での優勝などが学校のアピールに使われることはよくありますが，過度な競争志向や激しい練習は部活動内で勝者だけでなく敗者を，また，ついていけない者を生み出してしまいます。もちろん，とくに運動部ではある程度の競争がないと張り合いや達成感が得られず，そのバランスはときに難しい面もあるでしょう。そうした際には，顧問の教師が一方的に部活動の方針を押しつけるのではなく，子どもと話し合いながら部活動のあり方を考えて

いくことが重要だといえます。子どもが部活動の運営にもかかわることで積極的な参加が促され，そのことは部活動の魅力を高めることになると考えられます。そして部活動が魅力的なものになれば，義務化をせずとも参加率は高まるのではないでしょうか。

　中学生の放課後の過ごし方としては塾を含む勉強時間も大きな割合を占めています。上述のように，学習塾に通うには家庭の経済力が必要であり，通うことが難しい子どももいます。そして，こうした子どもが必ずしも放課後に自宅での学習といった勤勉的活動にコミットできるとは限りません。そのため，中学生の放課後については学習活動を支援する機会を充実させることも重要だといえます。中学校では部活動は非常に活発ですが，放課後に補習等の学習機会を提供している割合は2割程度で，実施していたとしても週に1回程度となっています（Benesse教育研究開発センター, 2008）。もちろん，ただでさえ多忙な状況に置かれている教師に，さらに部活動も放課後の学習指導も求めることは現実的ではありません。また，不登校の児童生徒が18万人を超える状況を踏まえれば（文部科学省, 2020），学校の中だけで提供する必要もないといえます。家庭の状況による格差を拡大させないためにも，地域も含めた放課後の学習機会を拡充していくことが望まれます。

　これまで放課後に子どもを構成的な活動に方向づけるための方策について考えてきましたが，構成的な活動はやればやるほど彼らによい影響があるのでしょうか。この問題について国外ではいくつか研究がなされています。ニフセンドとグレアム（Knifsend, C. A. & Graham, S., 2012）は構成的な活動である課外活動への参加の程度と適応には逆U字型の関係があり，活動に参加していない，あるいは多くの活動に参加している者よりも，適度な数の活動に参加している者の適応状態がよいことを示しています。つまり，構成的な活動であったとしても，過度にやらせることは子どもに有益ではないと考えられます。朝早くから学校に行き，学校が終われば部活動や習い事，さらに夕食後も学習塾や自宅学習と，大人よりも多忙な生活をしている子どもも少なくありません。息抜きやリラックスの時間もなければ子どもを追い詰めてしまうことになるでしょう。また，部活動に関する調査で示されたように，構成的な活動であっても積極的に参加していないのであれば有意義な時間とはなりません。大人が計

画したことに従わせるのではなく，子どもの意思や意欲を尊重し，子どもが主
体的に放課後の過ごし方を決めていくことが何よりも重要だと考えられます。

[注]
＊1　Okada（2009），岡田（2015）を再分析し大幅に加筆修正を行いました。
＊2　「勤勉的活動」には「家で勉強する」「読書をする」「家の手伝いをする」が，「構造化
　　されていない活動」には「家でごろごろする」「マンガを読む」「テレビを見る」「何もせ
　　ずボーっとする」「ゲームをする」が，「社交的活動」には「電話をする」「店でものを買
　　う」「携帯のメールをする」「おしゃべりをする」「まちなかをぶらぶらする」が含まれま
　　す。因子分析の結果や性別・学年による違いなど詳しくは岡田（2015）を参照。
＊3　計画性と家庭の文化的階層の相関は.19と高くはありませんでした。
＊4　岡田（2009; 2012）を再分析し大幅に加筆修正を行いました。

[引用文献]
Badura, P., Sigmund, E., Madarasova Geckova, A., Sigmundova, D., Sirucek, J., van Dijk, J. P., &
　　Reijneveld, S. A. (2016). Is participation in organized leisure-time activities associated with school
　　performance in adolescence? *PLoS ONE*, *11*(4), e0153276.
Benesse教育研究開発センター（2008）．第4回学習指導基本調査報告書──小学校・中学校
　　を対象に──．
ベネッセ教育総合研究所（2015）．第2回放課後の生活時間調査──子どもたちの24時間──
　　ベネッセ教育総合研究所．
Caldwell, L. L., Baldwin, C. K., Walls, T., & Smith, E. (2004). Preliminary effects of a leisure education
　　program to promote healthy use of free time among middle school adolescents. *Journal of Leisure
　　Research*, *36*(3), 310-335.
Caldwell, L. L., Darling, N., Payne, L. L., & Dowdy, B. (1999). Why are you bored? An examination of
　　psychological and social control causes of boredom among adolescents. *Journal of Leisure Research*,
　　31(2), 103-121.
Csikszentmihalyi, M., & Larson, R. (1984). *Being adolescent: Conflict and growth in the teenage* years.
　　New York, NY: Basic Books.
Darling, N., Caldwell, L. L., & Smith, R. (2005). Participation in school-based extracurricular activities
　　and adolescent adjustment. *Journal of Leisure Research*, *37*(1), 51-76.
Eccles, J. S., & Barber, B. L. (1999). Student council, volunteering, basketball, or marching band: What
　　kind of extracurricular involvement matters? *Journal of Adolescent Research*, *14*(1), 10-43.

古市 裕一・玉木 弘之（1994）．学校生活の楽しさとその規定要因　岡山大学教育学部研究集録, *96*, 105-113.

学研教育総合研究所（2020a）．小学生白書Web版2020年8月調査「小学生の日常生活・学習・新型コロナ対策の休校に関する調査」　学研教育総合研究所.

学研教育総合研究所（2020b）．中学生白書Web版2020年8月調査「中学生の日常生活・学習に関する調査」　学研教育総合研究所.

Guèvremont, A., Findlay, L., & Kohen, D. (2014). Organized extracurricular activities: Are in-school and out-of-school activities associated with different outcomes for Canadian youth? *Journal of School Health, 84*(5), 317-325.

苅谷 剛彦（2001）．階層化日本と教育危機——不平等再生産から意欲格差社会へ——　有信堂高文社.

苅谷 剛彦・清水 睦美・志水 宏吉・諸田 裕子（2002）．調査報告「学力低下」の実態　岩波書店.

河村 茂雄・田上 不二夫（1997）．いじめ被害・学級不適応児童発見尺度の作成　カウンセリング研究, *30*(2), 112-120.

Knifsend, C. A., & Graham, S. (2012). Too much of a good thing? How breadth of extracurricular participation relates to school-related affect and academic outcomes during adolescence. *Journal of Youth and Adolescence, 41*(3), 379-389.

国立教育政策研究所（2019）．平成31年度（令和元年度）全国学力・学習状況調査【都道府県別】および【指定都市別】調査結果資料.

Lareau, A. (2003). *Unequal childhoods: Class, race, and family life.* Berkeley, CA: University of California Press.

Mahoney, J. L., & Stattin, H. (2000). Leisure activities and adolescent antisocial behavior: The role of structure and social context. *Journal of Adolescence, 23*(2), 113-127.

松村 祥子（2014）．子ども生活時間に関する調査研究（報告書概要）　こども未来財団.

McHale, S. M., Crouter, A. C., & Tucker, C. J. (2001). Free-time activities in middle childhood: Links with adjustment in early adolescence. *Child Development, 72*(6), 1764-1778.

文部科学省（2018）．「新・放課後子ども総合プラン」について（通知）.

文部科学省（2020）．令和元年度児童生徒の問題行動・不登校等生徒指導上の諸課題に関する調査結果.

日本青少年研究所（2000）．日常生活に関する調査. http://www1.odn.ne.jp/youth-study/reserch/index.html（2021年1月31日アクセス）

日本青少年研究所（2009）．中学生・高校生の生活と意識——日本・アメリカ・中国・韓国の比較——.

岡田 有司（2006）．該当カテゴリー直接測定法による包括的学校適応感尺度の作成——性差・

学年差の検討── 中央大学大学院研究年報（文学研究科篇）, *36*, 149-152.

岡田 有司（2008a）. 児童期から青年期への移行と放課後における活動──時間使用・発達課題の視点から── 心理科学, *28*(2), 15-27.

岡田 有司（2008b）. 学校生活の下位領域に対する意識と中学校への心理的適応──順応することと享受することの違い── パーソナリティ研究, *16*(3), 388-395.

Okada, Y. (2009). After-school time use and psychosocial adjustment to school in Japanese early adolescents. 11th European Congress of Psychology (Oslo, Norway).

岡田 有司（2009）. 部活動への参加が中学生の学校への心理社会的適応に与える影響──部活動のタイプ・積極性に注目して── 教育心理学研究, *57*(4), 419-431.

岡田 有司（2012）. 中学校への適応に対する生徒関係的側面・教育指導的側面からのアプローチ 教育心理学研究, *60*(2), 153-166.

岡田 有司（2015）. 中学生の学校適応──適応の支えの理解── ナカニシヤ出版.

尾見 康博（2019）. 日本の部活──文化と心理・行動を読み解く── ちとせプレス.

酒井 厚・菅原 ますみ・眞榮城 和美・菅原 健介・北村 俊則（2002）. 中学生の親および親友との信頼関係と学校適応 教育心理学研究, *50*(1), 12-22.

Shaw, S. M., Kleiber, D. A., & Caldwell, L. L. (1995). Leisure and identity formation in male and female adolescents: A preliminary examination. *Journal of Leisure Research*, 27(3), 245-263.

杉本 希映・庄司 一子（2006）. 中学生の「居場所環境」と学校適応との関連に関する研究 学校心理学研究, *6*(1), 31-39.

角谷 詩織・無藤 隆（2001）. 部活動継続者にとっての中学校部活動の意義──充実感・学校生活への満足度とのかかわりにおいて── 心理学研究, *72*(2), 79-86.

スポーツ庁（2018）. 平成29年度運動部活動等に関する実態調査報告書.

田中 道弘・上地 勝・市村 國夫（2003）. Rosenbergの自尊心尺度項目の再検討 茨城大学教育学部紀要 教育科学, *52*, 115-126.

都筑 学（2001）. 小学校から中学校への進学にともなう子どもの意識変化に関する短期縦断的研究 心理科学, *22*(2), 41-54.

都筑 学（2008）. 小学校から中学校への学校移行と時間的展望──縦断的調査にもとづく検討── ナカニシヤ出版.

Zarrett, N., & Mahoney, J. L. (2011). Out-of-school activities. In B. B. Brown & M. Prinstein (Eds.), *Encyclopedia of Adolescence* (2nd Vol., pp. 221-231). San Diego, CA: Accademic Press. （ザレット, N. & マホニー, J. L. 岡田 有司（訳）（2014）. 学校外の活動 子安 増生・二宮 克美（監訳） 青年期発達百科事典編集委員会（編）. 青年期発達百科事典 第2巻：人間・社会・文化（pp. 92-105） 丸善出版）

コラム 6　インターネット上での対人関係： 当事者の声から考える

佐藤　奈月

1. インターネットで他者と出会うこと

　放課後，家に帰った子どもたちはまず何をするでしょうか。

　スマホをみる。たまっている LINE の返事を返し，好きな YouTuber の新しい動画をチェックする。スマホをもっていない子どもは，インターネット（以下，ネット）に接続された携帯ゲーム機や携帯音楽プレイヤーで，自宅にいながら全世界とつながっているかもしれません。

　内閣府（2021）が実施した「青少年のインターネット利用環境実態調査」によると，10〜17歳の95.8％がネットを利用しています。今や，ネット抜きに子どもを理解することはできないでしょう。

　では，子どもがネットを通して知らない人と交流していると聞いたとき，あなたはどう思いますか？

　私は，ネットで新しく知り合いをつくる高校生についての研究をしています。このようなテーマで研究をしていることは，私の経験と大きくかかわっています。

　私は幼稚園児のころにパソコンデビューし，小学2年生で自作ホームページをつくるような生粋のネットオタクとして育ちました。放課後は学校の友人と公園で遊び，帰ってからは顔も名前も知らない友だちとチャットで遊ぶ日々でした。ネット歴＝人生の中で，2ちゃんねるを半年ROMったり[*1]荒らしをスルーしたりしながら，有象無象のインターネットの中で多くの出会いをしました。

　しかし，親や学校の先生には理解されませんでした。学校の授業では「ネットで知らない人とかかわるのは危険なのでいけません」と習い，こっそり隠れてネットをするようになりました。

　私はネットの世界に，家庭と学校とは違うもう1つの居場所をもっていまし

178

た。学校の友だちには言いにくい悩みを話したり，ずっと上の世代の方と友だちになったりしました。学校の先生や親に「危ないに決まってるからやめなさい」と禁止されるたびに，何にもわかってないのに，と思っていました。

　私は，危険だから禁止すべき「問題行動」をしていたのだろうか？　そんな疑問から研究をはじめました。

　先行研究にあたっていくと，携帯・ネットを媒介として面識のない他者と出会う青少年の行為は解決すべき教育問題として教師や大人によって指導されてきたことや（香川, 2016），女子ばかりが研究対象となり，被害者としてとらえる視点から研究が行われてきたこと（たとえば，橋元ほか, 2015; 加藤, 2013）がわかりました。

　私は，ネットで他者と出会う女性／子どもを，判断能力がないゆえに被害にあう存在という側面からのみ描くことに違和感を覚えました。このことで起こる問題は2つあります。1つ目は，ネガティブな要因との関連が主要な研究テーマとなることで，そのような知見ばかりが産出されることです（小寺, 2014）。2つ目は，当事者がどのような経験をしているかという女性の「声」が奪われることです（ギリガン, 1986）。

　以上の問題意識より，ネットで見知らぬ他者と知り合う女子は，被害者としてではなく主体として他者と，①どのようなきっかけで，②どのように関係性を構築しているのか明らかにしたいと考えました。

　研究の対象は高校生としました。理由は，高校生の98.9%がネットを利用しており，24.2%が「インターネットで知り合った人とメッセージやメールなどのやりとりをしたことがある」（内閣府, 2021）ためです。

　大きな問いの内容を明らかにするために，2つの小さな問いを立てました。

　研究①：高校生の男女で，ネットで新しく他者と知り合うきっかけに性差はあるのか。

　研究②：高校生の女子は，ネットで知り合った他者とどのように親密になるのか。また，ネットの友だちと学校等の対面の友だちに感じる親密さに違いはあるのか。

179

2.　どのようなきっかけで知り合うのか？

　研究①は，公立高校6校（普通科3校，職業科3校）の1129名（男子628名，女子446名，答えたくない・未回答55名）に質問紙調査を行いました。ネットを「新しい知り合いをつくるため」と「すでにある関係を維持するため」のどちらに使っているのかについて選択式回答を，ネット上で新しい知り合いとどんなきっかけで知り合ったのかについて自由記述回答を求め，KH Coder（樋口，2020）を用いて分析しました（佐藤・加藤, 2020b）。

　その結果，ネットで見知らぬ他者と知り合うきっかけには男女差があることがわかりました。男子がきっかけとして最も多くあげたのは「ゲーム」でした。一方，女子で最も多かったものが「趣味が同じ」という回答でした。また，「SNSを通して同じ学校の人と知り合う」といった内容もみられました。

　つまり，高校生にとっての「ネットで見知らぬ人と知り合う」ということの実態は，男女ともに出会い系サイトのようなものがメインではないということです。とくに女子は，ネットを通して同じ学校の人と知り合うという特徴があることがわかりました。

3.　どのように親しくなるのか？

　研究②は，高校生の女性を対象にインタビュー調査を行いました。この研究は研究協力者探しに難航しました。ネット上で研究協力者を探して依頼する方法は，インタビュー自体が「ネットで知り合った見知らぬ人と会う」シチュエーションになるため警戒され，ほとんど断られました。最終的には，知人の紹介と，私自身が数年前からネットでかかわりのある方に快諾いただいたことで6名の方から話をうかがうことができました。インタビューは，修正版グラウンデッド・セオリー・アプローチ（M-GTA：木下, 2003）を用いて分析しました（佐藤・加藤, 2020a）。

　結果については，個人情報保護のため，親密になるプロセスについての6名の方の語りを組み合わせた架空の事例としてお話しします。

　高校2年生のAさんは，Instagramを通して同じ学校の人や，他校に通う友だちの友だちと知り合っています。また，Twitterを通して同じ趣味の友だちをみつけています。今までに500人くらいの人と知り合いました。

　Aさんは，ネット上には危険な人もいることを知っています。そのため，急に馴れ馴れしく話してくる人や，話のテンポが合わない人など，不信感をもった人との関係を切っていきます。「ブロック」を押せば，そこで関係性は終わります。

　話が合う人とは，知り合ったきっかけの共通の趣味以外にも話題が広がっていきます。そこで，大丈夫だと感じた人には本名で登録しているLINEを教えたり，電話をしたりと，「親密性が高いメディア」に移行していきます。そして，危険ではないと確信をもってから会うようになります。最終的に「親しい」と呼べる人は5人くらいになります。

　ネットで知り合った人と対面の友人では，「親しさ」の意味が異なっています。同じ学校でも，知り合い方が違うことで，友だちグループなどのしがらみを排した関係性になります。同じ趣味がきっかけで知り合った友人は，趣味以外は年齢も居住地も職業もバラバラなため，お互いの違いを認め合いながらも友だちであるような関係性になります。

　以上の2つの結果より，危険性について無知だから出会い行為を行うというステレオタイプとは異なり，主体として関係性を選択する姿が浮かび上がってきました。

4.　当事者の声から理論を立ち上げる

　これらの研究をもとに保護者や教師の方に伝えたいことは，ネットで他者と「つながらない」ことを啓蒙する教育には限界があるのではないかということです。

　現在学校で行われているネットリテラシー教育では，ネットを通して知らない人とかかわらないことが指導されています。では，友だちの友だちは「知らない人」でしょうか？　学校には好きなことを話せる人がいないときはどうし

たらよいのでしょうか？　禁止が行き着く先は，隠れて使うことです。これでは，もしトラブルが起こってしまったときに大人に相談することができず逆効果です。

　本研究からいえることは，「どんな人とは関係を切るべきか」に着眼する必要があるということです。ネットで知らない人とかかわること自体を悪いとみなすのではなく，トラブルに巻き込まれないための方法を伝えるほうがより実態に即していると考えられます。

　子どものネット利用の分野においても，社会通念として「問題」とされていることを疑問に思い，誰にとっての問題なのか，なぜ問題視されているのかを考えたうえで，当事者の声を聞く研究が望まれます。どのような新しいテクノロジーにも危険性と可能性の両方があります。新しいものは危険性のみがセンセーショナルに取り上げられることもあります。しかし，当事者の声に耳を傾けてみることで，社会的な抑圧の構造や，テクノロジーを通してできるようになったことがみえてくる可能性があります。

　今後の展望として，高校生女子が実践知として身につけていた「関係を切るスキル」とはどういったものなのかを理論化していく必要があります。また，どういった人が関係性を切れず，トラブルに巻き込まれてしまうのかについても研究を進めていくことが望まれます。

　私の研究は一人の当事者として疑問をもつことからはじまりました。今後も，自分の常識と社会の常識を絶えず疑いながら，誰にも聞き取られずにいた「もうひとつの声」（ギリガン，1986）を浮かび上がらせる研究をしていきたいと考えています。

[注]

＊1　ROMは "Read Only Member" の略で，「半年ROM」とは，その場の空気を読んだ書き込みができるようになるまでは書き込まずに読むだけにしろという初心者へのアドバイスを意味する言葉。

［引用文献］

Gilligan, C. (1982). *In a different voice: Psychological theory and women's development*. Cambridge, MA: Harvard University Press.（ギリガン，C.　岩男 寿美子（監訳）（1986）．もうひとつの声──男女の道徳観のちがいと女性のアイデンティティ──　川島書店）

橋元 良明・千葉 直子・天野 美穂子・堀川 裕介（2015）．ソーシャルメディアを介して異性と交流する女性の心理と特性　東京大学大学院情報学環情報学研究，*31*，115-195.

樋口 耕一（2020）．社会調査のための計量テキスト分析──内容分析の継承と発展を目指して──（第2版）　ナカニシヤ出版.

香川 七海（2016）．青少年女子によるインターネットを媒介とした他者との〈出会い〉──「ネットいじめ」言説の興隆期に着目して──　質的心理学研究，*15*，7-25.

加藤 千枝（2013）．青少年女子のインターネットを介した出会いの過程──女子中高生15名への半構造化面接結果に基づいて──　社会情報学，*2*(1)，45-57.

木下 康仁（2003）．グラウンデッド・セオリー・アプローチの実践──質的研究への誘い──　弘文堂.

小寺 敦之（2014）．日本における「インターネット依存」調査のメタ分析　情報通信学会誌，*31*(4)，51-59.

内閣府（2021）．令和2年度 青少年のインターネット利用環境実態調査. https://www8.cao.go.jp/youth/youth-harm/chousa/r02/net-jittai/pdf-index.html（2022年4月6日アクセス）

佐藤 奈月・加藤 弘通（2020a）．高校生女子がインターネット上で知り合った他者と親密になるプロセス　日本質的心理学会第17回大会プログラム抄録集，*17*，55.

佐藤 奈月・加藤 弘通（2020b）．テキストマイニングを用いた高校生がインターネットで新しい知り合いつくるきっかけについての考察──男女差に着目して──　情報教育ジャーナル，*3*(1)，19-26.

第7章
地域連携・協働：
地域の問題の解決を目指す

大久保　智生

1. なぜこの問題を研究しようと思ったのか
地域連携・協働のメリットとキーパーソンとの関係

　近年，地域との連携・協働の重要性が叫ばれています。しかし，何度か会合をもつだけという形だけの簡単で楽な地域との連携や協働などもあります。研究者にとっては学識経験者として丁寧に扱われ，決まっていることを追認するだけなので，非常に楽な仕事です。連携・協働の相手も（これを連携・協働と呼ぶのは個人的には違和感がありますが）学識経験者のお墨付きが得られるので，ある意味でWin-Winの関係になります。また，筆者はかかわったことはありませんが，地域との連携・協働といっても，研究者側がしてほしいことをさせるような単に地域を下請けとして扱っているものなどもあります。どちらにせよ，こうしたやり方をすると研究者が甘い汁を吸えることに違いはありません。ただ，こうした地域との連携・協働はお互いの強みを活かしたものではないため，学識経験者として大事に扱われることに価値を置いているなら別ですが，お勧めはしません。

　残念ながら，地域と連携・協働して研究しようとすることは楽ではありません。甘い汁を吸うどころか，苦い思いをするほうが多く，実施に至るまでの調整から実施，その後の実践への移行も含めて非常に困難を伴うのが現実です。相手は研究者とはまったく違う世界の人たちなので，当然のことながら，価値観がまったく異なりますし，研究者側の常識は地域の人の常識ではないことも多いからです。そのため，研究者のみで研究を行うよりもはるかに困難を伴うといえます。とくに，数多くの人や機関と連携・協働する際には，研究者は直接的な利害がないため，調整役になることも多く，非常に大変です。一方を立てるともう一方が立たずということは頻繁にあります。みなの意見を踏まえ，

研究としても筋を通すのはなかなか難しいものです。

1－1. 地域と連携・協働した研究のメリット

　困難があるにもかかわらず，なぜ好んで地域と連携・協働した研究を行うのでしょうか。地域と連携・協働した研究のメリットを2つあげたいと思います。1つ目は，地域の課題を解決するような研究を行う際に研究者ではない視点が必要だからです。地域が実際に何に困っていて，どうしたいのかを知らずに研究者の視点のみで進めていくのは当然のことながら無理があります。そして，この研究者ではない視点が，他の研究者がまねのできないような研究につながります。2つ目は，継続して取り組むことでさまざまな研究を展開しやすくなることです。真摯に連携・協働を続けていくと，次第に信頼を得ていき，さまざまな提案が実現しやすくなります。地域と連携・協働した研究は研究のための研究ではなく，当初から実践を念頭に入れているため，研究成果をスムーズに実践に活かすことができることから，効果検証のような実践研究なども実施可能になります。

　このように他の研究者ができないような面白い研究ができ，継続することでさまざまな研究がスムーズに実施できるというメリットを考えると，少々の困難などは乗り越えるべき壁であって，地域との連携・協働をしない理由にはなりません。また，研究者同士や学校など単一の機関との連携では得られないような経験もでき，単純に楽しいといえます。

1－2. キーパーソン探し

　筆者は地域の課題の解決を目指すために，さまざまな地域の方々と連携・協働して，さまざまな研究を行ってきました。依頼されて，研究や事業を行うこともありますが，連携・協働してくれた方や機関から紹介してもらい，コンタクトをとり，研究を推進することもあります。その際，前述のような形だけの連携・協働にならないように，心がけていることがあります。それが，キーパーソン（時岡, 2011）探しです。キーパーソンは肩書や地位のある人ではなく，

経験と実績があり，豊富な人脈をもちながら，地域のために活動したいという人が望ましいといえます（大久保, 2022）。このキーパーソンとなりそうな人を探し，こちらの研究の意図を理解してもらいます。もちろん相手の意図も聞いたうえで，研究の落としどころをお互いが納得するまで考えていきます。そして，連携・協働してほしい方や機関にどんどん話をもちかけていきます。まずキーパーソンとなる人とつながりをつくってからというのがポイントです。少しずるいやり方ですが，キーパーソンとのつながりがみえる状況をつくることで連携・協働をスムーズに実行できる環境を整えていきます。

　次節以降で紹介する研究でも，すべてキーパーソンとなる人が存在しています。そうした方々が多くの地域の方や機関とつないでくれました。したがって，筆者が行ってきたさまざまな地域連携・協働はキーパーソンのおかげであることはまぎれもありません。このように考えると，地域との連携・協働した研究がうまくいくか否かは，キーパーソンとなる人をみつけられるか否かにかかっているといってもよいかもしれません。そして，なぜ地域と連携・協働した研究を数多く行うのかというのも，熱意のあるキーパーソンとともに歩んできたら，結果的にそうなっていたというのが実状かもしれません。

2.　どんな問いを立てたのか
個人の問題から地域の問題への視点の変更

　地域と連携・協働した研究のためにどのような問いを立てるとよいのでしょうか。言い換えるなら，どのような視点で研究をデザインしていくべきなのでしょうか。地域と連携・協働する以上，少なくとも一方だけにメリットのある問いを立て，研究をデザインするのは避けたほうがよいでしょう。ありがちなのは，研究者がすべて考え，地域が単なる協力者，最悪は下請けになっている場合です。その一方で，研究者が連携・協働する相手の言いなりになって研究する場合もあります。結論ありきの調査などを行い，連携・協働の相手に都合のよい結果を出し，耳触りのよいことしか言わないというのがこれに当てはまります。こうした形だけの連携・協働にならないためには，異なるところも認め合ったうえで，Win-Winの関係になるように，お互いにメリットのある問

いを立て，研究をデザインしていく必要があります。

　地域と連携・協働した研究では地域の課題の解決が目標となりますので，一見すると個人の問題にみえるようなものでも地域の問題としてとらえることが必要です。そのために，学校や子どもの問題であっても地域の問題でもあるというように視野を広げることが必要となります。そうすることで地域と連携・協働する意義が生まれます。たとえば，子どもの問題を家庭や学校が原因として考えていると地域がかかわるという視点は出てきません。したがって，子どもや家庭，学校の側の責任として考えない場合，何が可能になるのかというように考えます（大久保・牧, 2011）。つまり，視野を広げ，子どもや学校の問題を地域全体の問題ととらえたときに何が可能になるのかという問いを立てます。そして，可能ならば地域の方にも研究の計画・立案，実施，実践，評価にかかわってもらいます。

　筆者は，地域の課題の解決のために誰かが犠牲になるのではなく，地域全体の責任として考えていくことを目指しています。地域の課題の解決は誰かの資質や頑張りではどうにかなるものではありません。仮にどうにかなっても，それでは長続きしません。そのため，それぞれの資質や頑張りなどに問題を落とし込まずに，地域社会全体の問題として考えた場合，それぞれ何が可能になるのかという問いが，これから紹介する研究に共通しています。

2−1. 学校支援地域本部事業に関する研究の視点と問い

　学校支援地域本部事業に関する研究は，2009年に荒れていた学校の変化の測定と地域ボランティアの活性化を目的として開始しました（大久保ほか, 2011）。当時，当該の中学校が荒れており，どうにもならない状況の中で地域の力を借りるべく，学校支援地域本部事業が開始されました。そこには学校が疲弊しており，地域の教育力に期待するしかなかったという背景があります。学校支援地域本部事業を開始した後に，当時の教頭とコーディネーターに依頼され，荒れていた中学校に教師とは別の価値観をもった地域住民がボランティアとして入ることで，どのように学校と地域の関係が変化していくのかについて研究を開始しました。キーパーソンは学校と地域をつなぐコーディネーター

です。そこから現在まで毎年調査を行い，研修会をはじめさまざまな企画をするなどの活動を行ってきました。そして，学校支援地域本部事業を立ち上げた教頭が異動し，校長として着任した学校でも筆者は学校支援地域本部事業の評価にかかわってきました。

　この学校支援地域本部事業に関する研究では，地域ボランティアが学校に入ることで学校と地域の何が変わったのかというのが問いになります。さらに，ここでは学校の荒れについて視野を広げ，地域の問題としてとらえるという視点の変更があります。そうすることで，これまで学校の中で解決すべきとされていた問題に対して，地域住民がかかわることが可能になります。

　実際，学校や学級の荒れは集団の問題行動（加藤，2007）ととらえられ，この集団の問題行動は学校の中だけにとどまりません。学校外でも集団の問題行動を起こすこともあり，これは地域の問題でもあります。これを学校の指導の問題ととらえると，学校以外の人たちはかかわることができません。また，問題行動を起こす生徒の大半は将来，地域の中で暮らしていきます。そのため，地域の人にとっては，学校の荒れの問題は看過できない問題となるわけです。さらに，この学校支援地域本部事業に関する研究のポイントは，地域住民が問題行動に対応するわけではなく，学校生活を豊かにする活動の中で生徒や教師とかかわるところにあります。加藤・大久保（2009）で指摘されている間接的な効果を活かした，学校という場を変えていく取り組みであるというところにこの研究のポイントがあります。

2-2. 万引き防止対策に関する研究の視点と問い

　万引き防止対策に関する研究は，2010年に万引きの認知件数の減少を目的として開始しました。香川県は人口1000人当たりの万引きの認知件数が2009年まで7年連続で全国ワースト1位となっており，大きな社会問題となっていました（大久保，2014）。そこで，万引きの認知件数を減少させるために，警察と大学とで子ども安全・安心万引き防止対策事業を発足させました（大久保，2014）。キーパーソンは万引きGメンと総合防犯設備士です。万引きGメンとの出会いから，さまざまなアイデアを具現化したさまざまな調査を行い，その

結果に基づいてさまざまな実践を行ってきました。

　万引き防止対策に関する研究では，万引きを地域社会全体でどう防止するのかというのが問いになります。さらに，ここでは万引きについて視野を広げ，家庭，学校，店舗，地域の問題としてとらえるという視点の変更があります。そうすることで，多くの人が万引き防止対策にかかわることが可能になります。

　万引き防止対策協議会を警察と立ち上げた際，あるスーパーマーケットチェーンの重役の方に「万引きは学校の教育と家庭のしつけの問題だ」と言われたことがあります。この発言が，事業を地域の問題として展開していくうえでのきっかけになりました。この発言には，万引きは店舗で行われる犯罪であるにもかかわらず，自分たちには責任がないというメッセージが含まれています。実際の店舗には万引きが起きやすい場所があることからも，魔が差しやすい店づくりを行っている店舗にも確実に責任はあります。この責任を転嫁する構造を変えるために，具体的には店舗にも当事者意識をもってもらうことを目的として，まず，学校で行う子ども向けのプログラムや保護者向けのプログラムを開発しました。同時に，地域全体での万引き防止というスローガンで，店舗も変わってもらおうと店舗向けのプログラムも開発しました。つまり，学校や家庭向けにも対策をしたのだから，店舗も対策してくださいという発想です。この発想は子どもの万引きを地域の問題として考える，つまりみなが自分たちの責任として考えるところにポイントがあります。

2−3.　子どもの見守り活動に関する研究の視点と問い

　子どもの見守り活動に関する研究は，2017年に子どもの見守りなどを行う防犯ボランティアの活性化を目的として開始しました。現在，全国的に防犯ボランティアの活性化が求められています。その背景には防犯ボランティアの高齢化が指摘されています（桐生, 2015）。実際，香川県でも防犯ボランティアの高齢化が社会問題となっていました。県警と協議して，防犯ボランティアの活性化のための研究を開始しました。キーパーソンは防犯協会連合会と地域ボランティアです。そして，防犯ボランティアの調査を行い，その結果に基づいて

防犯ボランティア向けマニュアルを作成し，さらに防犯ウォーキングアプリの開発，および実践，効果の検証を行っています。

　子どもの見守り活動に関する研究では，地域社会全体でどのような見守り活動ができるのかというのが問いになります。さらに，ここでは，子どもの防犯の問題について視野を広げ，地域の問題としてとらえるという視点の変更があります。そうすることで，多くの人が子どもの防犯にかかわることが可能になります。

　実際，子どもの見守りは学校の登下校だけの問題ではありません。見守りにおいては，地域とのつながりが重要ですが，地域社会をどのようにとらえるのかということも関係します。たとえば，子どもにあいさつをする地域住民が不審者として通報されるケースがあります。これは学校が「知らない人とは話してはいけない」ということを伝えているために起きる悲劇といえます。つまり，地域社会の力を借りて見守り活動を行いながら，地域と断絶するような教育を行っているのです。その一方で「あいさつをしなさい」というわけですから，子どももどうしていいのかわかりません。また，子どもの不審者のイメージは黒い服にサングラス，マスク，帽子など実際の犯罪者がほとんどしない姿です（小宮, 2005）。犯罪機会論の立場でいうと，危険な場所で声をかけてくる大人はどんなまじめな姿をしていても危険人物であり，地域でふつうに声をかけてくる大人の多くは善良な地域住民といえます。ボランティアの活性化を目的とした研究ですが，善良な大人である見守りを行うボランティアと学校をつなげることがこの研究のポイントとなります。

　このように上記の研究では，個人の問題から社会の問題へと視野を広げて問いを立てていることがわかるかと思います。こうすることで，これまで解決が困難なように思えていた問題に解決の糸口がみつかる可能性があります（加藤, 2003）。今の見方では難しいかもしれませんが，別の見方をしたときに何が可能になるのかを考える必要があるといえ，地域と連携・協働した研究は視野を広げることが重要になります。

3. どんな研究をし，何がわかったのか
サイクルとしての研究の継続と新たな実践の創出

　どのように地域と連携・協働して研究を行っていくべきなのでしょうか。最も気をつけているのは，継続して行うということです。多くの場合，一度きりの調査やイベントなどで終わりというのが実情です。これでは，連携・協働することのメリットがあまりありません。

　研究の継続を考えたときに，最も重要なことは，調査などによる実態の把握で終わらないことです。実態の把握はとても重要ですが，連携・協働する相手が実態の把握のみを求めていることは少ないといえます。ところが，研究者は実態の把握をして，その結果から実践への示唆をして終わりということがよくあります。むしろ実態の把握を行って，その後どうするか，さらにそこからどう展開するかが重要になります。そこで，地域との連携・協働では，「実態の把握→実践への示唆」ではなく，「課題の抽出→実態の把握→プログラムの開発→プログラムの実践→実践の評価」という展開の仕方まで視野に入れる必要があるといえます。この図式に基づいて，先ほどの3つの研究をどのように展開し，工夫したのかについて詳しく説明していきます。

　また，地域と連携・協働した研究から得られる成果は何でしょうか。有益な知見が得られ，地域の問題の解決の道筋がみつかれば，最高だと思います。ただ，残念ながら現実には地域と連携・協働して研究を行い，すぐに問題が解決するということはほぼありません。研究結果に基づいて実践を行い，解決したと思っても新たな課題が出てきたり，みえてきたりします。そして，その課題に対応した新たな実践が求められます。その連続の中で，地域の課題の解決や課題の変容に向かっていくといえます。

　先ほどの「課題の抽出→実態の把握→プログラムの開発→プログラムの実践→実践の評価」という図式については，循環するサイクルとして考えています（図1）。このサイクルの特徴としては，サイクルが循環しはじめると，常に改善を目指すため，螺旋状に上昇していくことがあげられ，サイクルを循環させ続けることで，常に地域の声に応え，円滑に研究を行うことを目指しています

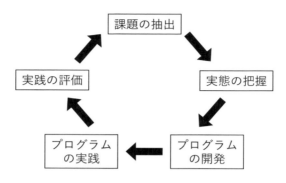

図1　地域と連携・協働した研究のサイクル

（大久保・岡田ほか，2013）。とくに，サイクルが1周した際に新たな課題がみえることも研究の大きな成果といえます。新たな課題が次の実践のアイデアにつながるからです。地域と連携・協働した研究を続けていく中でわかったことは，実践を変えていくこと，正確には実践をバージョンアップしていくことの重要性です。

　さて，地域の課題を解決するために行った前述の3つの研究ですが，それぞれ大きな成果が得られています。その一方で，3つの研究をみていくとさまざまな課題も見出され，そこから実践を変容させてきていることもわかるかと思います。

3-1.　学校支援地域本部事業に関する研究の展開と成果

　学校支援地域本部事業に関する研究は，地域ボランティアによる学校の変化の検討を目的として開始しました（課題の抽出）。キーパーソンとなるコーディネーターと協議を重ね，生徒，教師，地域ボランティア，保護者に調査を行いました（実態の把握）。その結果，地域と学校に温度差があることを明らかにしました（大久保ほか，2011）。調査の結果に基づいて，温度差を解消するために，地域ボランティアと教師がグループワークをする研修会や年度初めの顔合わせ会を企画するなど，地域の課題を共有し，協働の意識を高めるようにしました（プログラムの開発）。研修会では筆者らがグループワークのファシリテーターと

なり，温度差を解消し，活動の意義を共有することを目指しました（プログラムの実践）。研修会の後にアンケートを実施して，研修会について評価を行い，その結果，多くの人がこうした研修会の重要性に気づいてくれたことがわかりました（実践の評価）。

　この研究の工夫としては，地域ボランティアと教師が顔を合わせ，課題や成果を共有しつつ，一緒に考える機会をつくったことです。まずはお互いがどのような考えをもっているのかを知る必要があるので，教師と地域ボランティアが同じグループになるようにして，交流を図るようにしました。グループワークのテーマもコーディネーターと協議し，活動でのエピソードなどから今後何をするのがいいのかを考えてもらいました。さらに，調査の結果についてプレゼンテーションさせてもらい，成果や課題を共有してもらうわけです。

　もう1つの工夫は，いい意味での繰り返しです。基本的には年1回調査をして，その結果を研修会や顔合わせ会でフィードバックし，その時々の課題について地域と学校とで話し合うという一見シンプルなものですが，これを毎年行っています。なぜ同じことを毎年繰り返しているのかというと，地域の人は変わりませんが，教師は毎年変わるからです。この事業の継続を考えると，地域ボランティアの理解よりも教師の理解のほうが重要だからです。教師の理解がおかしくなると，この事業はとたんにいびつなものになります。たとえば，支援を勘違いして，教師のやりたくない仕事を負わせると地域と学校がWin-Winの関係になりません（大久保, 2021）。そうならないためにも，教師にきちんと事業の意義を理解してもらう場が重要になります。

　学校支援地域本部事業に関する研究の成果としては，学校の荒れが収束したこと，学校の取り組みが地域にみえるようになったこと，地域が活性化されたことがあげられます（大久保・岡鼻ほか, 2013; 大久保ほか, 2011）。さらに，地域と学校の連携・協働は多様性（状態），関係，成果の可視化という観点から読み解くことができることを示せたことも成果としてあげられます（大久保, 2021; 2022）。

　その一方で，継続した調査から学校の荒れが収束した際に，目的がみえにくくなることも明らかとなりました。もともと共有されていた目的は学校の荒れの収束でしたが，学校の荒れが収束したことで地域ボランティアが何のために

活動しているのかがみえにくくなってしまったわけです。これがサイクルを回していく中で出てきた新たな課題です。

　こうした課題に対応するために，地域と学校で新たな目標を考える研修会を企画しました。学校と地域でどのような子どもを育てていくのかという目指す子ども像についても議論を行うなど，地域と学校とで新たな目標を立てる話し合いが行われました。さらに，学校支援地域本部は地域学校協働本部と名称を変えたことから，地域に支援される学校から地域と協働する学校へと転換を迫られました。これは政策に起因する課題といえますが，この課題に対応するために，学校が地域に支援される側から地域に貢献する立場に変わっていきました。「学校が地域に何ができるのか」という視点から，子どもたちがボランティアとして地域に出ていくという活動がどんどん行われるようになりました（大久保, 2021）。

3-2. 万引き防止対策に関する研究の展開と成果

　万引き防止対策に関する研究は，社会全体での万引き防止を目的として開始しました（課題の抽出）。キーパーソンとなる万引きGメンと協議を重ね，さまざまな調査を行いました（実態の把握）。その結果，万引きは個人の規範意識の問題ではなく，周囲のかかわりの問題であることや，ハード面よりもソフト面の対策が有効なことなどが明らかとなりました（大久保・時岡ほか, 2013）。調査の結果に基づいて，一般市民向けの「万引きしにくい関係づくり」と店舗向けの「万引きされにくい店づくり」という2つの大きな方向性を提案し，「万引きしにくい関係づくり」では子どもや保護者向けの教育プログラムを開発し，「万引きされにくい店づくり」では万引きされにくい店づくりマニュアルや未然防止のための店内声かけマニュアルなどを作成しました（プログラムの開発）。子どもや保護者向けの教育プログラムを小学校や保護者会などで実施し，モデル店舗を指定して，作成したマニュアルをもとに集中的な対策を実施しました（プログラムの実践）。そして，事後アンケートによる効果検証を行い，その結果，教育プログラムによって知識を獲得し，万引き防止に対する態度が向上すること，集中的な対策によって店員の防犯意識が向上し，売り上げがアップす

ることがわかりました（実践の評価）。

　この研究の工夫としては，2つの方向性を提案し，それぞれの方向で教育プ
ログラムを開発していったことがあげられます。万引き対策はどうしても個
人に焦点が当てられがちですが，店舗の対策も含めて地域全体で行うために
も2つの方向性からアプローチしました。また，「万引きしにくい関係づくり」
では万引きした個人の規範意識の問題としない対策をとっていることも工夫と
してあげられます。万引きに限らず，非行や犯罪の問題は個人の規範意識の問
題として，規範意識の醸成などの対策を考えがちです（大久保, 2011）。しかし
実際は，被疑者も一般市民も規範意識が高いことから，規範意識の醸成はあ
まり意味がありません。そのため，個人の問題にしてしまわないことが重要で
す。さらに個人が万引きをしてしまってもどのように更生していくのか，どの
ように援助していくのかという観点から動画や教材を作成しています。

　もう1つの工夫としては，地域住民を万引き防止の担い手としてとらえてい
ることがあげられます。子ども向けや保護者向けの教育プログラムでは万引き
をする個人に対して何ができるかを考えてもらい，店舗での集中的な対策で
も，未然防止のための店内声かけを店員が行うことで店舗側に何ができるかを
考えてもらっています。地域住民として万引き防止にかかわるというように視
点の変更を迫るわけです。

　万引き防止に関する研究の成果としては，香川県の万引きの減少があげられ
ます（大久保, 2014）。事業開始から香川県の万引きについてはだんだん減少し，
全国ワースト1位からも脱却し，2019年は全国10位台にまで下がりました。
未然防止のための店内声かけなどの万引きの未然防止は今や全国的なトレンド
になり，モデル店舗での集中的な対策が他県でも実施されるようになるなど，
取り組みが波及していったことも成果としてあげられます（大久保, 2019; 大久保
ほか, 2019）。

　その一方で，万引き防止対策を実施することの課題もみえてきました。効果
がある対策はわかりましたが，店舗でそれを実施するのが難しいという問題で
す。店舗は万引き防止が重要なことは理解していますが，積極的に万引き防止
対策を実施していることを明らかにしたがりません。つまり，万引き防止対策
を行っていてもそれを公にせず, 客を疑いたくないという意識が強いわけです。

　こうした課題に対応するため，客を疑う万引き防止対策の推進ではなく，サービスやホスピタリティの向上という観点で推進していくことを決めました。その後，ホスピタリティに関する調査を行い，店員のホスピタリティが防犯意識と関連することを明らかにしました（大久保・皿谷, 2020）。この結果に基づいて，店員教育のプログラムを一新しました。また，万引き対策を実施してもらうために，安全・安心まちづくり推進店舗という制度を考案しました（大久保ほか, 2017）。チェックリストを作成し，認定委員が店舗をソフトとハードと地域連携の3つの観点から評価しようというものです。とくに，地域と店舗のつながりから万引き防止を行うために地域連携という観点を設定しました。また，ここでは，万引き防止ではなく，安全安心なまちづくりを推進する店舗というのがポイントです。そのために，新たなキーパーソンとして総合防犯設備士と協議を行い，チェックリストの作成から認定制度の設計を行いました。ありがたいことに，多くの店舗が安全安心まちづくり推進店舗に名乗りを上げ，その店舗では積極的に万引き防止対策を実施してもらっています。

3−3.　子どもの見守り活動に関する研究の展開と成果

　子どもの見守り活動に関する研究は，防犯ボランティアの活性化を目的として開始しました（課題の抽出）。警察とキーパーソンとなる防犯協会連合会と議論を重ね，香川県内の防犯ボランティアの団体を対象に調査を実施しました（実態の把握）。その結果，防犯ボランティアの高齢化と減少，マンネリ化などの課題があり，複数の活動を組み合わせることが重要であることが明らかとなりました（大久保ほか, 2018）。この調査結果に基づいて高齢化による参加者の減少，活動のマンネリ化を解決するためにアプリの開発と大学生ボランティアの育成を行いました（プログラムの開発）。そして，大学生のボランティアがグループのリーダーとなり，小学生たちとアプリを用いた地域安全マップ作成活動を実施しました（プログラムの実践）。そして，事前事後のアンケート調査を通して，地域安全マップ作成活動の効果検証を行い，その結果，防犯意識と防犯に関する能力が向上することがわかりました（実践の評価）。
　この研究の工夫としては，地域安全マップ作成が可能な防犯ウォーキングア

プリを開発し，活用したことがあげられます（大久保ほか, 2020）。活動のマンネリ化という課題に対応するために，楽しみながら地域安全マップを作成することが可能なウォーキングアプリを開発しました。ウォーキングアプリにランキング機能を設けたことで，歩きながら危険箇所や安全箇所を点検する中で点検した箇所の数などを競うことも可能になりました。

　もう1つの工夫としては，大学生ボランティアの育成と活用があげられます。高齢化と減少が地域の課題となっていることからも，若い大学生の見守りボランティアの育成が急務であると考え，筆者自身が防犯サークルの顧問となり，防犯に関する学習の機会を提供するなど大学生ボランティアの育成も行いました。小学校での地域安全マップ作成活動でも筆者が授業を行うのではなく，大学生のボランティアが授業を行い，小学生のグループに必ず大学生ボランティアが入ることで小学生が安全に楽しく防犯について学べるようにしています。

　子どもの見守り活動に関する研究の成果としては，アプリの開発と人材育成があげられます（大久保ほか, 2020）。健康を増進し，楽しみながら地域安全マップ作成活動を実施できるように防犯ウォーキングアプリを開発しましたが，防犯意識の向上などの効果があることや，さらに実施する側の大学生も多くの学びを得ていることがわかり，人材育成の効果もあることがわかりました。

　その一方で，大学生ボランティアを小学校での実践の中核に据えていることに問題があることがわかりました。大学生ボランティアが主体となって行う地域安全マップ作成活動は，大学生も忙しいことから，すべての地域を網羅できるわけではありません。見守り活動の活性化や普及を考えると，大学生を実践の中核に据えるのは課題があると考えました。

　こうした課題に対応するために，地域の防犯ボランティアにも協力してもらい，大学生のボランティアと地域のボランティアがお互いの強みを活かして一緒に小学校での地域安全マップ作成活動を行うという実践を推進することに決めました。見守り活動を活性化し，波及させるためには，これまで見守り活動を行っているボランティアとの連携・協働は欠かせないという判断です。そのために，新たなキーパーソンとして地域ボランティアである香川県くらしの見守り隊の代表と協議を行い，地域ボランティアと大学生ボランティアの研修会を実施しました。さらに，地域ボランティアと大学生が一緒に地域安全マッ

プ作成活動を行う研修会も実施しました。効果検証を行い，大学生ボランティアは活動を長く行っている地域ボランティアから知らない情報を聞くことができ，地域のボランティアは大学生から防犯に関する理論など新たなことを学ぶことで，双方にとってのエンパワーメントにつながることが明らかとなりました（大久保ほか，投稿中）。

　このように上記の研究は，地域連携・協働の研究にありがちな調査による実態の把握とその結果による実践への示唆にとどまるものではありません。調査による実態の把握からプログラムの開発，プログラムの実践，実践の評価まで責任をもって行うことに意味があります。そのため，プログラムを実践し，評価するまでを一連のサイクルとして考え，研究を展開しています。その際，すべての段階でキーパーソンとなる方たちと協議を行いながら，進めています。さらに，上記の研究は，成果から新たに課題を設定し直して，目標や考え方や連携・協働する相手を変えながら，実践をとらえ直していくというように常に実践を変えていく取り組みといえます。ここでは，調査の結果や実践の効果にとどまらず，サイクルとして新たな実践を生み出すことも成果としてとらえられます。

4.　それが実践にもつ意義は何か
地域連携・協働の実践的・学術的意義と展望

　これまで，地域と連携・協働した研究では，視野や問いを拡張することの重要性，継続して行うことで新たな実践を生み出すことの重要性について論じてきました。こうした地域と連携・協働した研究がもつ実践的意義と学術的意義は何でしょうか。そして，地域と連携・協働した研究に必要なものは何でしょうか。最後に，これらについてまとめておきたいと思います。

4−1.　実践的意義

　地域と連携・協働した研究の実践的な意義はどこにあるのでしょうか。そも

そも地域と連携・協働した研究は，研究のための研究ではなく，実践のための研究であることから，研究を行うこと自体に実践的な意義があるといえます。ここでは，もう少し詳しく，なぜ新たな実践を生み出していく必要があるのか，誰のための研究なのか，何を現場にもたらしたのかという観点から論じていきます。

　なぜ新たな実践を生み出していく必要があるのかという点では，新たな課題を探して，対応していくことが重要だからです。ただ，新たな実践を生み出すといっても，一から生み出すわけではありません。実践をむやみに増やさないことも重要だと思います。地域に余裕があるといっても，できることは無限ではありません。実践をむやみに増やすのではなく，これまで行ってきた実践に研究で明らかになった新たな要素を加えていくことが重要だといえます。

　地域と連携・協働した研究は誰のための研究かという点では，当事者にとどまらず，地域社会全体のための研究といえるかと思います。みなが地域社会の一員ですので，地域社会に地域の課題に関与していくことを促します。地域の側でいえば，自分も地域社会の一員として何ができるのかという，自分には関係のない問題ではないという意識が生まれます。子どもや学校の側でいえば，自らの問題であるととらえるのではなく，地域の問題としてとらえるため，さまざまな人や機関がかかわりやすくなります。このように，子どもや学校だけでなく，そこにかかわる地域住民の力を借りながら地域のあり方を変えていく研究であるといえます。

　何を現場もしくは実践にもたらしたのかという点では，研究の視点の重要性ではないでしょうか。地域の課題を研究としてとらえることに，意義があるといえます。地域の課題などは思い込みで対策がとられることがほとんどですが，研究として，きちんと実態の把握を行い，エビデンスに基づいて実践のプログラムを考えることが必要になります（大久保・時岡ほか, 2013）。また，地域の課題の対策の評価は結論ありきで行われ，都合のよい評価をいい加減な調査などで行うことがありますが，研究として，実践を調査によってきちんと評価することが必要になります。この調査による実態の把握と調査による実践の評価は研究者として最も貢献できる部分であるといえます。研究者は研究者のできることを，地域のボランティアは地域ボランティアのできることをというよ

うに，それぞれの役割を理解したうえで連携・協働していくことに意義があるといえます。

4－2．学術的意義

　地域と連携・協働した研究の学術的な意義はどこにあるのでしょうか。これまで行われてきた地域と連携・協働した研究などから，実践的な意義に比べ，学術的な意義は低いように思われがちですが，そんなことはありません。学術的な意義としては，3つあげられます。

　1つ目は，研究だけの視点とは異なる視点から社会問題にアプローチすることが可能になる点です。これまで関係しないと思われたところからアプローチすることが可能になることから（大久保, 2007），非常にオリジナリティのある研究となります。これは同じような変数で手を変え品を変え，数多くの論文を量産するような研究のスタイルとは一線を画します。心理学では少しだけ変数を変えて研究を行うことはありますが（個人的には何が面白いのかわかりませんが），地域と連携・協働した研究では，こうした小手先の研究のテクニックは求められません。論文のための研究ではなく，地域のための研究が求められるので，より本質的な問いや視点が求められるといえます。閉塞感のある研究の視野を広げるという意味で学術的な意義があるといえます。

　2つ目は，常に実践を視野に入れているため，対象と距離をとった研究ではなく，対象と同じ立場で一緒に考えるような研究が可能になります。これは最近行われるようになった，調査会社に依頼して研究を行うような研究のスタイルとは一線を画します。最近では，資金さえ潤沢なら調査会社に依頼してデータを収集することができますが，地域と連携・協働した研究では，調査会社では得られないようなデータを得ることができます。さらに，その結果の意味を対象と一緒に考えることもできます。残念ながら，調査会社で得られるようなデータでは，こうした作業はできません。この得点が高いからどうだというのではなく，なぜその得点が高くなったのか，対象となった人たちと解釈できるという意味で，学術的にも価値があるものといえます。

　3つ目は，継続してかかわることから，スムーズにさまざまな実践を試すこ

とが可能になることで長期的な研究が可能になる点です。これは近年の短期的なスパンで結果が求められる研究とは一線を画します。最近では，長期的な視野に立って研究を行うことが難しくなっていますが，地域と連携・協働した研究では，研究の持続が前提となるため，短期的な成果に惑わされにくくなります。万引き防止対策事業をはじめた当初，警察幹部から「数年は万引きが増えてもかまわないので，将来確実に万引きが減ることを一緒に考えてほしい」と言われたことはいまだに忘れられません。目にみえる成果をあげることができたのも，こうした短期的な成果を求めない姿勢にあったと考えられます。近年，縦断研究の必要性が指摘されていることからも，長期的な研究を行えることに学術的な価値があることはいえます。

4-3. 今後の地域連携・協働に必要な要素

　地域との連携・協働は継続していくことが重要であることを述べてきましたが，単に続けるのではなく，戦略も必要となります。今後，どのように展開していくのかについても，キーパーソンをはじめとした連携・協働の相手とじっくり協議を行う必要があります。その際には，地域との連携・協働には浮き沈みがあることを知っておく必要があるといえます。継続していくと，盛り上がる時期もありますが，そうでない時期もあります。常に新しい実践を生み出したいところですが，根付くためには我慢も必要です。いくらよい取り組みでも機運が高まらないと実施に至りません。劇的な変化を生む仕掛けだけではなく，小さな変化を時間をかけて育んでいくような仕掛けも求められます。

　また，地域との連携・協働の推進のためにはどのように成果を発信するかも重要です。成果の発信というと，論文や著書にまとめることと考えがちです。もちろん論文や著書としてまとめ，かたちにしていくことは重要です。しかし，論文や著書にまとめても地域の人にとっては身近なものではありません。したがって，成果をわかりやすいかたち，たとえばリーフレットなどにまとめることも重要になります。自分たちの活動がどのような成果につながり，何の役に立っているのかがみえるようになることで活動への動機づけが高まります。そして，筆者はメディアの有効活用も必要だと考えています。身近なメ

ディアに取り上げてもらうことで，成果を実感できるだけでなく，波及効果も あります。うまくメディアとつきあっていくこともさらなる地域との連携・協 働のためには必要かもしれません。

　たまにメディアで発信していることもあり，派手にみえるかもしれません が，特別なことや無理をする必要はありません。重要なのは誠実に人間関係を 築いて，理解してもらえるように，地道にコツコツと研究を行い，成果を発信 していくことだと思います。さらに，どんな結果であっても公にしていき，み なで知恵を出し合って，課題を考えて解決していき，新たな課題が出てきても 真摯に対応していくことが重要だといえます。つまり，人とかかわるうえでふ つうのこと，研究者としてふつうのことをしているだけともいえます。それを 地道に繰り返すことが，新たな連携・協働を切り開いていくのではないでしょ うか。

　いかがでしたか。地域連携・協働の研究における問いの立て方や視点，展開 するうえでの工夫や成果と課題への対応，そして意義について理解いただけた でしょうか。実際には連携・協働がうまくいかないことも多々あります。しか し，地域と連携・協働することでのメリットを考慮すると，どんどん研究室か ら地域へと出かけていくというのも1つの手ではないでしょうか。その際に， 「片手に理論，片手に実践」（都筑, 2006）という合い言葉をぜひ覚えておいてく ださい。地域連携・協働で研究者にとって最も重要なのがこの2つだからです。 研究者に理論の視点がなければ研究者として地域と連携・協働する意味があり ません。研究者に実践の視点がなければ地域連携・協働になりえません。ぜひ みなさんには，一度だけの地域連携・協働ではなく，継続して地域社会の中で 研究者としての力を遺憾なく発揮していただければと思います。本章を読んだ みなさんに地域と連携・協働した研究を行ってみようと思っていただけたら幸 いです。

［引用文献］
加藤　弘通（2003）．問題となる行動――問題の見方と対策の立て方――　都筑　学（編）．や

さしい心理学入門――心の不思議を考える――（pp. 161-176）　ナカニシヤ出版.

加藤 弘通（2007）．問題行動と学校の荒れ　ナカニシヤ出版.

加藤 弘通・大久保 智生（2009）．学校の荒れの収束過程と生徒指導の変化――二者関係から三者関係に基づく指導へ――　教育心理学研究, *57*(4), 466-477.

桐生 正幸（2015）．地域防犯活動における高齢者ボランティアの意識調査　東洋大学21世紀ヒューマン・インタラクション・リサーチセンター研究年報, *12*, 13-20.

小宮 信夫（2005）．犯罪は「この場所」で起こる　光文社.

大久保 智生（2007）．問題を支えている関係を問う――近藤邦夫『教師と子どもの関係づくり』――　夏堀 睦・加藤 弘通（編）．卒論・修論をはじめるための心理学理論ガイドブック（pp. 155-166）　ナカニシヤ出版.

大久保 智生（2011）．現代の子どもや若者は社会性が欠如しているのか――コミュニケーション能力と規範意識の低下言説からみる社会――　大久保 智生・牧 郁子（編）．実践をふりかえるための教育心理学――教育心理にまつわる言説を疑う――（pp. 113-128）　ナカニシヤ出版.

大久保 智生（2014）．香川県における万引き防止の取組――万引き認知件数全国ワースト1位からの脱却――　刑政, *125*(10), 12-23.

大久保 智生（2019）．モデル店舗における集中的な万引き対策の効果――防犯意識とホスピタリティの観点から――　Hospitality：日本ホスピタリティ・マネジメント学会誌, *29*, 19-28.

大久保 智生（2021）．多様性・関係・成果の可視化と学校・地域の変化――三つの可視化を踏まえた活動継続の課題と展望――　時岡 晴美・大久保 智生・岡田 涼・平田 俊治（編著）．地域と協働する学校――中学校の実践から読み解く思春期の子どもと地域の大人のかかわり――（pp. 182-188）　福村出版.

大久保 智生（2022）．まちづくりにおけるコラボレーション　時岡 晴美・大久保 智生・岡田 涼（編著）．地域・学校の協働が醸成する「まちづくりマインド」――多様化する現代社会における〈ソフトのまちづくり〉の展望――（pp. 174-179）　福村出版.

大久保 智生・有吉 徳洋・千葉 敦雄・垣見 真博・山地 秀一・山口 真由・森田 浩充（2017）．店舗における地域と連携した防犯対策の評価――安全・安心まちづくり推進店舗の認定を通して――　香川大学教育学部研究報告, *148*, 1-8.

大久保 智生・垣見 真博・太田 一成・山地 秀一・高地 真由・森田 浩充…岡田 涼（2018）．香川県における防犯ボランティアの活動内容と課題の検討――ボランティアへの参加動機と援助成果，地域との交流との関連から――　香川大学生涯学習教育研究センター研究報告, *23*, 65-74.

大久保 智生・米谷 雄介・八重樫 理人・大沼 泰枝・徳岡 大・岸 俊行（投稿中）．見守りボ

ランティアにおける危険・安全箇所点検が防犯意識に及ぼす影響——防犯ウォーキングアプリを用いた地域安全マップ作成活動の効果——.

大久保 智生・米谷 雄介・八重樫 理人・高山 朝陽・矢部 智暉・竹下 裕也…吉見 晃裕（2020）．防犯ウォーキングアプリ「歩いてミイマイ」を用いた地域安全マップ作成活動の課題と可能性——大学生を対象とした調査から——　香川大学教育学部研究報告, *2*, 153-162.

大久保 智生・牧 郁子（編）（2011）．実践をふりかえるための教育心理学——教育心理にまつわる言説を疑う——　ナカニシヤ出版.

大久保 智生・岡田 涼・時岡 晴美・堀江 良英・松下 昌明・高橋 護…藤沢 隆行（2013）．万引き防止対策におけるエビデンスに基づく社会的実践サイクル——店舗および店内保安員の調査結果に基づく未然防止のための店内声かけマニュアルの作成とその実施——　香川大学教育学部研究報告, *139*, 35-51.

大久保 智生・岡鼻 千尋・時岡 晴美・岡田 涼・平田 俊治・福圓 良子（2013）．学校支援地域本部事業の取り組み成果にみる学校・地域間関係の再編（その3）——学校の取り組みへの認知と地域社会での交流の関連——　香川大学教育実践総合研究, *27*, 117-125.

大久保 智生・大木 邦彰・出martin 憲史・山名 周二・尾崎 祐士・虎谷 利一（2019）．地域貢献を視野に入れた店舗での万引き対策の実践——北海道におけるモデル店舗事業の成果——　香川大学地域連携・生涯学習センター研究報告, *24*, 15-29.

大久保 智生・皿谷 陽子（2020）．店員のホスピタリティと防犯意識の検討——スーパーマーケットでの万引き防止の観点から——　Hospitality：日本ホスピタリティ・マネジメント学会誌, *30*, 9-16.

大久保 智生・時岡 晴美・平田 俊治・福圓 良子・江村 早紀（2011）．学校支援地域本部事業の取り組み成果にみる学校・地域間関係の再編（その2）——生徒，地域ボランティア，教師の意識調査から——　香川大学教育実践総合研究, *22*, 139-148.

大久保 智生・時岡 晴美・岡田 涼（編）（2013）．万引き防止対策に関する調査と社会的実践——社会で取り組む万引き防止——　ナカニシヤ出版.

時岡 晴美（2011）．「地域の教育力」は衰退したのか——学校と地域の協働による「地域の教育力」の顕在化を考える——　大久保 智生・牧 郁子（編）．実践をふりかえるための教育心理学——教育心理にまつわる言説を疑う——（pp. 201-216）　ナカニシヤ出版.

都筑 学（2006）．心理学論文の書き方——おいしい論文のレシピ——　有斐閣.

コラム **7**

震災支援：
福島の子どもの現状と発達支援

後藤 紗織

　2011年3月11日，日本は未曽有の大震災により主に東北3県が甚大な被害を受けました。その東日本大震災から11年が過ぎようとしています。年数も経過し，自然災害は毎年のように起きていることから，みなさんの記憶も少し薄れているかもしれません。しかし，2020年12月時点でも全国の避難者は約4万2000人（ピーク時は34万人以上），そのうち，福島県から県外への避難者は約3万人もいます。福島県ではいまだ避難地域に指定されたままで立ち入れない市町村もあります（復興庁，2020）。

　筆者が調査や支援のために福島に住んで7年がたちました。現在は町や人々の様子に特段変わったところはないのですが，数年前は街中の側溝で除染作業が行われたり，放射線に汚染された土が入った黒いフレコンバッグが至るところに置いてあったり，子どもたちが放射線量を測るためのガラスバッジを首から提げていたりという光景があり，とても驚かされました。

　本稿を通じてみなさんに福島の現状を理解していただくことで，今後自然災害が起きた際に，学校で子どもたちに何をしてあげられるのか，どのようなかかわりや支援ができるのかを考える一助になれば幸いです。

1．福島の状況の特殊性

　東日本大震災により主に被害を受けたのは，岩手，宮城，福島の3県です。その中で，福島県は福島第一原発事故により放射線の被害が引き起こされました。そのため他県とは異なり，被害の影響が甚大で長期的なものとなりました。原発災害では自然災害と異なり県外避難や自主避難が多く，被害地域が非限定的で災害として受け入れがたく，被災者へのスティグマ（偏見）がしばしば認められるという特徴があるといわれています（前田ほか，2017）。大人はもちろんですが，子どもたちにとってもまったく予期せぬ避難や家族との別離な

どに見舞われ，県外への強制または自主避難が生じました。そのため岩手や宮城と比べて他県へ避難する人が多く，震災関連自殺も多くなっています（Maeda et al., 2016）。

　また，避難が生じた福島では，帰還するかどうか，または移住するなら移住地を自らで決めなくてはならないという問題があります。現在でも帰還が進まない理由として，"あいまいな喪失（ambiguous loss）"という状態であることが考えられます。"あいまいな喪失"は，ミネソタ大学のボス（Boss, P.）博士が提唱した概念で，はっきりしないまま，解決することも，終結することもない喪失を指しており，心理的喪失の場合（認知症者家族など）にも，身体的喪失の場合（行方不明者家族など）にもみられる問題をいいます。福島第一原発事故による避難者では，家や土地は残っていて住める状態であっても，帰還が困難であることによって"あいまいに"故郷を喪失している状態であるといえます。"あいまいな喪失"は，人間の内面や人との関係性を固定化し動けなくする，意思決定や対処を妨げる，家族の役割や関係性があいまいになる，コミュニティの人たちと距離ができる，家族やコミュニティで怒りや葛藤が起こるなどさまざまな問題が生じるとされています（ボス，2015）。避難解除されればすぐに元の土地や住宅に帰って以前と同じ生活をすることができる，というわけではないのです。

　"あいまいな喪失"という概念は，現在のコロナ禍の状況とも重なるところがあるように思います。先がみえないこと，放射線被害と同様に正体が明確でないという状況は人を不安にさせ，心の健康が保ちづらくなります。

2. 大人のメンタルヘルスについて

　現在の福島の大人の心の状態はどうでしょうか。福島県では主に避難地域に該当していた浜通りの13市町村の住民を対象として，心身の健康を見守ることを目的とした「県民健康調査」を行っており，筆者もその調査や支援にかかわっています。その中の「K6」といううつや不安障害をスクリーニングするための項目の結果によると，年々心の健康状態は改善されていますが，全国調査の平均よりは悪い結果となっており，依然として支援が必要であると思われ

ます（福島県県民健康調査課, 2020)。また県外避難者については県内避難者に比
べ精神健康が不良であり，その要因としては，放射線不安はもとより避難先に
おける種々の生活問題や家族関係の変化を含む人間関係の問題が考えられ，被
災から時間が経過した現在でもその傾向が続いています（Suzuki et al., 2015)。

　また，主観的に放射線の健康影響をどう考えているかという放射線不安につ
いても調べており，自分の後年および遺伝的な健康影響についても不安を感じ
ている人がいまだ3割程度いるという結果でした。放射線不安とメンタルの不
調が関連していることがうかがわれ，福島県民にとって放射線事故が心身の健
康に影響していることが示唆されています。

3. 子どものメンタルヘルスについて

　では子どもの状況はどうでしょうか。前述の県民健康調査によると，「SDQ」
という子どもの落ち着きのなさやメンタルの不安定さを測定する項目の結果
は年々改善しており，現在では震災を直接経験していない就学前児や小学生で
は，非被災地の子どもの結果とほぼ変わらなくなっています（福島県県民健康調
査課, 2020)。また，震災の影響を直接受けていない年齢の子どもでもメンタル
が不安定な傾向があるという岩手県での調査結果もあります（八木, 2019)。福
島の子どもたちも今後も注意深く見守る必要があるといえるでしょう。

　県民健康調査では回答が返送された対象者の中で，不安が強いことがうかが
える記載があった方，「SDQ」の結果が悪い方などに架電型の電話支援を実施
しています。その中で震災直後の相談内容は放射線についての不安等がいちば
ん多かったのですが，それ以降は学校についての相談が最も多くなっています
（及川ほか, 2020)。子どもの心の不安は学校生活に影響が出やすいことがわかり
ます。

　さて実際，震災当時の子どもはどのような状態だったのでしょうか。一般的
に子どもが今回の大災害のようなストレスに遭遇すると，身体的反応（不眠，
緊張，頭痛，腹痛など)，情動的反応（悲しみや不安，怒りなど)，行動面の反応（赤
ちゃん返り，過活動，暴力など)，認知面の反応（記憶の混乱，否認など）が出現す
るようになります（田原, 2011)。また，子どもの中には「ポストトラウマティッ

ク・プレイ」といわれるトラウマ体験を想起させる遊びを繰り返すこともあります。筆者も震災直後に保育園の砂場で「震度7がきた！　揺れてます！」と言いながら，砂で作った家らしきものを，作っては壊しを繰り返す子どもをみることがありました。

　福島の場合，学校の体育館や校庭が避難所になったところが多く，学校が再開しても落ち着いて学習することは困難な状況でした。仮設の校舎で学んだり，避難地域では徒歩で通えずスクールバスで通う学校も多くありました。放課後に遊ぶ場所がない，遊ぶ相手がいないなど，子どもは否応なく大きな変化を被りました。このため，震災直後は子どもの運動する時間が減少し，現在は改善されてきたものの，いまだに全国水準には達していません（スポーツ庁，2018）。運動不足によって子どもの精神状態も悪くなるという調査結果もあり（Itagaki et al., 2017），さまざまな側面で子どもの心身にストレスや変化をもたらしました。

4. 学校支援で感じたこと

　さて，筆者は福島の元避難地域にあった小学校に支援に入っており，学校現場でいろいろなことを感じてきました。東京電力第一原発からもさして遠くないところですが，いま現在は都市部の学校に比べて，生徒数が少ないこと以外は特段に変わりはありません。しかし残念なことに，インターネット上などで，福島の子どもには放射線による健康被害があるのではないか，発達障害が増えたのではないか等の差別や偏見のコメントをみることがあります。東京都民の半数近くの人が福島県民に今後健康被害のおそれがあると答えている調査結果もあります（三菱総合研究所，2019）。

　しかし噂されるように，もし実際に子どもに何かしらの変化があるとしたら，それは放射線や震災といった直接的な影響ではなく，環境の変化によるものが大きいように感じています。避難地域であったために，一時期の強制的な避難，引っ越しや転校，保護者の仕事が変わったことによる生活リズムや家族構成の変化は，子どもにとっての日常を変えました。その環境の変化によって多くのストレスを抱え，そんな中でメンタルが不安定になったり，不適応な行

動が増えてしまったのではないかと思います。

　とくに，もともと発達に遅れや偏りがあった子どもにとっては，急な環境の変化は対応しづらかったと思われます。就学前から友だちも周囲の大人もほとんど変わりがなく，慣れ親しんだ環境で適応できていた子どもが，周囲の変化についていけず，潜在化していた問題が露呈してしまったこともあったでしょう。また，大人の側も急激な生活の変化により余裕がなくなり，子どもに目を向けることが減ったこともあると思います。教員自身が被災者である場合も多く，遅れのある子どもへの特別な配慮などに手をかけることが難しかったのかもしれません。

　そういう意味では，福島の子どもに特別に放射線に関連した問題が起きたのではなく，他の地域でも自然災害が生じた場合は大きな環境の変化も起きますし，どこにでも起こりうる状況なのだといえます。

　福島出身の若い女性の中に次世代や出産への恐怖を感じていることや，そうした誤解と偏見から避難住民が福島出身であることを隠そうとするなどの行動がみられたという報告があります（Hasegawa et al., 2015）。高校卒業後は県外で生活する若者が多い中，筆者はこのようなことを考えさせてしまう状況を大変危惧しています。放射線の正しい知識について，福島県内では学校での授業にも取り入れて教育が行われています（岡田ほか, 2013）。差別やスティグマをなくすためには，福島県内の人だけでなく，他の地域の住民こそが放射線についての正しい知識をもつことが必要です。

　日本は自然災害の多い国であり，いつどこで同様の状況が起きるかもしれません。学校として災害時の備蓄をすることや避難経路の確認，避難所になった際の対応などを準備していると思いますが，それと同じくらい子どもの心の変化に対応するための備えも必要です。また福島のことも，子どもたちと一緒に考える機会をもってもらえるとありがたく思います。

[引用文献]

Boss, P. (2006). *Loss, trauma, and resilience: Therapeutic work with ambiguous loss*. New York, NY: W. W. Norton & Company.（ボス, B.　中島 聡美・石井 千賀子（監訳）(2015). あいまいな喪

失とトラウマからの回復——家族とコミュニティのレジリエンス——　誠信書房）

復興庁（2020）．全国の避難者数（令和2年12月25日）．https://www.reconstruction.go.jp/topics/main-cat2/sub-cat2-1/20201225_kouhou1.pdf（2020年12月20日アクセス）

福島県県民健康調査課（2020）．平成30年度「こころの健康度・生活習慣に関する調査」結果報告　第38回「県民健康調査」検討委員会．https://www.pref.fukushima.lg.jp/uploaded/attachment/386028.pdf（2020年12月20日アクセス）

Hasegawa, A., Tanigawa, K., Ohtsuru, A., Yabe, H., Maeda, M., Shigemura, J., ... Chhem, R. K. (2015). From Hiroshima and Nagasaki to Fukushima 2: Health effects of radiation and other health problems in the aftermath of nuclear accidents, with an emphasis on Fukushima. *Lancet*, *386*, 479-488.

Itagaki, S., Harigane, M., Maeda, M., Yasumura, S., Suzuki, Y., Mashiko, H., ... Yabe, H. (2017). Exercise habits are important for the mental health of children in Fukushima after the Fukushima Daiichi disaster: The Fukushima Health Management Survey. *Asia Pacific Journal of Public Health*, *29*(2_suppl), 171S-181S.

前田　正治・緑川　早苗・後藤　紗織（2017）．福島第一原発事故とその心理社会的影響　公衆衛生, *81*（4），315-319.

Maeda, M., Oe, M., Bromet, E., Yasumura, S., & Ohto, H. (2016). Fukushima, mental health and suicide. *Journal of Epidemiology and Community Health*, *70*(9), 843-844.

三菱総合研究所（2019）．東京五輪を迎えるにあたり，福島県の復興状況や放射線の健康影響に対する認識をさらに確かにすることが必要——第2回調査結果の報告（2019年実施）——．https://www.mri.co.jp/knowledge/column/dia6ou000001qdm3-att/MTR_Fukushima_1911.pdf（2020年12月20日アクセス）

及川　祐一・桃井　真帆・前田　正治（2020）．福島県県民健康調査「こころの健康度・生活習慣に関する調査」における中学生以下の子どもをもつ保護者への電話支援の実践. *Journal of Health Psychology Research*, *32*(Special issue), 151-158.

岡田　努・渡辺　博志・園部　毅（2013）．地域の教育資源を活用した放射線教育の授業の実践について（1）——福島大学附属中学校の理科の授業における放射線教育の実践——　福島大学総合教育研究センター紀要, *14*, 5-14.

スポーツ庁（2018）．「平成30年度全国体力・運動能力，運動習慣等調査結果」第1章 調査結果の概要．https://www.mext.go.jp/prev_sports/comp/b_menu/other/__icsFiles/afieldfile/2018/12/21/1411922_009-037.pdf（2020年12月20日アクセス）

Suzuki, Y., Yabe, H., Yasumura, S., Ohira, T., Niwa, S., Ohtsuru, A., ... Abe, M. (2015). Psychological distress and the perception of radiation risks: The Fukushima health management survey. *Bulletin of the World Health Organization*, *93*(9), 598-605.

田原　俊司（2011）．大震災が子どもの心に及ぼす深刻な影響——初期対応およびPTSDへの

対処について──　心とからだの健康，*15*(6)，13-17.

八木　淳子（2019）．大災害後中長期の子どものトラウマケア──児童精神科医療の立場から
みえる現状と展望──　小児の精神と神経，*59*(2)，172-183.

第8章
小中移行：
子どもにとっての小学校と中学校

都筑　学

1. なぜこの問題を研究しようと思ったのか
学校教育を歴史的に考えてみることの重要性

1−1. 環境移行に関する私的なエピソード

　みなさんは，小学生や中学生のころ，どんなふうに過ごしていたでしょうか。楽しかったこと，うれしかったこと。悲しかったこと，つらかったこと。それぞれに，いろいろな思い出がきっとあることでしょう。

　本章の原稿を執筆するにあたり，あらためて自分の小中学校時代のことを思い出してみました。そのころのことを，少しだけ書いてみることにします。

　私が小学校・中学校生活を送ったのは，1958年4月から1967年3月まで。日本が高度経済成長（1955〜1973年）を遂げている真っただ中のことでした。映画『ALWAYS 三丁目の夕日』に描かれていた時代です。

　私は小学1年生から5年生まで，東京に住んでいました。家から歩いて2〜3分のところにあった小学校に通いました。夏になると，校舎の白い壁をスクリーンにして，映画会が開かれました。給食のパンを，休んだ同級生の家まで届けたという記憶もあります。その小学校は，今はもうありません。線路の向こう側に最近新しくできた小中一貫校に，統合されてしまったからです。

　小学6年生になるときに，長野に引っ越しました。父親の転勤のためです。嫌も応もありません。子どもは，大人の都合に合わせて生きていくしかないのですから。長野の小学校は，家からずいぶんと遠いところにありました。帰りに桑畑の桑の実を食べたことも，思い出の1つです。そういえば，農繁休暇という制度もありました。

　卒業後，同じ市内の中学校に入学。1964年4月のことです。10月には，東京

オリンピックが開かれました。中学校の教室のテレビで，開会式をみたという記憶があります。その中学校も，今はもうありません。別の中学校と統合されて，新しい別の中学校になってしまったからです。

　このような体験をもつ私が，今では，心理学の研究者をやっています。発達心理学を専門とし，小学校から中学校への移行期の発達研究もするようになりました。何か，とても不思議な気持ちがします。なぜ私がこのような研究をはじめたのか。そのことにも，いくつかの偶然がかかわっています。この事情については，後でふれたいと思います。

　本章のテーマである小中移行について述べる前に，学校の歴史を振り返ってみたいと思います。今の小学校や中学校は，昔からずっと同じかたちで存在していたのでしょうか。答えは，ノーです。公教育としての学校が誕生したのは，明治時代に入ってからです。その後，学校というものはずいぶんと変わってきています。

　歴史的にみることで，私たちは，今を相対化してとらえることができます。学校についても，同じです。小学校から中学校への移行の意味を，正確に把握することが可能になるのです。それではまず，歴史を少しさかのぼって，学校について考えていくことにしましょう。

1-2. 旧制中学と新制中学

　私の母方の祖父は，1884（明治17）年生まれ。代々続く漢学者の家の次男として育ちました。姫路中学を2年生で退学し，姫路新聞の記者になりました。15歳のときのことです。その当時，義務教育は小学校だけでした。多くの子どもは，小学校を終えると働きに出ていたのです。なかには，小学校にさえ行けない子どももいました。

　旧制中学に行けるのは，ごくわずかの者だけ。それも，男子だけでした。男女が，同じ学校で学べたのは小学校まで。その後は，男子と女子で，異なる学校で学びました。そうした複線式の学校制度が，大正から昭和へと続きます。それが終わりを告げるのは，わが国が第二次世界大戦に敗れた1945（昭和20）年以降です。

　戦後の教育改革の1つとして，新制中学が1947（昭和22）年に新設されます。それまでの旧制中学とは異なり，新制中学は義務教育となりました。誰もが中学校で学ぶことができるようになったのです。もちろん，それは男女を問いませんでした。小学校6年の課程を終えた子どもは，誰もが中学校で学ぶことができるようになったのです。このようにして戦後のわが国の学校教育体系は，単線型になりました。

　ただし，その当時の日本は，戦争被害で悲惨な状態でした。アメリカ軍の空襲や空爆で，日本の各地が焼け野原になりました。広島と長崎では，原爆投下で甚大な被害が引き起こされました。多くの学校が被害を受け，校舎もないという学校も珍しくなかったのです。青空教室と呼ばれる野外での授業が行われたりしました。1つの教室で，午前と午後に別の子どもが学ぶという二部授業もありました。このように，教育環境は整ってはいませんでした。それでも，子どもたちは学校へ行って，学べる自由を満喫したのです。その当時，中学校では野球が大流行しました。それを詠った「六三制　野球ばかりがうまくなり」という川柳が人口に膾炙したそうです。この六三制とは，小学校6年間と中学校3年間の義務教育を指します。

1−3.　就職率と進学率からみた中学校

　新制中学ができて，子どもは学校へ通って学ぶことができるようになりました。ただし，子どもにとって，中学校生活という自由な時期は，短いものでした。そのことについて，中学生の進学率や就職率という点から，少しみてみましょう。

　1950（昭和25）年は，新制中学の第1期の卒業生が出た年です。その年の高校進学率は，42.5％（男子48.0％，女子36.7％）となっています。同じく就職率は，45.2％（男子46.2％，女子44.1％）です。この数値は，文部科学省（旧・文部省）の学校基本調査の年次統計によるものです。15歳の子どもの半数近くが，中学校を終えてすぐに就職し，社会へと出ていったのです。当時の中学生が，今の中学生とはかなり違った存在だったことがわかります。

　義務教育である小学校と中学校の目的には，共通性と差異があります。小学

校は初等教育，中学校は前期中等教育を担っています。当時の学校教育法（昭和22年3月29日法律第26号）の第36条は，次のように中学校教育の目標を定めています。1項には，「小学校における教育の目標をなお充分に達成して，国家及び社会の形成者として必要な資質を養うこと」とあります。そして，2項には，「社会に必要な職業についての基礎的な知識と技能，勤労を重んずる態度及び個性に応じて将来の進路を選択する能力を養うこと」とあります。こうした規定は，中学校卒業生の半分近くが実社会に出ていった実態を反映しているといえるでしょう。

　その後，社会が豊かになっていくにつれて，高校進学率は上昇していきます。他方で，就職率は低下していきます。私が中学校を卒業した1967年について，先の文部科学省の統計資料でみてみましょう。その年の就職率は，22.9%（男子23.1%，女子22.7%）です。4人に1人が，中学卒業後に仕事に就いていたということになります。それに対して，進学率は，74.5%（男子75.3%，女子73.7%）です。

　高校への進学率が上がるにつれて，受験競争も少しずつ厳しさを増していきました。私は，父親の転勤で，中学3年の夏休みに，長野から埼玉に引っ越しました。当時，埼玉県の公立高校の受験科目数は9つ。国語・英語・数学・理科・社会に加えて，音楽・美術・体育・技術家庭がありました。したがって，受験勉強も大変でした。日曜日には北辰テストを何回も受けて，自分の合格可能性をチェックする。そうしたことも思い出されます。北辰テストは，民間会社が作成する試験で，県内の多くの中学生が受験しました。

　高校進学率が初めて9割を超えたのは，1974（昭和49）年です。全体で90.8%（男子89.7%，女子91.9%）となっています。その後も，高校進学率はさらに上昇し続けます。2019年には，98.8%（男子98.7%，女子99.0%）という数値になっています。

1−4.　小学校と中学校の違い

　ここまで，新制中学が新設された1947年から，今までの様子をざっとみてきました。中学校を卒業して，「働くのか」あるいは「高校へ行って学ぶのか」。

215

そのような選択が迫られた時代もありました。それが，今では，どうでしょうか。中学校を卒業したら，「高校へ行くのが当たり前」の時代になっています。

　このように，学校教育は時代とともに変化していきます。同時に，中学校の位置づけも変わってきたといえるでしょう。今では，中学校卒業時に，社会で働く「年少のおとな」としての能力や知識を求めることはありません。その代わりに，中学校卒業時には，「どこの高校を選択するのか」が問われるようになったのです。中学校は，一種の通過点になってしまったといえるかもしれません。小学校と中学校が，義務教育の期間として1つにくくられていると考えることもできるかもしれません。

　その一方で，小学校と中学校との間に，さまざまな差異があることも事実です。小学生は児童と呼ばれ，中学生は生徒と呼ばれます。小学校では学級担任制，中学校になると教科担任制。授業時間も，小学校は45分なのに，中学校では50分に。小学校の運動会が，中学校では体育祭となったりします。部活動も，中学校ではじまります。校則も制服も，中学校で一般的になります。そういえば，中間テスト・期末テストも，中学校にしかありません。このようにあげていけばきりがないぐらい，小学校と中学校の間には違いがあるのです。

　発達段階的にみても，小学生は児童期ですし，中学生は青年期になります。学校全体から醸し出される雰囲気も，教師文化も，小学校と中学校では異なります。

　小中移行の研究では，こうした2つの異なる学校を経験する子どもの意識を検討します。どのような研究内容なのか，なぜ私がこの研究をはじめるようになったのか。そのことについて，話を進めていくことにしましょう。

2.　どんな問いを立てたのか
時間的展望の研究から小中移行研究への発展

2-1.　時間的展望の調査研究

　私は，卒業論文（1975年）や修士論文（1977年）では実験研究を行いました。実験参加者と面と向かって応対するのは面白いものです。実験者は機械ではあ

りません。その時々の調子や相手の実験参加者によって，実験の雰囲気も微妙に異なります。そのことは，刊行された論文ではふれられることがありません。これが，実験の微妙な点でもあり，醍醐味でもあります。

そうした実験研究から離れて，博士後期課程からは調査研究を行ってきました。そのきっかけは，時間的展望という研究テーマに出会ったことです。時間的展望とは，これから先の見通しを指します。見通しは，過去の経験や現在の状態に基づいています。したがって，時間的展望とは，現在や過去や未来のすべてを含み込んだものと考えられます。時間的展望には，さまざまな研究手法があります。私は，1981年に就職してから，それらの研究方法を用いて，大学生の時間的展望を調査していきました。それをまとめたのが，「大学生の時間的展望の心理学的研究」という博士論文です。その後，この博士論文は，都筑（1999）として刊行されました。

私は，1997年12月に，上記の論文によって博士号を取得しました。今では，課程博士（大学院在籍中に学位を取得すること）が一般的になっています。しかし，私が院生だった1975〜1981年には，課程博士を取得する人はめったにいませんでした。私が博士学位の取得に向けて動き出したのは，就職してからだいぶ時間がたってからのことです。私の博士論文は，1989〜1997年に実施した横断的な質問紙調査の結果に基づいています。

2−2.　縦断研究のはじまり

博士論文の執筆を行いながら，同時に，「次の研究をどうするか」を考えていました。1996年の秋は，科学研究費（科研費）の申請時期でした。そこで，1997年度の新規申請をしたのです。それは，「大学生における進路選択に伴う時間的展望の変化プロセスの研究」というものでした。博士論文とは少し角度を変えて，時間的展望の発達的変化を縦断的に検討することが目的でした。時間的展望を縦断的に検討した先行研究は皆無で，自分ではいい線をいけると思っていました。しかし，1997年4月に届いた通知は「不採択」。がっかりしました。かなり意気込んでいたのですから，当然です。同時に，博士論文の提出締切も近づいていて佳境に入っていました。指導教員は，博士論文の最後

に，全体をまとめるような調査をするべきだと強く言います。最終的には，4月に質問紙調査を実施して，結果を分析し，6月に博士論文を提出。最後の頑張りで，都筑（1999）の副題のように，「構造モデルの心理学的検討」としてまとまりした。大変な思いをしましたが，今では指導教員に非常に感謝しています。

　就職後，科研費へは何度も応募してきましたが，一度も採択されたことがありませんでした。「今回もまたダメだったか」という気持ちにもなりました。その一方で，上に書いたような博士論文の執筆事情もあって，落ちたことをくよくよしている暇はなかったのです。

　そうこうしているうちに半年が過ぎていきました。10月に入って，今度は，「追加採択」の通知が届いたのです。地獄から天国へ。飛び上がらんばかりに大喜びしたのは，もちろんのことです。大急ぎで，所属している中央大学の学生を対象に，調査協力へのリクルート活動をはじめました。

2-3. 縦断研究の取り組み

　縦断的な変化の検討には，研究としての難しさがあります。ただ単に，同一の調査対象者に繰り返して調査をすればよいというものでもありません。変化が表れそうな時期に焦点を絞った縦断研究が求められるのです。できるだけ短期間で，変化を検討できるようにするにはどうしたらよいのかと，いろいろと考えました。そのときに着目したのが，大学生が卒業する前後の時期でした。大学生は，卒業によって，それまでの大学から新たな環境に移っていくことになります。そうした環境移行期には，時間的展望も変化するのではないか。そう予想を立てました。

　そこで，①大学2年生→3年生→4年生，②大学3年生→4年生→卒業1年目，③大学4年生→卒業1年目→2年目，という3コホートを調査対象にしました。そうすれば，卒業前後の変化を2つのコホートで検討できるからです。あわせて，進路選択の様子も検討可能になります。

　これまで述べてきた状況の中ではじまった縦断研究。暗雲が立ち込めていた研究の前途に，明るい光がみえた「追加採択」の通知。研究というものは，必

ずしも順風満帆には進みません。紹介した私の事例は，紆余曲折を経ながら進んでいく研究活動の典型ではないかとも思います。

大学生を対象に検討した縦断研究は，ほぼ順調に進んでいきました。その成果に自分なりに自信を深め，次の科研費も縦断研究で申請したのです。その第2弾が，「小学校から中学校への進学に伴う時間的展望の変化プロセスと学校への心理的適応の研究」です。2000〜2003年度の4年計画。同一学区の小学校と中学校に協力を依頼し，小学4年生から中学3年生までを年に2回ずつ調査するという内容でした。運よく，この科研費申請も採択され，実際に実施されていくことになります。

2−4. 小中移行の縦断研究，その意義と問題意識

実は，この科研費申請の前に，縦断研究を実施しています。この研究も，小中移行をテーマにしていました。その内容と成果について，話すことにしましょう。

なぜ小中移行を研究対象としたのか。その理由は，子どもたちがこの時期に2つの変化を同時に経験するからです。

第一は，自らの発達的変化です。児童期から青年期にかけて，子どもたちの心身は大きく成長発達します。第二反抗期と呼ばれ，親や教師などの権威に対する反抗的な態度も目立ってきます。友人関係も，数人以上で群れて遊ぶギャングエイジから，少数の親しい友人とのチャムシップへと移っていきます。イライラやストレスを感じるようになり，不安定な時期といえます。それはまた，新たな自分づくりの可能性を秘めています。

第二は，物理的環境の変化です。子どもたちは，小学校と中学校では，異なる学校生活を過ごします。小中移行によって，児童は生徒となっていきます。最上級生だった小学6年生が，中学校では最下級生になります。すでに述べたように，小学校と中学校はまったく異なる学校なのです。中学校進学によって，子どもたちはそれまでとは違った学校生活を送らなければならないのです。

このような発達的変化と物理的環境の変化を同時に経験しながら，小学生は中学生になっていきます。私は，小中移行で，次のような経験をしたことを今

でもよく覚えています。それは，中学校に入ってすぐの英語の授業でした。ア
ルファベットを何回かノートに書いてくるという宿題が出されたのです。アル
ファベット自体もよく理解していない私は，夜遅くまでかかって，その宿題を
仕上げました。そのときに思ったのは，「中学校では，もう母親には頼れない」
という気持ちでした。小学生のころは，夏休みの宿題が終わらずに，工作の課
題を母親に手伝ってもらったものです。もうそんなふうにはできないのだと，
強く感じさせられた出来事でした。

2−5.　初めての小中移行の縦断研究：対象者とデザイン

　小学校から中学校への進学の過程で，子どもたちはさまざまなことを経験
し，感じます。そのことについて，心理的適応の問題を含めて検討すること
は，重要な課題です。このような問題意識のもとに，次のような縦断研究を計
画しました。

　調査対象は，小学6年生と中学1年生の児童生徒です。この子どもたちを対
象に，3回の質問紙調査を縦断的に行いました。具体的には，小学6年生の3
学期（1999年2〜3月），中学1年生の1学期（1999年6月），中学1年生の2学期
（1999年11〜12月）の3回です。

　この研究では，小学生から中学生への発達的変化について，同一の個人を対
象に追跡してきました。言葉でいうのは簡単ですが，実際には，いくつかの工
夫が必要になります。

　第一に，同一学区にある小学校と中学校に調査協力してもらわないといけま
せん。どちらか一方だけでは，小中移行期を追っていけないからです。ある程
度の調査人数を確保したいと思ったら，複数の同一学区で調査に協力してもら
わないといけません。複数の同一学区にある複数の小中学校で，複数回の調査
をお願いする。これを実現するには，気力と迫力と体力が不可欠です。

　第二は，質問紙への回答情報を通じて，同一の個人をいかに特定するかとい
う問題です。定期テストのように名前を書いてもらえば簡単ですが，そうはい
きません。そこで考えたのが，誕生日と性別を手がかりにするということでし
た。これも最善の方法ではありません。実際には，誕生日も性別も同一の人が

いて，同定できないケースがけっこうあったのです。この経験を活かして，次の科研費での調査では，3つ目の情報を使うことになります。これについては後で述べることにします。

　いろいろな工夫と苦労を重ねながら，この縦断研究は，次のようなかたちで進められました。3つの学区から，4校の小学校と3校の中学校に協力してもらえることになりました。組み合わせは，①A小学校とX中学校，②B・C小学校とY中学校，③D小学校とZ中学校です。調査協力者の合計人数は，第1回調査355人，第2回調査338人，第3回調査340人です。そして，3回の縦断調査のすべてに協力してくれた人数は，136人でした。それぞれの調査には含まれているが，縦断調査データには入らないのは，次のようなケースです。私立中学への進学者，引っ越しによる転校生，対象校以外の小学校からの進学者，いずれかの調査の欠席者，および，同一誕生日で特定が不可能な場合。

　横断データと縦断データの人数比を算出すると，ほぼ10：4になります。協力してくれた学校が，もし3学区でなく，2学区だったとしたら，縦断データは100人に満たなかったでしょう。縦断研究の苦労と困難さは，こうしたところにも表れているのです。

3.　どんな研究をし，何がわかったのか
小中移行研究で明らかになったこと

3-1.　小学6年生から中学1年生にかけての縦断研究の結果

　次に，この縦断研究から明らかになったことを，都筑（2001）に基づいて紹介していきます。

　質問内容は，いたってシンプルです。小学生には，①中学校入学後に，やってみたいと期待していること，②中学校に入学するにあたって，不安に思っていること，を聞きました。中学生には，1学期に，①中学校入学後に，困ったことや悩んだこと，②中学校に入学して，よかったことや楽しかったこと，2学期に，①2学期なってから，困ったことや悩んだこと，②2学期になってから，よかったことや楽しかったこと，③中学生になってから，小学生のときと変わっ

たと思うこと，④今の生活の中で，熱中していること，⑤これからの中学校生活で，やってみたいと願っていること，を聞きました。それぞれの質問に対して，最初に「ある」「なし」のどちらかを選択してから，自由記述を求めました。

　小学6年生は，中学校生活への期待として，部活（80.3%）が非常に多く，友だち（11.3%），勉強（9.9%）と続いていました。中学校生活への不安は，勉強（65.3%），いじめ（23.2%），先輩（21.1%）という順でした。中学校に入学するにあたって，小学生は新しいものに対する期待を強くもっていることがわかります。「部活をやってみたい」「新しく英語が入るのが楽しみです」「友だちと別れるのは寂しいけど，友だちを新しくつくるのも楽しみ」といった声が聞かれました。その一方で，未知なるものへの不安も抱いています。「英語がはじまる。勉強が難しいと聞いているし，先生が一教科ずつ違うから，ついていけるか」「中学校はいじめがすごいと聞いたことがあるから少し心配」「先輩に目をつけられたらどうしよう」という声も聞かれました。

　それでは，このような期待や不安の感情は，中学校生活の過ごし方にどう影響するのでしょうか。図1は，中学1年生の2学期の様子を示したものです。小学6年生における中学校生活への期待と不安の有無によって，次の4群に分かれました。期待あり・不安あり群（33人），期待あり・不安なし群（18人），期待なし・不安あり群（41人），期待なし・不安なし群（23人）。

　この図をみると，期待あり・不安あり群は，変化・熱中・願いのすべてにおいて，「ある」と答えた割合が最も高いことがわかります。このことは，中学校入学前に抱く期待と不安の両面感情が，自己の成長につながっていることを意味します。それだけでなく，中学校生活を意欲的に過ごし，やりたいことをもっているといえるでしょう。ともすれば，不安はネガティブなものと考えられがちです。しかし，不安が期待とセットになったときには，プラスの影響力をもつと考えられます。

　ただし，不安だけでは，肯定的な意味をもつことは決してありません。期待なし・不安あり群は，変化・熱中・願いが「ある」という割合は3番目です。このことは，不安の果たす否定的な影響を示しています。

　また，期待の感情だけでは，足りないようです。期待あり・不安なし群は，変化・熱中・願いが「ある」の割合において，期待あり・不安あり群よりも低

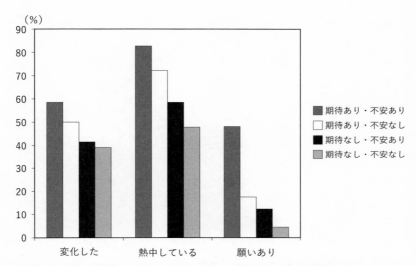

図1　中学校生活への期待・不安と中学校生活に対する意識の関連（都筑, 2001）

くなっています。このことから，期待だけをもつよりも，期待と不安を同時に
もつことが，プラスの影響を与えることが明らかです。

　期待なし・不安なし群は，変化・熱中・願いが「ある」の割合が最も低く
なっていました。さらに，中学1年生の1学期から2学期にかけて，悩みの割
合が4群の中で唯一増加していました。期待も不安もないということは，中学
校生活に対して，無関心であるといえるかもしれません。そうした態度で中学
校生活を送る中で，悩みが強くなっていく様子を示していると考えられます。

　図1からは，「願い」に関する群差が，「変化」や「熱中」よりも大きいこと
がわかります。願いがあるということは，これから先の未来についての肯定的
な見通しにつながっていきます。このことから，小学校時代の期待・不安の感
情は，中学校生活への時間的展望に影響していると考えられます。

3-2. 小学校から中学校への学校移行と時間的展望
（科研費2000～2003年度）

　先に述べた科研費第2弾の縦断研究の採択通知が届いたのは，2000年4月20

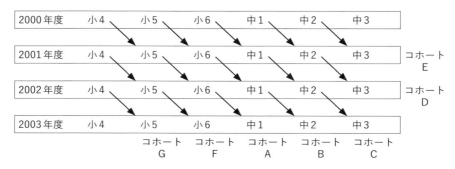

※　矢印は同じコホートの児童生徒の学年進行を示す。

図2　小中移行の縦断研究のデザイン

日でした。当時の研究ノートには，その後の様子が克明に記入されています。学校や教育委員会に電話したり，調査計画書などの書類を郵送したりする日々が続きました。同僚や知人，大学院生がかかわっている学校に，片っ端から連絡していきました。自分が講演に出かけた市の教育委員会にも依頼しました。断られる割合のほうが高く，調査に協力してくれる学校はなかなか確定しません。1学期には第1回の調査をする計画だったので，6月20日には調査用紙の印刷を依頼しています。そんなバタバタした状況でしたが，夏休み前にはなんとか第1回の調査を無事に終えることができました。いま振り返ってみると，自分ながら「よくやった」と褒めてやりたい気分になります。もちろん，多くの方にサポートしてもらったことに感謝しつつですが。

　それでは，この縦断研究について紹介していきましょう。

　研究協力校は，3つの同一学区にある，①H小学校とO中学校，②I小学校とP中学校，③J・K小学校とQ中学校の7校。調査は，2000年度（1学期と3学期），2001年度（1学期と3学期），2002年度（1学期と3学期），2003年度（1学期）の計7回実施しました。研究デザインは，図2に示したとおりです。

　研究の対象は，小学4〜6年生（1087〜1150人）と中学1〜3年生（1085〜1169人）。7回の調査で，調査対象者の延べ人数は約1万5000人になります。各学校に対する調査用紙の配布と回収作業には，自家用車を使いました。すべての学校を回ると，1回につき約80キロ。全走行距離は，1100キロを超えました。研

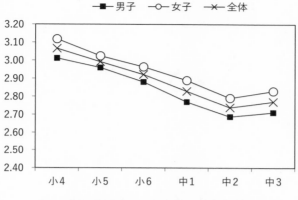

図3　「将来の希望」の平均値（全調査データ）

究は体力勝負だと実感させられた経験でした。

　縦断データを確定するための情報として，誕生日と性別だけでなく，名前の
イニシャルも加えました。小学生にもわかるようにするため，自作の「イニ
シャル表」を掲載しました。これも1つの工夫です。

　この縦断研究の詳細は，都筑（2008）にまとめられています。時間的展望に
ついて，横断的分析，縦断的分析，コホート分析，小中移行期における変化の
分析，構造的分析を行っています。時間的展望は，「将来の希望」「将来目標の
有無」「空虚感」「計画性」の4つから検討されています。ここでは，「将来の
希望」に焦点を絞って，主な研究結果を紹介します。「将来の希望」は，次に
示す4項目について4件法で尋ねています。「大きくなったらやってみたいこと
がある」「将来何になりたいか決めている」「これから先の将来は明るい」「こ
れから先のことは考えない方だ（逆転項目）」。

　図3に示したのは，「将来の希望」の横断データの結果です。小学4年生から
中学2年生にかけて，学年が上がるにつれて得点が徐々に低下していきます。
その一方で，中学2年生から3年生では，わずかながらも上昇に転じているこ
とがわかります。すべての学年において，女子が男子よりも高い得点を示して
いました。この図をみると，小学生から中学生の時期に，子どもたちは自分の
将来に対する希望を少しずつ失っていると考えられます。中学3年生で得点が

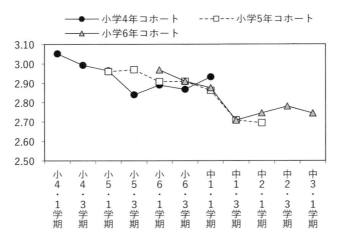

図4　「将来の希望」得点の縦断的変化（全体）

多少上向きになっているのは，1年後の卒業・進学への予期が関係しているのかもしれません。

　それでは，縦断データに基づく「将来の希望」の変化では，同じような変化の傾向がみられるのでしょうか。図4は，3つの異なる学年コホートの結果を1つの図に合わせたものです。それをみると，小学4年生（1学期）から中学1年生（1学期）にかけて，得点がゆるやかに低下していくことがわかります。さらに，中学1年生（1学期）から中学3年生（1学期）にかけて，得点がわずかに上昇していくことも示されています。このような結果は，横断データの結果とほぼ一致しているといえます。

　次に，小学6年生（3学期）と中学1年生（1学期）の小中移行期についてみてみます。2つのコホートでは，得点はわずかに低下していますが，もう1つのコホートでは上昇しているのが明らかです。この差を生み出した原因はよくわかりませんが，この結果からいえることが1つあります。それは，小中移行期に，将来への希望が高まる可能性があるということです。このような，横断データだけでは見過ごされてしまう結果を明らかにできる点が，縦断データの優位性ではないかと考えることができます。

　もう1つ別の結果に基づいて，小中移行期における子どもの発達について

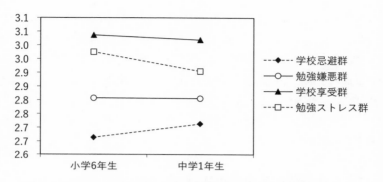

図5　学校適応タイプにおける「将来の希望」の平均値

　考えてみましょう。図5には，小学校6年生における学校適応のタイプによって，小中移行期に「将来の希望」がどう変化するかを示してあります。学校適応は，「学校が楽しい」「勉強がよくわかる」「学校へ行く気がしない」「肩がこる」「疲れやすい」「夜眠れない」「イライラする」の7項目です。それらの得点に基づいて，次の4つのクラスタを抽出しました。

　学校忌避群（18.0%）は，学校の勉強や授業に対して否定的であると同時に，身体疲労や精神疲労が強く，学校への忌避的な感情が強い群です。

　勉強嫌悪群（26.1%）は，学校や勉強は嫌いなほうだが，身体的疲労や精神的疲労は感じず，健康的に過ごしている群です。

　学校享受群（36.9%）は，学校の勉強や授業に対して肯定的で，身体疲労や精神疲労もほとんど感じることなく，学校生活を楽しく過ごしていて，スムーズに適応している群です。

　勉強ストレス群（19.0%）は，学校の勉強や授業を肯定的にとらえているが，同時に，身体疲労や精神疲労も感じており，勉強や授業に対するストレスを感じている群です。

　「将来の希望」に関して，学校享受群が最も高い得点を示しました。次が，勉強ストレス群でしたが，この群は，小学6年生から中学1年生にかけて得点が低下しています。3番目は，学校嫌悪群でした。「将来の希望」の得点が最も低かったのは学校忌避群でしたが，この群は，小学6年生から中学1年生にかけて得点が上昇しています。さらに，4群間の得点差は，中学1年生では減

少していることもわかりました。

　以上のような結果は，次のような解釈の可能性を提起しているように思います。勉強ストレス群の子どもは，中学校での学習や生活の中で，ややネガティブな意識を抱いているのではないか。学校忌避群の子どもは，中学校生活で，新しい何かをみつけて，ややポジティブな意識をもちはじめているのではないか。このように，小中移行期は子どもたちにさまざまな影響を与えるものだと考えることができるでしょう。

4．それが実践にもつ意義は何か
小中移行における発達的問題

4−1．小学生から中学生にかけての発達の可能性

　小学校から中学校への移行は，ピンチの時期だが，同時にチャンスの時期でもある。これが，これまで紹介してきた縦断研究の実証的知見から導き出した，私なりの結論です。

　発達心理学的にみれば，小学生は児童期，中学生は青年期前期にあたります。認識能力も，対人関係も，小学生と中学生では大きな違いがあります。小学校教育では，児童期における発達的な課題を達成し，中学生以降の発達の基礎を確立することが目標となります。小学校と中学校を区分することの意義の1つは，児童期の発達目標を明確化するという点にあるのです。

　小学6年生は，6年間の小学校生活を満喫し，最上級生としての役割を果たして卒業していきます。その先にある中学校生活は，彼らにとって未知の世界です。前節で紹介したように，子どもたちは期待をしつつも，一抹の不安を感じているのです。新しい中学校生活は，それまでに経験したことのないものばかり。そうした新しい学校環境に慣れていくには，それなりの時間がかかるものなのです。中学校進学という環境移行は，ストレスに満ちたものだといえます。ただし，そうしたストレスや戸惑いは，子どもたちにとっては成長の糧にもなっていきます。縦断研究に基づく調査データからは，そうしたことの一端が明らかになりました。

　発達研究は，時間的な経過の中での人間の変化を科学の方法に則って記述する学問です。横断研究は，横軸に年齢や学年を置き，縦軸に検討すべき変数を置きます。横断研究では，一度の質問紙調査で異なる年齢・学年を対象に多くのデータを集めることができます。そうすれば，比較的容易に発達的変化を検討できるのです。便利な研究方法ですが，検討できるのは対象者全体の変化の傾向です。前節で示したように，縦断研究から得られた知見と一致することもあります。そうでないこともあるでしょう。また，特定の個人は一度限りしか調査に参加しません。個人がどう変わっていくかは，わからないままです。個人の変化を検討しようとすれば，縦断研究をするしかありません。

　私の場合，いろいろな幸運が重なって，小中移行の縦断研究を実施することができました。そこで得られた知見は，世間一般の人も知っているような常識的なことかもしれません。私は，それでもよいと考えています。決して開き直っているわけではありません。現実との対応関係こそが重要だと考えるからなのです。今を生きている子どものリアルな姿を学問として切り取っていく。そのことが，発達心理学には求められています。

　科学として発達心理学が明らかにすることは，誰もが知っているような事実です。肝心なのは，その事実を科学としての心理学の方法論に基づいて検討したということでしょう。

　小学校での期待や不安の感情は，中学校に進学した後の子どもの意識や行動に影響を与えます。それを検討できるように，質問紙の調査項目をデザインしていく。それが重要です。研究者の頭の中で思い浮かべた「机上の空論」に基づいて研究しても，何も明らかになりません。最も大切なのは，実際に調査を実施し，データを分析し，結果を検討していくことです。データがなければ，何もいえないからです。そうした一連の過程の終わりに，誰からみても納得のいくような結果を示したとき，研究は初めて完結します。

　小中移行の縦断研究で明らかにしたのは，直線的に進んでいく発達の姿ではありませんでした。小学校卒業と中学校進学を経験した子どもたちが，ジグザクの道を停滞や後退なども経験しつつ進んでいく姿でした。小学生が中学生になることには，大きな発達的な意味があります。単純なことですが，そのことを小中移行の縦断研究は示しました。そして，このことが何よりも貴重である

と考えられます。

4-2. 研究と実践との結びつき

　偶然というのは，面白いものです。私が，科研費で小中移行をテーマに縦断研究をはじめたのは2000年4月でした。ちょうど同じ年に，広島県呉市で，わが国で初めての小中一貫校が誕生しました。小中一貫校とは，小学校と中学校を一校にまとめ，9年間の小中一貫教育を進める学校です。呉市で小中一貫校が新設された際に，その根拠の1つとなったのが「中1ギャップ」の解消でした。小学生に比べて中学生では，自尊心が低くなり，いじめや不登校が増加します。これが「中1ギャップ」と呼ばれていたのでした。

　私は，その当時，小中一貫校が新設されたということをまったく知りませんでした。自分の不勉強さをさらけ出すようで，お恥ずかしい限りです。その後も，ずっと知らないままで過ごしていました。

　科研費で実施した小中移行の縦断研究の知見をまとめて出版したのは，2008年のことです（都筑, 2008）。ある日，この著作を読んだという教育学者から，連絡がありました。その方は，和光大学の山本由美教授です。山本先生の専門は，教育行政学。「なぜ私に連絡が？」という疑問が起こりましたが，話を聞くと合点がいきました。

　呉市に小中一貫校が新設されて以降，小中一貫校は全国的に広がっていきました。小中一貫校がつくられる際には，複数の小中学校が統廃合されるケースが多くみられます。それに対して，保護者や地域住民からは，学校統廃合反対の運動が起こったのです。地域にとって，学校は大切な宝だからです。山本先生は，研究と運動という2側面から，小中一貫教育にかかわっていました。全国各地の反対運動の集まりに呼ばれて，講演していたのです。その講演の中で，私の縦断研究の研究成果も紹介してくれていました。子どもの発達の視点から，学校統廃合や小中一貫校新設の問題点を指摘していたのです。

　私は，この件があって以降，小中移行期の問題について，実践とのつながりも意識するようになっていきました。2011年には，『これでいいのか小中一貫校』という本の一章として，「発達論から見た小中一貫教育」（都筑, 2011）を執

筆しました。2012年には，第2回学校統廃合と小中一貫教育を考える全国交流集会にも参加し，全体会で報告しました。さらに，その後，小中一貫教育をテーマとする科研費（研究代表梅原利夫・和光大学名誉教授）に参加し，2012年度から2023年度まで，4期12年間の共同研究にかかわっています。

　小学校と中学校を一体化した小中一貫校では，4・3・2制が多くみられます。この制度は呉市の小中一貫校ではじまったものです。小学1〜4年生，小学5年生〜中学1年生，中学2〜3年生というように区切ります。「中1ギャップ」を解消するために，小学校と中学校をシームレスにつないでいこうというのです。小学6年生での卒業式が行われない学校もあります。

　発達段階や学校区分が異なっている小学校高学年と中学生を一緒に扱っていこうとする試み。このような小中一貫校では，教師の中から，「中学1年生が幼い」という印象が多く語られます。このことは，小学6年生が十分な発達を遂げていないということを意味しています。小中一貫校では，通常の小学校のように，小学6年生が最上級生として扱われることはありません。そのことが与える影響の大きさを示しているように思います。

　都筑（2016）は，2013年度に実施した共同科研費による調査結果を紹介したものです。そこにも，小中一貫校の特徴が現れています。調査対象は，施設一体型小中一貫校7校（小学4〜6年生711人，中学1〜3年生682人），通常の小学校40校（小学4〜6年生3587人）中学校16校（中学1〜3年生3205人）です。この調査では，学校適応感・自己価値・友人関係などにおいて，小中一貫校の小学生の得点が低いという一貫した傾向がみられました。対象となった小中一貫校には，学校統廃合で2013年度に新設された学校が3校も含まれていました。このような環境の変化が，児童生徒にネガティブに作用した可能性もあると考えられます。

4−3. 縦断研究を続けてきて：研究を継続してくことの大切さ

　ここまで，小中移行について，中学校の成り立ちやその後の歴史を踏まえ，私の縦断研究に基づいて話してきました。

　小中移行に着目したのは，短期間で研究知見の得られそうな縦断研究を行う

ためでした。調査をして，その成果を論文や本にまとめる。こういうサイクルは研究活動の基本です。紆余曲折があった私の縦断研究でしたが，結果として，そのサイクルはそれなりに機能したと思います。

　想定外だったのは，縦断研究の知見が，小中一貫教育や学校統廃合という実践的な課題につながっていったことです。これは私にとっては，大変重要な意味をもつことになりました。あらためて自分の研究知見をとらえ直す機会になったからです。子どもにとっての学校や学校生活の役割について，具体的に考えるようになりました。そうすると，自分自身の研究の知見が，子どもの発達と強く結びつくようになったのです。

　今は，縦断研究の重要性をあらためて実感しています。また，研究を継続していくことの重要性についても実感しています。「一人でできる縦断研究」。これは，私がつけたキャッチフレーズです。読者のみなさんは，どのように感じられたでしょうか。科研費による縦断研究は，その後も第3弾（都筑, 2009），第4弾（都筑, 2014）と続きます。それらについては，また別の機会に。

[引用文献]

都筑 学（1999）．大学生の時間的展望——構造モデルの心理学的検討——　中央大学出版部.

都筑 学（2001）．小学校から中学校への進学にともなう子どもの意識変化に関する短期縦断的研究　心理科学, *22*(2), 41-54.

都筑 学（2008）．小学校から中学校への学校移行と時間的展望——縦断的調査にもとづく検討——　ナカニシヤ出版.

都筑 学（2009）．中学校から高校への学校移行と時間的展望——縦断的調査にもとづく検討——　ナカニシヤ出版.

都筑 学（2011）．発達論から見た小中一貫教育　山本 由美・藤本 文朗・佐貫 浩（編）．これでいいのか小中一貫校——その理論と実態——（pp. 52-67）　新日本出版社.

都筑 学（2014）．高校生の進路選択と時間的展望——縦断的調査にもとづく検討——　ナカニシヤ出版.

都筑 学（2016）．全国アンケート調査結果から見た小中一貫教育　山本 由美・藤本 文朗・佐貫 浩（編）．「小中一貫」で学校が消える——子どもの発達が危ない——（pp. 54-70）　新日本出版社.

コラム 8

幼保小連携：
1年生は1年かけて1年生になる

芳賀　道

1. カウンセラーを志して

"心理の仕事がしたい"という志を抱いて学生時代を過ごし，はじめに就いた仕事は不登校中学生の適応指導教室の相談員でした。そこで，私と同じくらいの背丈の女子生徒が，私のひざに座って「ここ落ち着くんだよね」と言っているのを聞いたとき，ふと，この子がもっと幼いときにこの子とその母親に出会っていたら……と考えていました。中学生になって「お母さんに甘えられない」と自覚している女の子。私はまだ駆け出しの身ながら，この親子にもっともっと前に出会っていたら，お母さんに甘えられる女の子に，そして甘えさせられるお母さんにしてあげられたかな……と思っていました。そのような思いから，現在は日野市の保育カウンセラーや私学のSC（スクールカウンセラー）（幼，小，中，高），LD（学習障害）児の個別指導（NPO法人ことばのいずみ教室[*1]）など，より幼い時期の子どもやその保護者たちとかかわる心理の仕事に就いています。今回は，私のこのような臨床現場から，幼小連携・接続[*2]の具体例や重要性についてお話ししていきます。

2. 幼小連携と接続：なめらかな接続

「小1プロブレム」——1990年代後半，小学1年生が新学期を過ぎても落ち着かず，学習が成立しない状況をそう呼ぶようになりました。それは，それよりも前から問題となっていた高学年の「学級崩壊」とは異なり，"幼児期を引きずっている子どもたちが引き起こす問題"ととらえられていました（新保，2010）。木村（2019）は，幼小連携に関する主な政策動向からみると，2008年以前の幼小連携は「小1プロブレム」への対策が中心であって，その後は「教育の接続」に重点が置かれるようになったとしています。さらに，2017年に告

示された幼稚園教育要領，保育所保育指針，幼保連携型認定こども園教育・保育要領のそれぞれに「幼児期の終わりまでに育ってほしい10の姿」が明示されました（文部科学省ほか, 2017）。それと同時に，文部科学省は小学校学習指導要領も改訂し，その中で，「幼児期の終わりまでに育ってほしい姿」を踏まえた指導を工夫して，児童が主体的に自己を発揮しながら学ぶことができるようしていく，として幼小の接続がさらに重要視されるようになりました（文部科学省, 2017）。つまり，幼児期側，小学校側の双方が見通しをもった保育や教育を行うことで，幼小間の「円滑な（＝なめらかな）接続」を図ろうとしたということです。

3. 日野市の幼小連携と接続：保育カウンセラーと「かしのきシート」の活用

　では，私が保育カウンセラーとして勤める東京都日野市の幼小連携と接続はというと，そのポイントとなるのは，保育カウンセラーの配置と「かしのきシート」という個別支援計画の活用です。日野市の保育カウンセラー事業は，2004年から文部科学省の「新しい幼児教育の在り方に関する調査研究」の指定を受け，幼稚園に保育カウンセラーを配置したことからはじまりました（滝口・下川, 2012）。またそれよりも先に，大阪府では2003年からキンダーカウンセラー事業がはじまり，2009年には京都府でも同事業が開始されています（菅野, 2011）。今や全国的に学校にSCが配置されているのが当たり前となっていますが，保育園や幼稚園にカウンセラーが配置されているのは，まだ一部の自治体でしかみられません。

　私は私立A幼稚園を担当し，2021年で14年目となります。A幼稚園では保育カウンセラーとして，主に保護者相談，保育観察，保育者とのミーティングをしています。保護者の相談予約は主任教諭が窓口となり，ときには担任や主任が「カウンセラーの先生に相談されてはどう？」と保護者に促して予約につながるケースもあります。「登園渋りがある○○ちゃんをみてほしい」等のオーダーがあったときは，最近の様子などを聞いて保育観察に入ります。園児とお弁当を一緒に食べる時間は，その子の様子もわかりますし，いろいろなお話が聞けるので，私にとってとても楽しい時間です。降園後，担任や主任と私

が気づいたことなどを共有し，今後の方針を検討したりします。

　さて，幼小接続において日野市では「かしのきシート」が運用されています。これは，0〜18歳の，発達面，行動面，学校生活面において支援を必要とする子どもを対象として，保護者の同意のうえで，日野市発達・教育支援センター「エール」が中心となって作成する「個別支援の計画」です。福祉と教育が一体となり，「すべての子どもに切れ目なく適切な支援を提供する」ことを目的とし，これまで関係機関と行政部署が別々に把握していた子どもの情報を共有していく取り組みです。エール，保，幼，小，中，高校で受けた支援内容が各機関で記録され，就園や就学，進学の際に，それらの情報を次の機関に適切に引き継ぐことができるようになっています（日野市教育委員会, 2020）。現在は日野市の電子システムによりシートは管理され，オンライン上で各機関が共有できるようになっています。

　日野市では保育カウンセラー事業や「エール」「かしのきシート」があることによって，保護者の理解が年々高まり，その子のために必要な支援をするということが，幼保小の先生方，また保護者の方々にも自然と浸透してきたように思います。とくに保護者にとって気軽に相談できたり，専門家からの助言が聞けたり，また，必要であれば「エール」での個別指導や集団指導があり，そして切れ目なく継続的な支援を受けられるというこの日野市のシステムは，先進的な取り組みといえるでしょう。

4.　私学の幼小連携と接続：和光鶴川幼稚園と和光鶴川小学校の取り組み

　次に，同じ学園下にある幼稚園と小学校の連携・接続について紹介します。「1年生は1年かけて1年生になる」

　これは，私がSCとして勤める和光鶴川小学校の新入生保護者会で必ず使われるフレーズです。この言葉を聞いて，その会場にいる多くの保護者がホッとすることでしょう。「そんなにのんびりでいいの？」と疑問に感じる人もいるかもしれませんが，「ちゃんと椅子に座っていられるようにならないといけない」「お勉強についていけないといけない」というように，あれもできていないと，これもできていないと，と就学に身構えて不安ばかりが募るよりも，

「これから時間をかけて小学生になっていけばいいんだ」と前向きにとらえることができるこのフレーズは，なかなかよいのではないかと感じています。

　和光鶴川小学校は和光学園の2つ目の小学校として1992年に開校しました。子どもを主人公に据えた教育づくりを「下からの教育課程づくり」とし，子どもを発達主体ととらえることで，個々に特性があることを認め，失敗や挫折を成功や前進へと転化する教育を創造していこうとする学校です（行田, 1997）。開校して2〜3年目に，隣接する和光鶴川幼稚園との合同研究会が何度も開かれ，幼児教育から低学年教育について教師たちは議論を交わし，"やらなければいけないことができているか"ではなく，"目の前の子どもと，子どもの実態とともに教育課程を創っていくことを目指す"という目標が確立され，その議論の中から，「1年生は1年かけて1年生になる」というフレーズが生まれたそうです。

　このような私学の幼小連携をみてみると，幼稚園と小学校が隣接しているので，幼小の交流を盛んに行うことができています。たとえば，夏は年長児が小学校のプールに入りに来ますし，幼稚園の秋の運動会は小学校の広いグラウンドで開催します。さらに，2年生は秋祭りに本格的な荒馬踊りを踊るのですが，それを園児たちに伝える会という行事があります。また，この幼稚園は木工を保育に取り入れており，年長児たちが技術室に来て，5年生に教わりながら，のこぎりや金づちを使って小さな宝箱を製作します。そして，翌年の4月には新入生と最上級生として再会するようになっています。園児たちにとって小学校が身近な存在で，楽しいところ，あこがれのところと感じているのが毎年この風景をみていると伝わってきます。

　また，私が幼小両方のカウンセラーであることから，内部進学した児童については，幼稚園での様子，小学校に就学してからの様子など，双方に細かい情報を伝えることができます。また，保護者の相談についても継続して行うことができるのもこの学園の大きなメリットだと思っています。

5. カウンセラーとして幼小連携・接続に携わる：まとめと今後の課題

　私がこれまで両幼稚園で受けた相談としては，たとえば，ママ友間のトラブ

ル，登園渋り，先生には話しにくいこと（クレーム等），発達相談，子育て相談などがあります。菅野（2005）は，保育カウンセリングの特徴として，扱う対象が幼児期のため，思春期以降になって顕在化する心理的な問題への早期対応を期待できる，としています。冒頭で述べた，母親に甘えられない中学生に対する「もっともっと前に出会っていたら……」という私の思いは，それなりにピントが合っていたのかもしれません。また，就学に関することであれば，普通学級か通級か特別支援学級か，また通学圏内でどの小学校がよいか，私学では内部進学すべきか公立に行くべきかといった相談があります。そして園の先生方とは，その子にとってどのような就学先がよいのか，「かしのきシート」へはどう記入すべきか等について，話し合うこともあります。

　幼児期ならではの相談内容も多く，幼稚園や保育園にカウンセラーを配置することは，少なからず幼小間の「なめらかな接続」の一助となっていると考えられますし，支援が必要な子どもには幼小間でその支援が途切れないような工夫が重要であるといえます。

　また，近年多くの自治体が「幼小接続期カリキュラム」を独自に作成し実施しています。横浜市（2018）を例にとると，園児が小学校を訪れて給食を食べたり学校探検したりといった交流に加え，小学生が園を訪問し，園児と一緒に遊ぶという交流も実施されています。このような交流を通して，園児たちが安心感や見通しをもち，小学校が楽しみになったり，入学後の集団不適応や不登校の減少につながったという報告もあります。また小学校の先生に子どもたちの園での様子を直接みてもらうことができ，特別な配慮等について情報交換を行ったりすることもできているようです。

　幼小の交流活動を活発にするには，時間的にも人員的にも難しい面があるとは思います。しかしながら，このような接続カリキュラムを作成して実施したり，私学のような密な交流を行えることが理想であり，その先の成果は大きいともいえます。とくに配慮・支援が必要な子どもについては，園にカウンセラーがいなくても，小学校のSCが各園に出張し，保育観察や先生方との情報交換をするのも場合によっては可能なのではないかと思っています。

　最後に，天願・岡花（2020）は，5歳児からの聞き取りをもとに，幼小接続の向上には，「子どもの声」に耳を傾け，子どもが「小学生になる」というこ

とを支援する必要があり，子どもの「小学生になる」ことの意識は，入学後も徐々に形成されていくと考えられるとしています。これは，「1年生は1年かけて1年生になる」としている和光鶴川小学校のコンセプトに通じるものがありそうです。これらをヒントに，5歳児の「声」や小学1年生の「声」を聞き取ることで，今後，子どもたちにとってよりよい「なめらかな接続」が生まれてくるとよいと思います。

[注]
＊1　LDが疑われる子どもの5歳期でのスクリーニング検査や個別指導の実施，またその教育を広めることを目的として設立した教室。理事長は天野清（元中央大学教授）。後藤（2014）参照。
＊2　本稿では「幼小連携・接続」を，「幼児期の教育」と「小学校の教育」との取り組み全般として用いています。

[引用文献]
後藤　紗織（2014）．学習障害への支援 学習障害（LD）への取り組みは幼児期から　子どもの心と学校臨床, *11*, 158-168.
日野市教育委員会（2020）．ひとりひとりに必要なアプローチをすべての子に 第5次日野市特別支援教育推進計画——唯一のわたし 唯一のあなたとともに——. https://www.city.hino.lg.jp/_res/projects/default_project/_page_/001/004/094/2020051201.pdf（2020年11月30日アクセス）
菅野　信夫（2005）．幼稚園教育 保育カウンセラーの活用　初等教育資料, *799*, 78-84.
菅野　信夫（2011）．京都府私立幼稚園連盟キンダーカウンセラー派遣事業　子育て支援と心理臨床, *4*, 59-63.
木村　光男（2019）．幼小連携における諸問題と背景　常葉大学教育学部紀要, *39*, 249-258.
行田　稔彦（編著）（1997）．学校ってすてたもんじゃない——和光鶴川小の学校づくり——　大月書店.
文部科学省（2017）．小学校学習指導要領（平成29年告示）. https://www.mext.go.jp/component/a_menu/education/micro_detail/__icsFiles/afieldfile/2018/09/05/1384661_4_3_2.pdf（2020年11月30日アクセス）
文部科学省・厚生労働省・内閣府（2017）．平成29年告示　幼稚園教育要領／保育所保育指針／幼保連携型認定こども園教育・保育要領〈原本〉　チャイルド本社.

新保 真紀子（2010）．小1プロブレムの予防とスタートカリキュラム──就学前教育と学校教育の学びをつなぐ──　明治図書出版．

滝口 俊子・下川 和子（2012）．保育カウンセリングをめぐる一考察　立教女学院短期大学紀要, *44*, 71-77.

天願 順優・岡花 祈一郎（2020）．5歳児は「小学生になる」ことをどう捉えているのか──モザイクアプローチを手がかりにして──　子ども学（白梅学園大学子ども学研究所「子ども学」編集委員会（編）), *8*, 243-258.

横浜市（2018）．横浜版接続期カリキュラム平成29年度版. https://www.city.yokohama.lg.jp/kurashi/kosodate-kyoiku/hoiku-yoji/shitukoujou/renkei/20170216154302.html（2020年11月30日アクセス）

第9章
高校移行：
発達の多様性をみつめる

飯村　周平

1. なぜこの問題を研究しようと思ったのか
　高校移行の研究をはじめた背景

　思い出してみてください。みなさんの高校時代はどのようなものでしたか？ 高校受験に成功して第一志望の学校に入学しましたか？ それとも受験に失敗して第二志望の学校でしたか？ あるいは高校受験がない中高一貫の学校でしたか？ 入学してからすぐに学校になじめましたか？ 友だちはすぐにできましたか？ 担任の先生はどんな人でしたか？ 授業は難しくなりましたか？ 通学方法は変わりましたか？ 部活には入っていましたか？ 1学年は全部で何クラスありましたか？

　なぜこのようなことを聞くかというと，これらのことは，高校進学後の適応（あるいはその個人差）にとって大切な環境要因になりえるからです。

　この第9章では，第8章の小中移行の続き——中学校から高校への学校移行（高校移行）を取り上げます。この章の最大の関心は，高校移行に伴って，子どもたち一人ひとりの発達（あるいは適応）に多様性がみられることにあります。このことを説明するために，本章では「発達の多様性」という言葉を用います。

　2019年，筆者は高校移行を通じた発達の多様性をテーマに学位論文を提出し，博士号を取得しました。なぜ高校移行の研究をするに至ったのかといえば，筆者自身の経験がその背景にあったように思います。博士課程で研究した問いは，この高校や大学時代の経験から生まれました。まずは本章の入り口として，筆者が高校移行の研究をすることになった経緯について書きます。そうすることで，筆者の人物像や研究の動機がみえてくるかもしれません。

1-1. 高校時代の経験

　研究のルーツは筆者の高校時代にまでさかのぼります。2007年，筆者は茨城県の町立中学校を卒業し，推薦入試を経て県立高校に進学しました。その高校は，県内では進学校と呼ばれる高校でした。全校で900人規模の学校です。確か卒業生の8割以上が，大学などの高等教育機関に進学していたと思います。高校進学後，筆者は野球部に入部します。その野球部は3学年全体で90名超，1年生だけで30名ほどいました。人数はかなり多いほうです。入学式の前の春休みから練習があったので，とても早い段階から同級生の友だちができました。新しい学校に順応するという意味では，比較的良好な高校生活のスタートだったように思います。勉強も大きな問題はなく，楽しい学校生活でした。

　しかし，楽しい学校生活は1年生の10月で終わります。原因は家庭環境でした。両親は，筆者が小学生のころから2人で食品関係の自営業をしていました。筆者が高校に進学するころには経営状況が悪くなり，1年生の後半には閉店，それだけでなく自己破産することになりました。筆者の家族は，両親と妹弟の5人でしたが，破産は確実に生活を脅かします。精神を蝕みます。お金がないので，家の電気やガスがよく止まりました。ろうそくで部屋の明かりを灯したときもありました。水道は生命にかかわるので，ギリギリまで止められないようです。携帯電話も止められ，友だちと数週間連絡できないこともありました。

　破産だけでなく，両親の離婚も，良好な学校移行に終わりを告げる大きな出来事でした。小学校高学年ごろから両親は別居していたのですが，それでも夫婦で会社を経営し続けていました。そして，経営状況が悪くなるとともに終わりがきます。高校に入学してから，筆者は父親の「近く」で暮らしていました。「近く」と書いたのは，一緒に住んでいたわけではなく，父親と同じアパートの別の部屋にそれぞれ生活していたからです。父親が筆者の生活の面倒をみる役割を担っていたのですが，生活費を渡されるだけでほとんど一人暮らしに近かったように思います。破産が近くなると，いよいよ生活費ももらえなくなり，上記のような電気やガスが止められる貧乏生活に突入します。

　こうした「荒れた」一人暮らしをしていた筆者は，精神的にも身体的にも調

子が悪くなります。1年生の後半から学校に行けなくなることが増えました。それでも学校が好きで，野球部で甲子園に行きたいという目標もあったので，無理をしながらも2年生に進級したのですが，それも長くは続きませんでした。2年生の中ごろには，学校に行きたくても行けないほど心身の調子を崩します。限りなく，不登校に近い状態です。友だちには家庭の事情を話していなかったので，相談もできませんでした。非常によくない状況でした。

　2年生の中旬から2か月ほどの休みを経て，2年生の後半には週に1〜2日ほど保健室登校ができるようになります。回復してきた証ですが，そのころから「このままではよくない」という気持ちが大きくなりました。部活も勉強も，思うようにできなかったからです。それだけでなく，筆者には保健体育の教員になりたいという目標があったので，大学に進学したかったのですが，両親の破産によって非常に厳しい状況だと感じていました。

　筆者はあきらめたくなかったので，高校の許可を得て，2年生の後半にバイトをはじめ，大学進学の費用を貯金しはじめます。週5日くらいシフトに入りました。このために部活を続けるのをあきらめました。そしてもう1つ，「ふつう」の高校生活をあきらめました。このとき，定時制の高校に転校することを自ら決めます。

　高校3年生の4月，筆者は県内の定時制高校に編入しました。ある意味では，もう1つの高校移行でした。進学校と呼ばれる高校からの編入だったので，それは大きなギャップがありました。まず，編入した定時制高校では，あまり勉強する雰囲気はなく，授業も1〜3年生が誰でも履修できる単位制でした。授業の内容は，基本的な漢字の読み書きなど，とてもやさしいものが中心でした。また，生徒の特徴も大きく異なっていたのが印象的でした。定時制の高校では，非常に多様な背景をもつ生徒が多くいました。たとえば，中学時代に不登校であった人，複雑な家庭環境の人，発達障害や精神疾患の傾向がある人，問題行動が多い人，子どもを育てながら通う人などさまざまです。よく校内では盗難があったり，警察が来ていたりもしました。そうした転校を経て，筆者はなんとか大学に合格することになります。

　良くも悪くも，高校時代は，筆者が心理学に関心をもつきっかけになりました。家庭環境を背景にして，自身の心がうまく働かなくなる不思議さ。転校先

の定時制高校で出会った複雑な背景をもつ友だち。これらの経験や出会いが，保健体育の教員になる目標だけでなく，心理学を学ぶことへの動機づけを高め，これらが同時に叶う大学への進学につながりました。高校生のときには，自分がまさか心理学の研究者になるとは思いませんでしたが，振り返れば高校時代の経験がキャリア選択の転機になっていました。

1−2. 大学・大学院時代の経験

　紆余曲折のあった高校時代を経て，筆者は大学進学のために，2010年に上京しました。本書のトピックには含まれませんが，大学移行です。大学での経験が，のちに中学生や高校生を対象にした研究を行うことにつながります。

　とくに大きな経験が，大学近隣の中学校で行った教育支援活動です。上述のとおり，保健体育の教員を目指していたので，筆者は大学1年生の秋ごろから，ボランティアというかたちで近隣の中学校にかかわることにしました。その中学校は，その地区では有名な「荒れている学校」でした。授業開始のチャイムが鳴っても，複数の生徒が，廊下でサッカーボールを蹴っていたり，ずっとトイレで話をしていたり，ハグをしていたり，制服のポケットからメリケンサックを取り出したり，とにかく個性的な生徒が目立っていました。授業中でも生徒の話し声が騒がしく，授業が成立していないクラスもありました。その中で，全体的に教員はピリピリしていたように思います。

　個性的な生徒の話し相手になること，また，授業の進行がうまくいくように先生方のサポートをすることが，筆者の当初の活動内容でした。なぜこんなに学校がうまく機能しないのか，当時は不思議に思いながら，学校全体の様子を俯瞰していました。

　この中学校とは，大学1年生から修士課程2年までの6年間かかわることになったのですが，この間に学校の様子は劇的に変わります。ある時期からいわゆる「荒れた学校」ではなくなりました。この変化をみることができたのは，筆者にとって大きな経験でした。このよい変化の一因は，大きくいえば学校環境の変化であり，具体的にいえば教職員の入れ替え（および，それに伴う指導体制の変化）だったように思います。とくに管理職（副校長や生徒指導主任）の

異動が，学校の雰囲気を変えました。荒れていたころは，生徒も教員も互いに他罰的で，問題のある生徒に対しては複数の教員で生徒一人を囲む威圧的な指導がみられました。生徒によっては，その様子が「怖く」みえたかもしれません。筆者がこの中学校にかかわりはじめて3年後に，管理職が入れ替わり，指導体制も刷新されるに伴って，問題のある生徒に対する教員たちの受容的なかかわりが増えたように思います。まるで別の学校になったようでした。生徒も先生を信頼し，落ち着いた学校生活を送ることができていました。もちろん，教員側の指導体制で学校の「荒れ」のすべてが説明できるとは思いません。とはいえ，教員の生徒とのかかわり方は，生徒にとって大切な環境であることには違いないでしょう。

　こうして筆者は，廊下でサッカーボールを蹴る生徒の相手をする役目を終えました。大学4年生のときです。そして，新たに，放課後の生徒指導室で，中学3年生の高校進学をサポートする役目を担います。そこでは塾に通いたくても通えない生徒を対象に，受験勉強のサポートをしたり，一緒に志望校を考えたり，受験にまつわる悩みを聞いたりするなどの活動を行うことになりました。親からの期待で悩む生徒，卒業後の生活に希望を抱く生徒，自身の学力に不安をもつ生徒——受験期は，良くも悪くも生徒にさまざまな変化をもたらします。その点を踏まえると，理想的には，一人ひとりの特徴に応じたサポートが必要であるのかもしれません。

　その後，筆者は心理学の専門性を高めるために修士課程へと進学し（あえていえば大学院移行），さらに他の小学校や中学校，高校へと活動の場を広げていきました。

1−3. 標準を疑う

　もし筆者が良好な高校移行のスタートを切り，そのまま進学校で標準的なライフコースを歩んでいたのであれば，心理学に関心をもつこともなければ，一人ひとりの発達の多様さに関心をもつこともなかったでしょう。良くも悪くも，自身の非標準的な経験が，自身や他者の多様性に気がつくきっかけになりました。

　発達の仕方が一人ひとり異なることは，当たり前のように思えるかもしれません。しかし，多様であることを受け入れたり，多様さの全体像を把握したり，多様性の背景を考えたりすることは，思いのほか難しいことなのかもしれません。多様性を無視して，すべての生徒に同じ授業を提供したり，同じ生徒指導をしたりするほうが，はるかに簡単でしょう。

　私たち人間は，社会的に期待された標準的なライフコースがあることを理解しています（たとえば，Bohn & Berntsen, 2008）。何歳で大学を卒業し，就職し，結婚し，子どもを授かり——そのような人生の筋書き（ライフスクリプト）を信念としてもっています。ですが，私たちの目の前にあるリアルは，一筋の理想的な発達軌跡ではありません。軌跡は，人の数だけパターンがあります。この事実は人の発達やその支援を考えるうえでの前提にあるものです。

2.　どんな問いを立てたのか
高校移行と発達の関係を問い直す

　こうした経験を背景にしながら，筆者は高校移行に伴う発達の多様性を研究するために，博士課程に進学します。ここからは研究の話です。はじめに，研究者たちがこれまでどのような関心や社会的背景のもとで，高校移行の研究を行ってきたのかを示します。次に，研究の結果どのようなことが明らかにされたのかを紹介します。最後に，先行研究のレビューから，従来の研究にはどのような視点が不足しているのか，つまりこの章が取り上げる問いを論じます。

2-1.　高校移行研究の社会的・研究的背景

　高校移行研究の起源は，1980年代のアメリカにまでさかのぼります。最も初期の研究は，フェルナー（Felner, R. D.）らの研究グループによるものです（Felner et al., 1982; Felner et al., 1981）。彼らの論文を読むと，なぜ研究者たちが高校移行後の発達に関心をもち，それを研究するようになったのかを理解することができます。

　その当時，アメリカでは高校生の退学率増加と学業成績の低下が問題になっ

ていました。研究者たちは，その原因背景の1つが，高校への学校移行にあるのではないかと考えたのです。当時は，ライフクライシスなどの研究知見から，高校移行がとくに学業的な適応にネガティブな影響を及ぼすことが想定されていましたが，それを明確に示す知見はありませんでした。そこでフェルナーらは，これを実証的に調査し，高校移行が学業成績や出席を低下させる要因になること，その影響はとくに人種的マイノリティ（黒人系，ヒスパニック系）に顕著であることを報告しました。

　この報告以降，高校移行によって「なぜ問題が生じるのか」「どのような問題が生じるのか」が，さらに研究されるようになります。1980〜1990年代の研究からは，黎明期における研究者の関心や視点が垣間みえます（Barone et al., 1991; Felner et al., 1982; Felner et al., 1981; Gillock & Reyes, 1996; Kinney, 1993; Reyes et al., 1994; Seidman et al., 1996; Smith, 1997）。とくに当時の研究者たちは，人種・民族的マイノリティの生徒，低所得層の生徒，都市部の学校に在籍する生徒に着目していました。なぜなら，アメリカの政府統計や初期の研究によれば，こうした属性の生徒は，高校移行による不適応のリスクがとくに高いためです。リスク層へ焦点を当てた研究は現在も続いています。

　初期の研究では（現在の研究でも），高校移行のネガティブな側面に大きな問題意識をもっていました。そのために，黎明期の研究では，予防的な介入プログラムの効果検証が積極的に行われています。また，1990年代後半までの間に，自己価値や自己知覚，アイデンティティ，学校風土の知覚，ソーシャルサポートの知覚，自尊感情など，生徒のさまざまな心理的機能が高校移行によってどのようなネガティブな影響を受けるのかが調べられました。

　先行研究をレビューすると，高校移行後の発達を調べるとき，そこには3つの観点があるようにみえます。1つは，発達段階です。高校移行を経験する年齢は，多くの子どもたちが思春期に関連した生物的な変化を経験する時期と重なります（Lord et al., 1994）。それゆえ，心身ともに相対的に不安定な時期であり，さまざまな環境変化が伴う高校移行は，生徒の発達にとって危機になりえます（Benner, 2011）。

　2つ目の観点は，青年期では複数のライフトランジション（たとえば，第二次性徴や学校移行）が重なり，それが累積的に発達に影響を及ぼすというもので

す。アメリカの例をあげると，学校移行のシステムは州によって異なるため，それに応じて経験する学校移行の回数が変わってきます。たとえば，1度しか学校移行がない8・4制（8学年から9学年で学校移行）と2度の学校移行があり広く用いられている6・3・3制（6学年から7学年で学校移行，9学年から10学年で学校移行）があります。ご存知のように，日本でも小中一貫か，中高一貫かで，学校移行の様子が変わってきます。ブライスら（Blyth, D. A. et al., 1983）によれば，早い段階で学校移行を経験する6・3・3制のほうが，8・4制よりも，学校移行による発達へのネガティブな影響がある可能性が示唆されています。

　3つ目は，個人と環境の適合のよさが学校移行後の発達に影響を及ぼすと考える観点です。これは個人―環境適合理論（person-environment fit theory）と呼ばれ，のちにエクルスら（Eccles, J. S. et al., 1993）はこれをより発達段階に焦点を当てた発達段階―環境適合理論（stage-environment fit theory）として拡張しました。この理論の中心的な考え方は，発達段階に応じたニーズと教育環境の適合のよさが発達的なアウトカムを説明するというものです。この章の文脈でいえば，もし移行先の高校で，学校環境が生徒個人の心理的ニーズと適合していないのならば，その生徒は発達的な機能レベルに低下が生じると考えることができます。

2−2.　高校移行研究が明らかにしたこと

　次に，1980〜2010年代の研究知見のレビューに基づき，高校移行研究がどのような事実を明らかにしたのかを要約して紹介します。また補足的に，研究方法の特徴についても簡単にふれます。これによって，今日までの研究動向を把握することが可能になるでしょう。

　結論をいえば，社会情緒面にかかわる心理的機能の発達は，高校移行を通じて「平均的」にネガティブな方向に変化する傾向があります。具体的にどのような心理的機能の低下が報告されたかをあげると，抑うつ症状（Newman et al., 2007）や不安（Benner & Graham, 2009），孤独感（Benner et al., 2017）の増加，学校所属感（Benner & Graham, 2009）や自尊感情（Barber & Olsen, 2004），知覚されたソーシャルサポート（Newman et al., 2007）の低下などです。つま

り，生徒個人と学校環境の適合などを背景にして，ある生徒は高校移行に伴って不安や孤独を感じるようになったり，自尊感情をもちづらくなったり，教員や友人からのサポートを感じにくくなったりすることがあるようです。機能が低下するのは社会情緒面だけではありません。学業面でも「平均的」にはネガティブな方向に変化することが示唆されています。たとえば，学業成績（Witherspoon & Ennett, 2011），課外活動への参加状況（Wang & Eccles, 2012），退学率（Langenkamp, 2010）などで否定的な変化が報告されています。まとめると，生徒は高校移行によって適応上の課題に直面する傾向があり，多くの研究者は，さまざまな領域の発達がネガティブに変化すると考えています。

　研究方法も簡単にみていきましょう。第一に，研究デザインです。高校移行の研究は，主に縦断的な質問紙調査法によって行われています。このような方法が用いられる背景には，高校移行という転機を通じて生徒の心理的機能がどのように発達するかに関心があるためです。割合としては少ないですが，介入的な研究が行われることもあります。第二に，対象者です。アメリカでの研究が大半ですが，割合として人種・民族的マイノリティの生徒を対象とする研究が中心となっています。この理由は，アメリカ都市部における人種・民族的マイノリティの生徒の割合の多さや貧困問題など，アメリカ特有の社会的背景と関連しているようです。将来的には日本も似たような状況になるかもしれません。第三に，測定される変数です。大別すると，学業に関する変数（成績や課外活動への参加など）と社会情緒面に関する変数（不安や孤独感，学校所属感など）が測定されています。第四に，分析方法です。縦断調査データを用いることが多いと述べたように，とくに最近では発達的な変化をとらえる分析方法（潜在成長曲線モデルやマルチレベルモデルなど）が主に用いられています。

2-3. 発達の多様性を問う

　ここまで，高校移行の発達心理的研究が行われるようになった背景と得られた研究知見の概要を述べてきました。高校移行がいかに生徒の発達にネガティブな影響を及ぼすのか，ということを理解いただけたと思います。しかし，筆者が伝えたいのは，高校移行が発達的なリスクを高めるということではありま

せん。伝えたかったのは，いかにこれまでの研究が高校移行のリスクに偏重してきたのか，そして，高校移行に伴う発達の多様性を描くことに失敗してきたのか，ということです。発達的なリスクに着目する高校移行研究は，その観点から青年の発達像を描くことに成功しました。その一方で，高校移行を通じてポジティブな発達を遂げる生徒や安定的な発達を遂げる生徒については，多くのことが説明されないままでした。これは高校移行に伴うポジティブな発達，あるいは安定した発達が存在しないことを意味するのではありません。実際，焦点こそ当てられませんでしたが，先行研究では確かにそうした生徒の存在は見出されていました。高校移行の発達的リスクを重視した研究のもとでは，そうした生徒は研究や考察の対象にならなかったのです。これでは高校移行に伴う発達が十分に説明されていないといえます。繰り返しますが，発達の多様性という視点が不足しています。

　冒頭でも述べたように，本章は，発達の多様性という視点から青年の発達をとらえます。この視座に立てば，「生徒たちは新たな学校環境への移行を通じて，自身を多様な方向に発達させる」という理解ができます。対照的に，従来のリスク偏重的な見方では，「生徒たちは新たな学校移行のせいで，不適応的な方向に発達してしまう」という理解になるでしょう。本章の視点は，発達と高校移行の従来的な見方を超え，これまでの研究で説明されることがなかった発達の全体像を描写することを可能にさせます。そして，この多様性をデータで描き，そのメカニズムを検討することが筆者の研究の目的，すなわち，問いです。

3. どんな研究をし，何がわかったのか
高校移行に伴う発達の多様性を描く

3-1. 調査準備

　高校移行に伴う発達が多様であることを示し，また，そのメカニズムを検討するためには，高校移行前後でデータを集める必要があります。もちろん，いきなりデータが取れるわけではないので，まずはどのような対象者に対して，

どのようなデータを集めるかを考えなくてはなりません。

　筆者の研究では，高校移行前後での発達に関心があるので，当然，中学生と高校生を対象に調査を行う必要があります。その際，「何名の生徒からデータを集めればよいのか」（サンプルサイズ）という問題が出てきます。たった数名だけからデータを集め，それをもとに何らかの結論を出しても，その結果は一般化できません。また，筆者の研究は事例研究ではなく，量的な研究です。本来であれば，例数設計というものを入念にして，「変数Aと変数Bにはこれくらい関連（効果の大きさ）が予想されるから，その関連が適切に検出できるようなサンプルサイズを計算して導く」ことが理想的でしょう。しかし，学校現場に調査を依頼する場合，ねらったとおりのサンプルサイズを得ることはほとんど不可能です。そこで，筆者は，先行研究で行われた縦断調査を参考にしながら，「おおむね数百名の生徒からデータを集められればよい」と目安を決めたうえで，調査を行いました。結果の再現可能性やオープンサイエンスが重要視される現在では，このサンプリング方法については賛否両論があるかもしれません。とはいえ，学校現場でのサンプリングにおいて，厳密な例数設計を実現するための具体例は，現状として十分に検討されていないようにも思います。

　サンプルサイズだけでなく，どのような変数を測定するか，という問題も重要です。筆者の研究では，先行研究で測定された変数に基づいて，社会情緒的な変数を中心に調査することにしました。具体的な例をあげれば，精神的健康（社会情緒的ウェルビーイング），対人関係，将来展望，ストレス対処，毎日の生活を大切に思う気持ちなどです。学業成績に関する変数も測定するべきかもしれませんが，とくにテストの成績などは入手が難しいことが予想されたので含めませんでした。

　調査の全体像を図1に示します。結果として，筆者は3つの年度にわたって，3つのコホート（A〜C）から調査データを集めることに決めました。コホートAは，インターネットを介した調査で，高校移行の直前直後（1時点目と2時点目）とその1年後（3時点目）に調査を実施しました。コホートBは，質問紙を用いた調査で，高校1〜3年生を対象にして，高校移行後の発達を調べました。この調査では，1年間4時点にわたり実施され，各時点はおおむね2〜3か月の

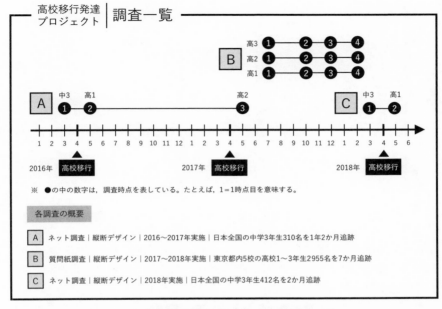

図1　高校移行発達プロジェクトの調査一覧

間隔でした。コホートCは，コホートAと同様の方法のネット調査を用いて，高校移行の直前直後の2時点で調査が実施されました。

3-2. 発達の多様性へアプローチするためのデータ分析

　データが集まったら，次は分析です。高校移行に伴う発達の多様性を示すためには，いくつかのポイントがありました。まず大事なのは，一人ひとりの発達の軌跡を描いてみることです。たとえば，精神的健康についての変数であれば，生徒Aさんは中学3年生時点で何点であったのか，また高校1年生時点で何点であったのか，という変化を折れ線グラフで描きます。これをすべての生徒に対して行います。そうすることで，一人ひとりの発達の多様性を視覚的に把握することができます。もちろん，手書きでグラフを作成するのは大変なので，統計解析ソフトを使用します。実際に，コホートBのデータを用いて描い

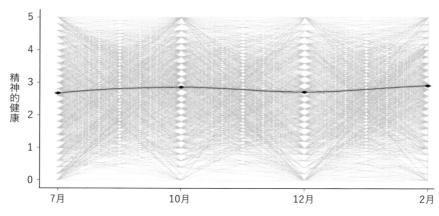

図2　一人ひとりの精神的健康の発達軌跡と平均的な発達軌跡

た精神的健康の発達軌跡を図2に示しました。灰色で描かれた複数の線は一人ひとりの変化の軌跡です。中央にみえる黒色の実線は平均的な変化の軌跡を表しています。

　次に大事なのは，平均的な変化をとらえる分析ではなく，変化のばらつきも推定（評価）できる分析方法を用いることです。たとえば，高校移行の前後2時点での将来展望の発達を考えてみます。しばしば2時点の変化を検討する際には，（対応のある）t検定を用いて，2時点間の平均値に有意な差がみられるかどうかを検討します。そうすれば，平均的な変化の有無がわかります。図2を例にあげれば，7月から10月の平均値（黒色の菱形）が有意に変化したかどうかをみるわけです。しかし，この方法で問題なのは，変化に明瞭なばらつきがあったかどうかがわからない点です。発達の多様性をとらえる場合は，この変化のばらつき（図2の灰色の線）も評価の対象にすべきです。具体的には，構造方程式モデルベースの分析（あるいはマルチレベル分析）を行うとよいでしょう。たとえば，2時点間の変化とそのばらつきをみるのであれば，潜在変化得点モデル，3時点であれば，潜在成長曲線モデルなどです。これらのモデルを用いることで，平均的な変化の分散成分（ばらつき）が有意かどうかを検討することができます。本研究ではこうしたモデルを用いて，発達の多様性を評価しました。

3−3.　高校移行後の発達多様性にまつわる4つの結果

　上述のポイントを踏まえて，筆者は3つのコホートの縦断データをもとに，問いに関する4つの知見を新たに得ました。1つ目（結果1）と2つ目（結果2）の知見はコホートA，3つ目（結果3）の知見はコホートB，4つ目（結果4）の知見はコホートCのデータを用いました。本章の問い，すなわち，発達の多様性を描くことと対応するのは，結果1と結果2です。もう1つの問い，すなわち，多様性のメカニズムを検討することと対応するのは結果3と結果4です。以下では，それぞれの結果について簡単に紹介します。

3−3−1.　高校移行を通じたポジティブな発達の特徴（結果1）

　これまでの研究は，学校移行に伴って不適応的（ネガティブ）な方向に発達する生徒の特徴を明らかにしてきました。しかし，学校環境とうまくマッチングするなどして，高校移行を通じてより適応的（ポジティブ）な方向に発達する生徒もいるはずです。研究者たちは，こうしたポジティブな発達を遂げる生徒には注目してきませんでした。

　結果として，筆者の研究は，高校移行を通じてポジティブな発達を遂げる生徒が確かに存在することを実証しました。一見すると，ポジティブな発達を遂げる生徒がいることは，わざわざ取り上げるまでもなく，当たり前のことのように思うかもしれません。しかし，高校移行のリスク的な側面に偏重した議論が中心の研究パラダイムにおいては，まずはポジティブな発達を遂げる生徒の存在を実際にデータで示すことが大事だと信じています。ここから議論の機会が開かれるわけです。

　高校移行の前後でポジティブな方向に発達した生徒の特徴を詳しく分析してみると，次のようなことがわかってきました（図3）。1つは，良好な適応を示す彼らもまた，学校環境の変化に伴って心理的な揺さぶりを経験していることです。新しい学校環境に移行すると，中学校までとは異なる役割期待やルールを求められたり，新しい友人関係を構築したり，さまざまな課題に直面します。これらの経験は，中学生までもっていた信念を揺さぶるかもしれません。中学校までの「常識」が通用しなくなるからです。このような心理的な揺

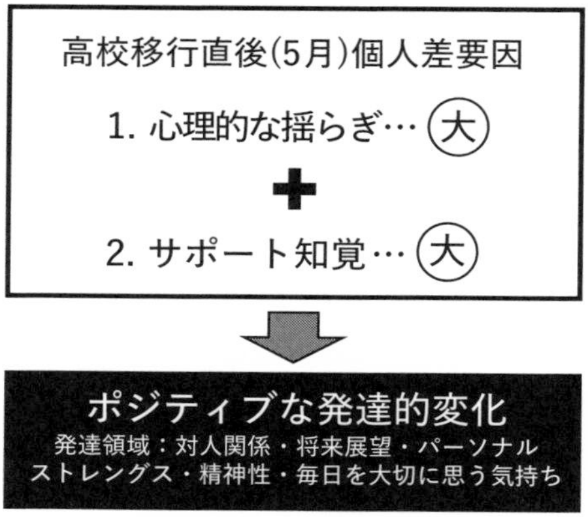

高校移行直後(5月)個人差要因

1. 心理的な揺らぎ…

＋

2. サポート知覚…

ポジティブな発達的変化
発達領域：対人関係・将来展望・パーソナル
ストレングス・精神性・毎日を大切に思う気持ち

図3　高校移行に伴いポジティブな発達を遂げた生徒の特徴

さぶりは，その後の適応の重要なターニングポイントになりえます。もし，新しい学校環境での「常識」にうまく適応することができなければ，不適応的な結果が生じるでしょう。一方で，中学校までの「常識」からうまくアップデートすることができれば，適応的な生活を送ることができるかもしれません。ポジティブな発達を示した生徒は，ただ心理的に揺らいでいただけでなく，身の周りの人たちからさまざまなサポートを得ていた人だということもわかりました。こうしたサポートがあったからこそ，心理的な揺らぎを経験しやすい高校移行後にでさえ，より適応的な発達を遂げることができたのだと考えられます。この結果1の知見は，発達の多様性における1つの方向であるポジティブな発達に焦点を当てた初めての研究になりました。詳しい研究知見は，飯村と宅（Iimura, S. & Taku, K., 2018）をご覧ください。

3−3−2. 高校移行に伴う発達多様性の特徴（結果 2）

　繰り返しますが，これまでの研究は，高校移行後のネガティブな発達に関心があったため，高校移行に伴う発達の多様性の全体像を描くことはありませんでした。そこで筆者の研究では，この発達の多様性をより直接的に示すため，グループ・ベースド・トラジェクトリー・モデリングという統計手法を用いて，高校移行前後で複数の発達グループが抽出されるかどうかを検討しました。

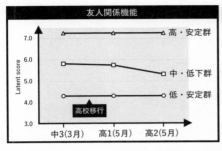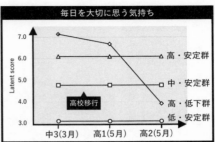

図4　高校移行に伴う発達の多様性の例

その結果，期待されたとおり，さまざまな形状の発達を示すグループが見出されました。その例として，友人関係機能（友人関係が良好か否か）と毎日を大切に思う気持ちの発達グループを図4に示します。

驚くべきことではないかもしれませんが，最もよくみられた発達軌跡の形状は，安定した形，すなわち高校移行後でも変化しない方向の発達を示すものでした。この安定した発達のグループは，高校移行の前から安定して心理的機能が高かったり（高・安定群），あるいは，中程度だったり（中・安定群），低かったり（低・安定群）する特徴がみられました。従来の研究は，高校移行に伴う生徒の不適応を中心に報告してきました。しかし，発達多様性の視座からみると，そうしたネガティブな発達は，1つの方向にすぎず，一部の生徒だけが経験することがわかります。図4にもみられるように，多くの生徒は比較的安定した発達パターンを示すわけです。

また，図4には示していない発達パターンとして，高校移行直後（高校1年5月）に一時的に心理的機能が高まり，その1年後（高校2年5月）には心理的機能が元のレベルに戻るというグループもみられました。こうした発達を示す生徒の存在が特定されるのも，発達多様性の視座に立つからこそです。

3−3−3.　高校移行が大きな転換点になった生徒の発達的特徴（結果3）

高校移行が生徒にとってどのような「意味」をもつかは，一人ひとり異なるかもしれません。ある生徒にとっては，重要な人生のターニングポイントとして経験される場合もあるでしょう。一方で，ある生徒にとっては，とくに大き

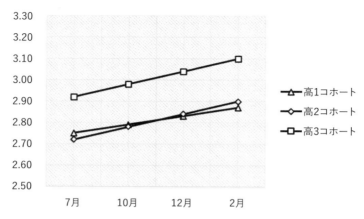

図5　高校移行が自身のアイデンティティや日常生活にとって
重要なターニングポイントになったかどうかの発達軌跡

な意味をもたない，ただの通過儀礼になる場合もあるはずです。筆者の研究では，高校移行が生徒のアイデンティティや日常生活にとって，どの程度大きなターニングポイントになったのかに注目しました。このことを，出来事中心性と呼びます（Berntsen & Rubin, 2006）。また，この出来事中心性の個人差が，高校移行後の社会情緒的発達（精神的健康）にどのような関連をもつのかを検討しました。

　高校1〜3年生の各コホートに対して，高校移行の出来事中心性と自身の精神的健康を，1年間全4時点で自己評定することを求めました。出来事中心性の項目には，高校進学について「この出来事は私の人生における転機であった」「この出来事は，私がほかの体験について考えたり感じたりする仕方に影響を与えている」などが含まれます。精神的健康の項目には，最近の2週間について「明るく，楽しい気分で過ごした」「落ち着いたリラックスした気分で過ごした」などが含まれます。

　データを分析した結果，次のことがわかりました（図5）。まず，高校移行の出来事中心性は，平均的には時間とともに増加したことです。つまり，高校に入学したことが，生徒たちにとって自身のアイデンティティをだんだんと形づくったり，日常生活の重要なターニングポイントになっていったことを示唆し

ています。しばしば，2学年という高校生活の時期は，高校生活に慣れることによって，いわゆる「中だるみ」が起きやすいと揶揄される場合があります。しかし，個人差はあるものの平均的には出来事中心性が高まっていたことを踏まえると，「中だるみ」としてみられる彼らの様子は，高校生活の重要性を問い直す姿を反映しているのかもしれません。

　高校移行後の精神的健康においても，出来事中心性と同様に，平均的には3年間にわたってポジティブな方向に変化することが示されました。アメリカでは高校入学から卒業にわたって抑うつや不安が増加していくことが報告されていますが（Benner & Graham, 2009），興味深いことに，本研究はそれとは対照的な傾向を示しています。おそらくこの違いには，文化的な背景が関与していると思われます。たとえば，アメリカではとくに人種・民族的なマイノリティの生徒において，社会情緒面の問題が報告されますが，日本の高校では日本語以外を第一言語とする生徒の数は3000名以下で人種・民族的な多様性が小さく，それゆえ，それに起因する社会情緒面の問題は生じにくいのかもしれません。

　出来事中心性と精神的健康の発達的な関係に着目すると，すべての学年において，正の関連がみられました。つまり，1年間にわたって，高校移行が日常生活やアイデンティティのターニングポイントになるほど，精神的健康も高くなっていくことが確認されました。この結果から，生徒が認識する高校移行の重要性に教員や保護者が働きかけることで，高校生活における適応状態を高められるかもしれません。なお，こうした出来事中心性と精神的健康の関係において，生徒が中高一貫校に在籍するか否かは有意な関連を示しませんでした。分析結果の詳細は飯村（Iimura, 2020）をご覧ください。

3－3－4. 発達多様性のメカニズムにおける環境感受性×学校環境の役割（結果4）

　私たち一人ひとりは，環境的な変化から受ける被影響性に個人差があります。ある個人は，さまざまな環境刺激から影響を受けやすく，ある生徒は影響を受けにくかったりします。こうした感受性の差異に関する概念は，環境感受性と呼ばれます（Pluess, 2015）。環境感受性の高さは，特性あるいは行動のレベルでは「認知的に深い処理をする」「ささいな刺激に気がつく」「共感的・情動的な反応性が高い」「刺激に圧倒されやすい」などの特徴として表れます。

本章では割愛しますが，複数の遺伝子（セロトニントランスポーター遺伝子多型など）や脳神経系（島皮質の賦活）なども，この環境感受性の個人差と関連しています。環境感受性についての詳細なレビューは，飯村と岐部（Iimura & Kibe, C., 2020）をご覧ください。

　環境感受性の高さ，より平易にいえば敏感さや繊細さは，学校環境の変化に対してネガティブに機能するようにみえるかもしれません。しかし，環境感受性の理論上，実は必ずしもそうとはいえません。環境感受性は，環境の質に応じて，異なる機能を示すからです。具体的には，環境の質が非適合的（ネガティブあるいはストレスフル）であれば，社会情緒的な不適応を生じさせやすく，一方で，環境の質が適合的（ポジティブあるいはサポーティブ）であれば，社会情緒的な適応は促進されます。つまり，環境感受性の高さは，環境の質に応じて「良くも悪くも」発達の方向を調整するのです。筆者の研究では，こうした生徒の環境感受性の個人差が，高校移行によって経験される学校環境の変化と社会情緒的適応の関係をどのように調整するかを検討しました。

　結果として，生徒の環境感受性の個人差は，期待したとおりの調整機能を発揮することが確認されました。環境感受性が高い生徒は，中学校よりも高校のほうが学校環境が良好であった場合，彼らの社会情緒的な適応度は高まったのです。つまり，環境感受性の高い繊細な生徒は，必ずしもネガティブな学校環境だけに影響されやすいわけではありませんでした。彼らはサポーティブな学校環境からも影響を受けやすく，発達的に利益を享受しやすかったのです。そうした生徒とは対照的に，環境感受性の低い生徒は，ネガティブな学校環境から影響を受けにくいのですが，同時に，サポーティブな学校環境からも利益を受け取りくいことがわかりました。もちろん，環境感受性の高低でどちらかが優れているわけでなく，どちらも発達的にはメリット・デメリットがあります。とはいえ，生徒個人の環境感受性の程度や役割を理解しておくと，彼らの発達を支援する際の手がかりにはなるはずです。

　本研究で測定した学校環境について少し補足します。本研究では，高校移行後の生徒に対して，今の学校環境が中学校と比較してどのように変化したのかについて回答を求めました。その際，学校環境に関する11項目が評価されました。たとえば，「友人関係」「教師との関係」「クラスの雰囲気」「学校全体の

雰囲気」「学校のルール」「授業の難しさ」などです。生徒はこれらの項目が，悪い方向あるいは良い方向にどの程度変化したのかを評価しました。この研究では，11項目の合計得点を用いて分析を行っています。そのため，具体的に「どの学校環境が感受性の高い生徒にとって重要なのか」についての問いには答えていません。

　ご存知のように，学校移行において生徒が経験する環境は，複数の側面にわたります。また，その環境は固定的なものでなく，時間経過によって変化する場合（たとえば，友人関係など）もあります。とりわけ環境感受性の高い生徒について考える場合には，その生徒がどのような環境から影響を受けているのかを見極めることが，彼らの支援に役立つかもしれません。

4.　それが実践にもつ意義は何か
発達多様性の視座からみた教育的示唆

　ここまで，私の経験や研究に基づいて，高校移行を発達的なリスクとみなす従来的な見方を，発達多様性の視座から再考してきました。事実として，高校移行を通じて子どもたちの間には発達の多様性がみられます。筆者は，発達多様性の視座から高校移行と発達の関係を理解することが，適切な教育政策や教育支援の検討する際に，さまざまな利益をもたらすと期待しています。本章の最後に，この問いに基づく教育政策や発達支援についていくつか論じます。

4−1.　問いに基づく教育政策への示唆

　高校移行までの経路は近年多様化しつつあります。中高一貫教育校や小中一貫教育校の設置数の増加がその例です。現在，中高一貫校の設置が教育政策として推進されていますが，その根拠の1つとしていわゆる「高1クライシス」の問題があげられています。心身ともに多感な青年期における高校移行にはさまざまな適応上の課題があり，それが生徒の不適応につながるので，中高一貫にすることによってそれを予防しようというねらいです。また，その他の根拠として，6年間を通じた計画的な教育活動による学力の定着があげられていま

す。中高一貫教育制度の導入に関して，文部科学省（2011）は，「その制度導入から10年を経過した現在，制度創設時に期待された成果が達成」されたと報告しています。

　このような中高一貫教育制度の導入を受けて，一貫教育校の生徒を対象にした研究の必要性がますます高まっています（山本ほか，2011）。このような効果検証は，一般的な高校と一貫教育校のそれぞれが生徒の認知能力や社会情緒的スキルの発達にどのようなメリットおよびデメリットがあるかを検討するのに有効です。しかし，一貫教育校の設置推進に関連した教育政策が，こうした十分な効果検証のもとに実施されているかは疑問です。

　筆者の知る限り，日本において「高1クライシス」の深刻さを示すエビデンスはありません。むしろ大規模な縦断調査を行った筆者の調査では，高校移行前後における社会情緒的な適応は，平均的には安定した軌跡を示していました。このエビデンスを踏まえると，画一的な教育が提供される日本の学校教育では，人種・民族的な多様性や州ごとに教育政策が異なるアメリカと比較すれば，「高1クライシス」が深刻化しにくいと思われます。

　これは不適応を示す生徒がいないということではありません。確かに，高校移行を通じて，学校環境とのミスマッチなどを背景に不適応に陥る生徒はいるでしょう。しかし，発達多様性の視座に立つと，不適応は多様な発達の1つの方向であり，ほんの一部の生徒が経験するものです。そうした生徒を教育政策として予防や支援するよりもむしろ，よりその生徒にフォーカスした個別的支援のほうが適切のように思えます。

　エビデンスに基づけば，高校移行がもつリスク的な側面を過大評価するのは不適切です。中高一貫教育政策においても，エビデンスに基づく教育政策の実践と立案（evidence-based policy practice and making）が求められます。

4－2．問いに基づく発達支援への示唆

　筆者の研究は，生徒への介入支援を意図して実施されたものではありませんでした。どちらかといえば基礎的な研究に位置づけられるものです。そのため，本章の知見がどのように発達支援に役立つのかについては，さらなる検討

が必要です。

　その限界を踏まえたうえで，結果4で紹介した生徒と環境の交互作用という視点が，発達支援を検討するときに有益になるかもしれません。たとえば，環境感受性が高い生徒は，学校環境の性質によって「良くも悪くも」変化が生じやすいことがわかりました。つまり，これは環境感受性が高い生徒は介入効果を得やすいことを意味しています。

　学校移行を対象としたものではありませんが，その一例として，プルースとボニウェル（Pluess, M. & Boniwell, I., 2015）が学校現場で実施した抑うつ予防の介入研究が参考になるかもしれません。彼らの研究では，認知行動療法とポジティブ心理学の概念（たとえば，レジリエンスや心的外傷後成長）を教授する教育プログラムを実施しました。分析の結果として，感受性の高い生徒は，低い生徒と比較して，介入効果（抑うつ低減効果）を受け取りやすいことが報告されました。

　最近では，感受性が高い子どもが，学校ベースの介入プログラムの効果を得やすいことが続々と報告されるようになっています。たとえば，日本人の高校生を対象とした岐部ら（Kibe et al., 2020）のレジリエンス教育プログラム研究，いじめ予防介入プログラムを検討したノチェンティーニら（Nocentini, A. et al., 2018）などです。今後，高校移行時における介入を検討する際，こうした先行研究や本章の知見が活かされるかもしれません。

　本章が示したデータには，生徒の発達支援につながるヒントが確かに存在します。もし教育関係者が「高校移行は子どもの発達にとって大きなリスクになる」という固定的な発達観をもっていたとすれば，本章はそうした発達観を見直す機会を提供するでしょう。

　上述のように，本章が示した知見のみでは，学校現場での具体的な介入方法の提案までには至りません。しかし，本章の知見が教育関係者に届き，よりバランスのとれた発達観を提供できれば，そのことはいずれ生徒の発達支援への貢献につながりうると信じています。

4-3. まとめ

　一人ひとりの発達軌跡は，生涯にわたって多様です。高校移行は，その分岐点の1つになるでしょう。私たちは，環境の変化に伴って，その環境に適応するように自身の形質を発達させます。ある生徒は，新しい学校環境とよく適合し，中学校のときよりも精神的に豊かな学校生活を送るかもしれません。ある生徒は，新しい学校環境でも影響を受けにくく，ほとんど中学校と変わらずに過ごすことができるかもしれません。ある生徒は，新しい学校環境になじめず，適応するのに苦労するかもしれません。このような発達多様性の視座に立つことが，高校移行と発達の関係を適切に理解するためには必要です。いま再び，高校移行を発達的なリスクとみなす「従来的な見方」を問い直してみましょう。

[引用文献]

Barber, B. K., & Olsen, J. A. (2004). Assessing the transitions to middle and high school. *Journal of Adolescent Research*, *19*(1), 3-30.

Barone, C., Aguirre-Deandreis, A. I., & Trickett, E. J. (1991). Means-ends problem-solving skills, life stress, and social support as mediators of adjustment in the normative transition to high school. *American Journal of Community Psychology*, *19*(2), 207-225.

Benner, A. D. (2011). The transition to high school: Current knowledge, future directions. *Educational Psychology Review*, *23*(3), 299-328.

Benner, A. D., Boyle, A. E., & Bakhtiari, F. (2017). Understanding students' transition to high school: Demographic variation and the role of supportive relationships. *Journal of Youth and Adolescence*, *46*(10), 2129-2142.

Benner, A. D., & Graham, S. (2009). The transition to high school as a developmental process among multiethnic urban youth. *Child Development*, *80*(2), 356-376.

Berntsen, D., & Rubin, D. C. (2006). The centrality of event scale: A measure of integrating a trauma into one's identity and its relation to post-traumatic stress disorder symptoms. *Behaviour Research and Therapy*, *44*(2), 219-231.

Blyth, D. A., Simmons, R. G., & Carlton-Ford, S. (1983). The adjustment of early adolescents to school transitions. *Journal of Early Adolescence*, *3*(1-2), 105-120.

Bohn, A., & Berntsen, D. (2008). Life story development in childhood: The development of life story abilities and the acquisition of cultural life scripts from late middle childhood to adolescence. *Developmental Psychology, 44*(4), 1135-1147.

Eccles, J. S., Midgley, C., Wigfield, A., Buchanan, C. M., Reuman, D., Flanagan, C., & Mac Iver, D. (1993). Development during adolescence: The impact of stage-environment fit on young adolescents' experiences in schools and in families. *American Psychologist, 48*(2), 90-101.

Felner, R. D., Ginter, M., & Primavera, J. (1982). Primary prevention during school transitions: Social support and environmental structure. *American Journal of Community Psychology, 10*(3), 277-290.

Felner, R. D., Primavera, J., & Cauce, A. M. (1981). The impact of school transitions: A focus for preventive efforts. *American Journal of Community Psychology, 9*(4), 449-459.

Gillock, K. L., & Reyes, O. (1996). High school transition-related changes in urban minority students' academic performance and perceptions of self and school environment. *Journal of Community Psychology, 24*(3), 245-261.

Iimura, S. (2020). Developmental trajectories of event centrality and socio- emotional well-being after transition to high school. *British Journal of Developmental Psychology, 38*(4), 497-511.

Iimura, S., & Kibe, C. (2020). Highly sensitive adolescent benefits in positive school transitions: Evidence for vantage sensitivity in Japanese high-schoolers. *Developmental Psychology, 56*(8), 1565-1581.

Iimura, S., & Taku, K. (2018). Positive developmental changes after transition to high school: Is retrospective growth correlated with measured changes in current status of personal growth? *Journal of Youth and Adolescence, 47*(6), 1192-1207.

Kibe, C., Suzuki, M., Hirano, M., & Boniwell, I. (2020). Sensory processing sensitivity and culturally modified resilience education: Differential susceptibility in Japanese adolescents. *PloS ONE, 15*(9), e0239002.

Kinney, D. A. (1993). From nerds to normals: The recovery of identity among adolescents from middle school to high school. *Sociology of Education, 66*(1), 21-40.

Langenkamp, A. G. (2010). Academic vulnerability and resilience during the transition to high school: The role of social relationships and district context. *Sociology of Education, 83*(1), 1-19.

Lord, S. E., Eccles, J. S., & McCarthy, K. A. (1994). Surviving the junior high school transition family processes and self-perceptions as protective and risk factors. *Journal of Early Adolescence, 14*(2), 162-199.

文部科学省（2011）．中高一貫教育制度に関する主な意見等の整理. https://www.mext.go.jp/b_menu/shingi/chukyo/chukyo3/045/houkoku/1308954.htm（2022年4月27日アクセス）

Newman, B. M., Newman, P. R., Griffen, S., O'Connor, K., & Spas, J. (2007). The relationship of social support to depressive symptoms during the transition to high school. *Adolescence, 42*(167), 441-459.

Nocentini, A., Menesini, E., & Pluess, M. (2018). The Personality trait of environmental sensitivity predicts children's positive response to school-based antibullying intervention. *Clinical Psychological Science*, *6*(6), 848-859.

Pluess, M. (2015). Individual differences in environmental sensitivity. *Child Development Perspectives*, *9*(3), 138-143.

Pluess, M., & Boniwell, I. (2015). Sensory-processing sensitivity predicts treatment response to a school-based depression prevention program: Evidence of vantage sensitivity. *Personality and Individual Differences*, *82*, 40-45.

Reyes, O., Gillock, K., & Kobus, K. (1994). A longitudinal study of school adjustment in urban, minority adolescents: Effects of a high school transition program. *American Journal of Community Psychology*, *22*(3), 341-369.

Seidman, E., Aber, J. L., Allen, L., & French, S. E. (1996). The impact of the transition to high school on the self-system and perceived social context of poor urban youth. *American Journal of Community Psychology*, *24*(4), 489-515.

Smith, J. B. (1997). Effects of eighth-grade transition programs on high school retention and experiences. *Journal of Educational Research*, *90*(3), 144-152.

Wang, M. T., & Eccles, J. S. (2012). Social support matters: Longitudinal effects of social support on three dimensions of school engagement from middle to high school. *Child Development*, *83*(3), 877-895.

Witherspoon, D., & Ennett, S. (2011). Stability and change in rural youths' educational outcomes through the middle and high school years. *Journal of Youth and Adolescence*, *40*(9), 1077-1090.

山本 由美・藤本 文朗・佐貫 浩（編）（2011）．これでいいのか小中一貫校──その理論と実態── 新日本出版社.

高校における学校適応：
教師の役割

渡邉　仁

1. 私の「問い」

　私が勤務していた定時制高校で担任を受け持ったクラスのことです。入学式前からクラスメイト同士の暴力事件が起き，前途多難のスタートでした。入学式の翌日からは，喫煙で停学，授業をサボる，音楽を爆音で流す授業妨害，指導中にもかかわらずその場から逃げる等，クラスは荒れた状態でした。一方，中学校時代に不登校であった生徒がトラブルに巻き込まれないように身を潜めたり，授業をきちんと進めてほしいと教師に抗議したりする生徒もいました。そのため，私は問題行動をしている生徒に対して，全日制勤務のときには通用した厳しい指導を行いましたが，効果がないどころかむしろ反発が大きくなりました。

　そこで，私は小手先の指導では太刀打ちできないことに気づき，一人ひとりと信頼関係を構築することで指導するしか方法はないことがわかりました。そうすると徐々に私と生徒の関係性は良好となり，学校行事で生徒自らの提案によるダンスを披露するようなクラスにまでなりましたが，同時に，入学時に33名いた私のクラスは12名にまで減ってしまいました。その中の一人，問題行動を繰り返して教師の指導にも従わなかった生徒が生徒会長となり，卒業式にはスーツをビシッと着て堂々と答辞を読み，途中で思いがこみ上げて涙を流す姿をみて，私も泣かずにはいられませんでした。卒業式が終わった後は，教師冥利に尽きるとはこのことだと思い，感動に浸っていました。

　しかし，卒業式の後，時間がたつにつれて私の中に「問い」が生まれてきたのです。それは，なぜ21名の生徒は中退してしまったのか。逆にいうと，クラスが荒れた状況の中で12名の生徒は，なぜ学校へ適応して卒業できたのかということです。この「問い」がきっかけとなり，私は大学院で「高校における学校適応」をテーマに研究することになりました。

2. 定時制における教師の役割

　私が勤務していた定時制の生徒は，貧困家庭やネグレクト状態等，厳しい家庭環境にあることが少なくありませんでした。入学理由も，学力的に定時制しか選択肢がなかった，全日制が不合格，全日制を中退等，さまざまです。また，そのような背景をもつ生徒は，小中学校時代に不登校を経験したり，障害があることが多く，九九，漢字，アルファベットというような基礎学力や授業規律が身についていません。そのため，授業中にゲームをしたり，音楽を聴いたり，飲食や居眠りをしたり，ノートを書かない，授業をサボることもあります。そのつど，教師は授業規律を守らせるための指導を行いますが，生徒はまったく聞き入れないこともあります。さらに，学校祭や体育大会のような学校行事に参加しない生徒もおり，毎日学校に来て授業や学校行事に参加することが当たり前の状況ではありません。

　そのため，教師の指導は「授業を成立させる」「生徒を毎日登校させる」ことが重要となります。ただし，教師の働きかけは，それぞれの教師の考え方や指導方針によって異なります（近藤，1994）。あくまで私の主観ですが，同じ学校においても，教師が入れ替わると学校の雰囲気も大きく変わったように感じました。赴任した当初は「学校の主導権は生徒。生徒は主体的に行動するべき」という教師が多く，授業は賑やかですが生徒は毎日学校に来ており，学校行事では生徒が自ら企画や運営を行い，多数の生徒が積極的に参加していました。赴任してしばらくたつと「学校の主導権は教師。生徒は教師に従うべき」という教師が多くなり，授業は静かになりましたが生徒は欠席が多く，学校行事は教師が主導しないと成立せず，積極的に参加する生徒は少なくなりました。また，私が全日制と定時制の生徒を対象に質問紙調査を実施して学校適応を検討したところ，全日制の生徒は教師との関係が良好であってもなくても学校生活の充実感は変わりませんでしたが，定時制の生徒は教師との関係が良好であれば学校生活の充実感が高く，良好でなければ充実感は低い結果となりました。以上のことから，定時制では教師の働きかけによって，生徒は学校に適応したりしなかったりと，教師の役割が大きいことが考えられます。

　一方で，教師との関係は良好で，何も問題なく学校生活を送っていた生徒が

中退することもあります。中退の理由は，仕事に専念したい，高校を卒業する意義がわからない等，さまざまですが，共通しているのは中退する生徒の周りに高校を中退した人がいるということです。つまり，身近にいる親や兄弟，友人が高校を中退して自立した生活を送っていることから，中退することに対してハードルが低いのです。定時制では学校に適応しているからといっても，すべての生徒が卒業するとは限りません。

3. 高校に通う意義とは

　日本では高校への進学率が98%以上となっている現在においても（文部科学省, 2019），高校は義務教育ではありません。そして，義務教育ではないからこそ生じる問題があります。

　タカシ（仮名）は数学の授業中，いつもスマートフォンでゲームをして，授業には参加しません。提出物も出さず，テストも白紙でした。スズキ先生（仮名）はタカシに対して，「タカシ，このままだとお前は留年になるぞ。高校は義務教育ではないから，進級したいならタカシは心を入れ替えろ」と指導しました。もしかすると，スズキ先生の授業がわかりづらかったのかもしれません。タカシは等式の変形ができず，二次関数がさっぱりわからなかったのかもしれません。義務教育ではないからという理由で学校へ適応する責任を生徒側に課してしまうと，教師は生徒の現状を理解しようとせず，教師自らの教育活動を省みる機会が失われます。

　また，高校は義務教育ではないので，すべての高校生は必履修科目を含んだ規定の単位数を履修・修得しなくては卒業できません。そのため，小学校や中学校の学習内容がわからない生徒が在籍していたとしても，すべての高校において，同じ科目であれば同じ内容のことを授業で教えなくてはなりません。教師が評価をつけるときも，履修した科目の内容を修得しているかどうかを基準にします。義務教育ではないからという理由で，生徒が中学校までの学習内容を身につけている前提として高校の授業が行われるので，基礎学力がない生徒は授業についていくことはできません。高校は義務教育ではないからという理由で，学校へ適応して高校を卒業することを生徒の責任にせず，学校現場を含

めた社会全体で高校に通う意義をあらためて考える必要があると思います。

4.　教師の信念や考え方が生徒の学校適応に与える影響

　これまでの高校における学校適応研究では，学校内だと友人との関係，教師との関係，学校外だと家庭環境や社会階層，個人特性だとソーシャルスキルといった関連要因が検討されており，生徒が学校へ適応するためには何が重要かというような，生徒側の関連要因が検討されています（渡邉, 2020）。それでは，これらの研究結果を教育現場で活かすためにはどうしたらよいでしょうか。たとえば，生徒が友人との関係を良好にするためには，学校行事や部活動を充実させて友人と交流する機会を増やすことができます。しかし，環境が整ったとしても友人との関係を良好にするのは生徒自身ですし，友人は生徒一人の思惑でつくれるものではありません（松嶋, 2019）。また，ソーシャルスキルトレーニングは，実際の生活への一般化や長期的な効果が見込まれにくいという指摘があります（石井, 2006）。さらに，家庭環境を改善することは学校ができることではありません（岡﨑, 2018）。教師が学校適応における生徒側の関連要因を理解して教育活動を行うことは重要ですが，生徒側の関連要因を検討するだけだと，生徒の学校適応をサポートするうえでは不十分です。

　先に述べたように，勤務していた学校の教師集団が入れ替わることで，教師の学校へ適応しているとされる生徒像（学校適応観）も変わり，生徒の学校適応の様相が変わることを私は感じてきました。また，高校の役割や目的に対する教師の考え方（高校観）によっても，生徒の学校適応の様相が異なります。たとえば，高校では人間関係を学ぶことが重要だと考える教師のクラスと，高校では上位の大学に行くために学力を上げることが重要だと考える教師のクラスでは，生徒の学校適応に違いが表れることが推測されます。このように，教師の学校適応観や高校観によって，生徒の学校適応は大きく異なると考えられます。

　したがって，これからの学校適応研究には，生徒側の関連要因を検討するだけではなく，教師側の関連要因を検討することが必要だと考えられます（渡邉, 2020）。そして，どういう学校（教師集団）の，どういう担任だと，どういう生

徒が，学校へ適応する（しない）のかという関係性がわかれば，教師が生徒の学校適応を有効にサポートできると思います。今後は教師側の関連要因も取り入れ，多角的な視点から学校適応研究が盛んに行われることを願っています。

[引用文献]

石井　佑可子（2006）．社会的スキル研究の現況と課題──「メタ・ソーシャルスキル」概念の構築へ向けて──　京都大学大学院教育学研究科紀要, *52*, 347-359.

近藤　邦夫（1994）．教師と子どもの関係づくり──学校の臨床心理学──　東京大学出版会.

松嶋　秀明（2019）．少年の「問題」／「問題」の少年──逸脱する少年が幸せになるということ──　新曜社.

文部科学省（2019）．高等学校教育の現状について.

岡﨑　茂（2018）．学校の「荒れ」と生徒指導──中学校での事例分析を通して──　学校教育実践研究, *1*, 47-57.

渡邉　仁（2020）．高校における学校適応研究の過去10年の動向と課題　北海道大学大学院教育学研究院紀要, *137*, 1-30.

第10章
学校統廃合：
生徒の適応はどのように変化するのか?

金子　泰之

1. なぜこの問題を研究しようと思ったのか
学校統廃合研究をはじめるきっかけ

　博士後期課程に進学したころ，自分自身の研究をどのような方向で進め，まとめたらよいのかを模索していました。研究だけでなく，自分自身の進路に見通しをもてない中で，もがいていた時期です。教育問題や学校適応に関係するテーマを研究しているため，教育現場を肌で感じること，小中学生とかかわる時間をつくること，この2つからはじめてみようと思いました。

　これまで私は，保健福祉センターにおける発達相談，小中学校での相談員や学習支援員，児童相談所での療育手帳の判定，児童自立支援施設における心理士を経験しました。幼児から中学生までの子どもたちとかかわってきました。現場に入ることで，教科書だけで学んでいた子どもの発達や教育に関する知識が色鮮やかにみえることを何度も経験し，どの現場も私にとって貴重な経験になっています。保健福祉センター，小中学校，児童福祉施設，それぞれに特色があり，心理職として求められる専門性が大きく異なることに戸惑うこともありました。私自身の専門性が十分でないことにより，新しい仕事に入っていくたびに，現場に迷惑をかけてしまったことも多かったと自分自身を反省しながら振り返ります。

　学校統廃合と出会ったのは，自分自身の研究を模索しながら現場に入りはじめて間もないころです。私が配属された中学校は，全校生徒が150名ほどの学校で，小規模・少人数の特色を活かした教育を展開していました。初めて中学校の校内を歩き回ったときに，学校の雰囲気に驚かされました。中学1年生から3年生まで，廊下ですれ違えばあいさつを返してくれ，人懐っこい生徒が多かったからです。大学院の授業の一環として1年間，別の地域の中学校で実習

を終えた直後だったのですが，その中学校の生徒がもつ雰囲気とはまるで違っていました。中学校ならよく目にする生徒の問題行動もなく，生徒の様子は落ち着いていました。行事が近くなると生徒は団結し，熱心に練習に励み，準備を進めていました。少人数であるせいか，教師と生徒の距離が近く，その関係は良好にみえました。教職員全員で全校生徒を見守っているような，温かいまなざしが職員室にありました。私のような外部からの人間が職員室に入っても，気さくに話しかけてくださる先生ばかりでした。

　1980年代のこの中学校は，生徒数が800名を超える規模の中学校で，毎年200名前後の新入生が入学していたようです。平成に入った1992年ごろから新入生は減少しはじめ，私がこの中学校に通いはじめた2007年ごろには，新入生は50名ほどになっていたようです。小規模で少人数の特色を活かした教育を展開していたことから，教職員が個々の生徒の状況に応じたかかわりを実現できる面倒みのいい学校として地域から評価されていたようです。この学校が置かれた地域では，学校選択制が導入されていましたが，この学校を希望し入学してくる生徒が数名いました。

　私はこの中学校で学習支援，不登校支援を担当していました。具体的には，教室に入り授業中に指示を聞き漏らした生徒への対応，演習問題でつまずいている生徒への助言，教室に入れない生徒への別室での学習支援を担当していました。不登校生徒への対応は，スクールカウンセラーと情報共有しながら進めていました。

　その学校に勤務されていたスクールカウンセラーは，私が学部時代に履修した臨床心理学の演習科目を非常勤講師として担当されていた方でした。その経緯もあり，スクールカウンセラーが勤務する日には立ち話程度でも話をするようにしていました。私が博士後期課程で取り組もうと考えている研究テーマについて，スクールカウンセラーと話していたときに，「この学校は大きく変わっていく節目にあるから，学校の中の様子を見続けたらどうだろう？」と助言を受けたのでした。その理由を詳しく聞いたところ，この中学校が学校統廃合に向けて動いており，その過程の中で学校がどう変わっていくのかをみるのは，私の研究テーマにもつながるのではないか，ということでした。

　このスクールカウンセラーからの助言を受けた直後，私は校長室に行き，学

校統廃合に向けて進んでいる計画の詳細をうかがいました。学校統廃合につい
て意見交換する中で校長先生から，「自分たちが今通っている学校が統廃合さ
れることを生徒たちはどう受け止めているのだろう？　われわれ教員は統廃合
を経験する生徒のことがわかっていない。それを知りたい」という問題関心を
提起されました。

　校長先生の話によると，この中学校が置かれた自治体では，以前にも学校が
統廃合されたことがあったそうです。そのときには，もともと違う中学校に所
属していた生徒同士の対立が目立ち，学校が荒れたということでした。「生徒
にとって，自分の母校になるはずの学校が在学中になくなることはつらい経験
であるはずだが，行政が学校統廃合を進める過程では，生徒は蚊帳の外になっ
てしまう。行政，地域，保護者，大人だけの話し合いが中心になり，学校統廃
合が進められているのが現状だ」と校長先生は語りました。

　大学に戻り学校統廃合についての研究を調べてみると，学校統廃合を地域
と協力しながらどう進めるかという，教育行政の視点に基づく研究がありま
した。また，地域から学校をなくすことが，地域社会の維持にとってどんな問
題があるのかを論じる論文もありました。一方で，児童生徒が自分たちの学校
が統廃合されることをどう受け止めているのかという，子どもの視点から学校
統廃合の実態を心理学的に明らかにしようとする研究は少ないことに気づきま
した。このように研究レベルでみても，校長先生が問題提起されたように，行
政，地域という大きな視点から学校統廃合について論じているものが中心でし
た。

　学校が統廃合されていく変化の過程で振り回されるのは，その学校に通う生
徒です。生徒の視点から学校統廃合の実態を明らかにできれば，少子化により
全国で増えつつある学校統廃合について，参考となる知見を示せるのではない
かと考えました。学校統廃合という環境の変化によって，生徒の学校適応がど
のように変化するのかを調査によって明らかにできれば，統廃合を推し進める
側にいる行政，教師，保護者，地域などの大人が子どもの視点に立って，学校
統廃合を検討することができます。「子どもは蚊帳の外の状態で行政が学校統
廃合を進めようとしている」と校長先生が問題提起された現状を少しずつ変え
ていく一歩になる基礎的調査にしたいと考えました。

　そして私はあらためて校長室を訪ね，学校統廃合を経験する生徒を理解するための調査を提案したのでした。私の話を聞いた校長先生がその場ですぐに，統廃合されることになっている隣の学区の中学校の校長先生に連絡し，調査を打診したことから，学校統廃合調査がはじまっていきます。

2.　どんな問いを立てたのか
中学生にとって学校統廃合はどのような経験なのか？

　論文検索のキーワードとして"学校統廃合"を選び，先行研究を調べてみました。学校が防災公園としての機能をもつことから，地域街づくりの観点から学校をなくすことに警鐘を鳴らす研究がありました（奥田, 1993）。地震や台風など地域に大きな被害をもたらす自然災害の発生頻度が高まっています。学校は災害時に避難所としての役割も担うため，地域から学校をなくすことは，防災対策という観点でも課題があることがわかります。若林（2008）は，学校統廃合によって，地域の共同性の基盤や共生的生活圏の核となる学校が減ることにより，地域社会が崩壊する可能性があることを述べています。若い世代が居を構えるときに，子どもが学校に通いやすい地域か等，子育てのしやすさが条件として入ることがあります。その地域で育った子どもが成人後，再び戻ってくれば，地域が維持されていきます。先行研究では，地域を維持したり，発展させたりしていくときの核となる役割をもつ施設として，学校を論じています。過疎地における学校統廃合のケースから，長い年月をかけて行政と地域が学校統廃合に至るまでのプロセスを報告している研究もあります（佐藤, 2007）。地域の核になる学校だからこそ，地域社会や行政といったキーワードを通して研究が蓄積されていることがわかります。他方で，心理学は学校統廃合をどのように研究してきたのでしょうか。

　小学校における学校統廃合を対象とした鈴木（1997）と仲（2000）の研究があげられます。鈴木（1997）は，小学6年生のときに学校統廃合を経験した中学1年生に対し回想的な調査を行っています。その結果，統廃合を経験した生徒から教育委員会に対する不信感がみられ，受け入れた学校出身の生徒よりも受け入れられた学校出身の生徒に不満が強かったことを明らかにしました。仲

(2000) は，小学校の統廃合後に調査を行い，クラスサイズの変化が児童にどのような影響を与えるのかを2～6年生を対象とした自由記述の調査から明らかにしました。その結果，"友達がたくさん増えてよかった"のような肯定的な評価や"うるさくなった"のような否定的な評価を明らかにしています。この2つの研究では，自分たちが生活してきた学校がなくなるという学校統廃合を，児童がどう受け止めたのかを明らかにしています。子どもに焦点を当てて学校統廃合の実態を明らかにした点に，地域社会や行政といった視点からの研究にはない意義があります。

　しかし，学校統廃合についての心理学的研究にも課題があります。以下に課題を3点述べます。

　1つ目は，小学生と中学生の発達段階の違いを考えなければいけないことです。上記の学校統廃合についての先行研究は，小学生段階で経験した学校統廃合について，子どもたちの視点から明らかにしたものでした。環境の変化をどう受け止めるのかは，児童期と思春期という発達段階の違いにより異なる可能性があります。中学校における学校統廃合について中学生がどのように環境の変化を受け止め，統廃合後の学校に適応していくのか，心理学的に研究する意義が見出されました。

　2つ目は，学校統廃合という環境の変化により，生徒の学校適応がどう変化していくのか，その変化の過程を記述しなければいけない点です。鈴木（1997）と仲（2000）の研究では，学校統廃合後における1時点で，児童生徒がこれまでの学校生活を振り返って回答する回想的研究でした。学校統廃合に伴う環境の変化により，学校適応がどう変化していくのかを明らかにするためには，統廃合前から統廃合後にかけて縦断的な調査を実施する必要があります。

　3つ目は，学校統廃合による環境の変化によって，その影響を最も受けやすいのはどのようなタイプの生徒なのかを，学校統廃合の行政的手続きの違いを踏まえて検討する点です。学校統廃合は一般的に，児童生徒の数が多い規模の大きい学校と規模の小さい学校との間で行われます。その統廃合のあり方は自治体やケースによって多様です。たとえば，統廃合後の校舎はどちらを使うのか，規模の大きい学校の校舎を使うケース，規模の小さい学校の校舎を使うケース，新しい校舎を建て，それを使うケースなどです。校舎が変われば，通

学路，通学時間などが変わる生徒も出てきます。地域ごとの学校統廃合の進め方を踏まえたうえで，ケースごとに学校統廃合による物理的環境の変化による生徒の学校適応の変化を明らかにする必要があります。

　以上の3つの課題に基づき，以下の3つの問いを立てました。①中学生にとって学校統廃合はどのような経験なのか？　②学校統廃合前後で，中学生の学校適応はどのように変化するのか？　③学校統廃合による環境の変化の影響を受けやすい生徒はどのようなタイプなのか？　この3つの問いを明らかにすることを通して，学校統廃合を経験する中学生の学校適応を理解していこうと思います。

3.　どんな研究をし，何がわかったのか
学校統廃合前後をとらえる縦断研究

3−1.　学校が置かれた地域の特徴

　都市部の学校の統廃合なのか，地方における学校の統廃合なのかで，統廃合に向けた行政手続き，統廃合後に描く新しい学校像は大きく異なります。研究結果を解釈するためには，どのような手続きを経て学校統廃合されたのか，その背景を知っておく必要があります。

　最初に，今回調査した学校がどんな地域にあり，どのような手続きを経て学校統廃合が進められたのか，学校の情報を説明します。調査を実施した公立中学校2校は，首都圏の郊外にある住宅地の中にありました。どちらの学校も同一市内にあり，学区は隣り合っています。この市では学校選択制がとられていました。この2つの学校間は約1キロ離れています。両中学校ともに生徒の雰囲気は落ち着いていると市内で評価されていました。

　学校統廃合の直前，年度末3月時点における全校生徒数は，1つの中学校は約150名（1学年2クラス編成）であり，もう1つの中学校は約300名（1学年3クラス編成）でした。便宜的に，前者の学校を小規模校，後者の学校を中規模校と呼ぶことにします。

3−2．統廃合後の新しい学校像

　統廃合後の校名と校歌は，公募の中から新しいものが選ばれています。また，教育目標も新しいものがつくられました。これには，どちらかの学校に吸収合併されるかたちでの学校統廃合ではなく，2つの学校が対等な関係で統廃合されるという前提があります。統廃合後は新しい学校が立ち上げられています。

　学校統廃合後の2年間は小規模校の校舎を使用し，その間，中規模校の校舎が新校舎として増改築され，3年目からその新校舎に引っ越しすることになっていました。調査は生徒が小規模校の校舎で生活しているときに実施されています。したがって，小規模校の生徒にとってはなじみのある校舎での学校生活であり，通学経路も変わりません。それに対して，中規模校の生徒にとっては校舎が変わるだけでなく通学経路も変わります。通学時間が長くなったり，新しい校舎に慣れたりする必要があります。中規模校出身の生徒のほうが環境面の変化によるネガティブな影響を受けることが予想されます。

　統廃合後の学校に入学する新1年生は新しい学校の標準服・ジャージとして指定されたものを着用することになっていました。新2,3年生は統廃合前の学校で着用していた標準服・ジャージを着用してよいことになっていました。部活動は両校の部を必ず存続させることになっていました。学校統廃合後のクラスは，2つの出身学校を問わず機械的に編成されました。学校統廃合に向けて，2つの学校間で生徒同士の関係を深めるような交流は事前に行われなかったそうです。

　教員の配置については，小規模校と中規模校から3分の1ずつ配置されることになっていました。残り3分の1は，新しく異動してくる教員となっていました。統廃合後，小規模校出身の生徒と中規模校出身の生徒の負担にならないよう，その学年を受け持っていた先生の大部分は持ち上がっていました。

　養護教諭は，小規模校にいた先生と中規模校にいた先生の両方が残ることになり，2名体制となっていました。

　スクールカウンセラーは，中規模校に勤務していた方が残ることになりました。一般的にスクールカウンセラーは週1回の勤務でしたが，統廃合後の学校

においては，生徒への手厚い支援を行えるよう週2回の勤務となっていました。

　新しい学校の管理職の構成は，校長には中規模校の校長が就任し，副校長には小規模校の副校長が就任しました。

3-3.　調査項目の内容

　生徒にとって学校統廃合は，今まで所属していた学校の校舎，学校の雰囲気，教師関係や友人関係などが大きく変化する環境移行です。学校統廃合に伴う環境変化を経験し，その新しい環境に適応していく過程は，生徒にとってどのような体験になるのでしょうか。

　ライフイベントの中で，ストレスを伴い精神疾患と結びつく可能性のあるものを検討した社会的再適応評価尺度（Holmes & Rahe, 1967）では，1位から43位までのライフイベントが列挙されています。1位は配偶者の死，2位は離婚となっています。27位に就学・卒業，33位に学校を変わることが位置しています。就学・卒業，学校が変わることがランクインしているため，学校統廃合により新しくなった環境に適応していくことは，生徒にとって心理的負担を伴うものと考えられます。具体的には，学校統廃合後に，学校生活に感じる楽しさの低下，ストレスの上昇，学校への所属意識の低下が生じると考えられました。そこで，学校享受感，ストレス反応，学校アイデンティティなどの学校適応に関する質問項目から構成されるアンケートを作成しました。

　以下に，アンケートに用いた質問項目の詳細を述べます。項目は章の最後に付録として掲載します。

学校享受感尺度　古市・玉木（1994）の学校享受感尺度10項目を用いました。「あなたの学校への気持ちをお聞きします」という教示を用いて，"まったくそう思わない（1点）"から"とてもそう思う（4点）"までの4件法で回答を求めました。10項目を合計した得点を項目数で割り，平均値を算出しました。

ストレス反応尺度　身体的反応，抑うつ・不安，不機嫌・怒り，無気力の4つの因子から構成されたストレス反応尺度（山本ほか，2000）を用いました。各因子に対して因子負荷量の高かった上位3項目，計12項目を用いました。「毎日の学校生活の中で，次のように感じることはありますか？」という教示を用い

て，"まったくあてはまらない（1点）"から"とてもあてはまる（4点）"までの4件法で回答を求めました。因子ごとに合計した得点を項目数で割り，平均値を算出しました。

学校アイデンティティ尺度　越（2007）の学級アイデンティティ・部活アイデンティティ尺度の"学級"と"部活"の部分を"学校"に修正し，それを学校アイデンティティ尺度3項目として用いました。「あなたが通っている学校に対して，どのように感じますか？」という教示を用いて，"まったくそう思わない（1点）"から"とてもそう思う（4点）"までの4件法で回答を求めました。3項目を合計した得点を項目数で割り，平均値を算出しました。

3−4．調査の手続き

　統廃合前から統廃合後にかけての中学生の学校適応の変化をとらえるために，縦断的にアンケート調査を行いました。学校統廃合前，統廃合から半年後，統廃合から1年後の3地点にわたる縦断調査を，統廃合予定の公立中学校2校に実施しました。

　学校統廃合直前の年度末3月（200X年3月）の時点に，第1回のアンケート調査を実施しました。統廃合後の中学校に進級予定の1年生と2年生を対象に，252名分のアンケートを配布しました。統廃合から6か月後の第2回（200X年9月），統廃合1年後の第3回（200Y年3月）のアンケート調査では，2年生，3年生に進級した第1回調査と同じ生徒にアンケートを配布しました。

　合計3回の調査に回答があり，回答の仕方に不備のあったものを除外しました。その結果，分析対象となったのは235名でした。内訳は，小規模校が91名（2年生：53名〈男子28名，女子25名〉，3年生：38名〈男子18名，女子20名〉），中規模校が144名（2年生：85名〈男子39名，女子46名〉，3年生：59名〈男子28名，女子31名〉）でした。表記された学年は新年度になった200X年4月段階のものです。

3−5．調査のねらい

　学校統廃合による環境の変化が中学生の学校適応にどのような影響を及ぼす

のかを，3つの要因から検討することにしました。

　1つ目は，統廃合前の学校の規模です。小規模校出身の生徒なのか，中規模校出身の生徒なのか，統廃合前の出身中学の規模によって，生徒数・教員数が増加したことによる環境の変化の受け止め方は異なると考えられます。また，この調査は学校統廃合後に，生徒と教員が小規模校の校舎で生活しているときに実施されました。中規模校出身の生徒にとっては，校舎が変わることで，通学路，通学時間など物理的な環境が変化します。その変化が生徒の学校適応に影響を与える可能性が考えられます。一方，小規模校出身の生徒にとっては，学校統廃合後も同じ校舎で生活するため，通学路などの物理的な環境は変化しません。

　2つ目は，学年です。統廃合前の学校に在籍していた年数によって，学校統廃合に伴う環境の変化の受け止め方は異なる可能性が考えられます。中学1年生は，統廃合前の学校で1年間生活した後，統廃合後の新しい学校へ移行します。そして，中学2年，中学3年と2年間生活していきます。中学2年生は，統廃合前の学校で2年間生活した後，統廃合後の新しい学校へ移行します。統廃合後の新しい学校では，中学3年次の1年間を過ごします。2年間慣れ親しんだ学校環境が，最上級生としての1年間のみ変化する中学3年生のほうが，環境の変化によって経験する心理的負担は大きいと考えられます。

　3つ目は，調査時期です。学校統廃合前，統廃合から6か月後，統廃合から1年後と3地点で縦断的に調査していく際に，時期によって学校適応に違いがみられる可能性があります。学校統廃合による環境の変化が生徒の学校適応に影響を与えるとなると，統廃合前から統廃合後6か月の時点で，学校適応に変化が顕著にみられる可能性があります。

3－6. 学校統廃合についての縦断研究によって何が明らかになったのか？

　学校規模（2）×学年（2）×調査時期（3）の3つの要因を独立変数としました。そして，学校適応に関する4つの指標（学校享受感，ストレス反応，学校アイデンティティ，学級の雰囲気）を従属変数とし，分散分析を行った結果を以下に示しました。

　図1に，学校享受感の得点の変化を示しました。小規模校出身3年生における調査時期の効果と，中規模校出身3年生における調査時期の効果がみられました。

　小規模校3年生の統廃合前の学校享受感得点（$M=2.92$）よりも，小規模校3年生の統廃合後6か月の学校享受感得点（$M=2.23$）と統廃合後1年の学校享受感得点（$M=2.33$）は低いことが示されました。

　中規模校出身3年生の統廃合前の学校享受感得点（$M=2.62$）よりも，中規模校出身3年生の統廃合後1年の学校享受感得点（$M=2.37$）は低いことが示されました。

　以上より，小規模校出身3年生は，学校統廃合直後から学校享受感得点が低下しており，統廃合後の学校がつまらなくなったと感じていることが明らかとなりました。一方，中規模校出身の3年生は，学校統廃合から1年後の時点において，学校享受感得点が低下しており，ゆるやかに学校享受感が低下することが明らかになりました。

　図2に，身体的反応の変化を示しました。小規模校と中規模校を合わせた2年生，3年生における調査時期の効果がみられました。

　2年生の統廃合前の身体反応得点（$M=1.79$）よりも，統廃合後1年の身体反応得点（$M=1.50$）が低いことが示されました。さらに，2年生の統廃合後6か月の身体反応得点（$M=1.70$）よりも，統廃合後1年の身体反応得点（$M=1.50$）は低いことが示されました。2年生の場合，統廃合前と統廃合後6か月よりも，統廃合後1年の身体的反応得点は低く，身体的反応がゆるやかに低下することが明らかになりました。

　3年生の統廃合前の身体反応得点（$M=1.79$）よりも，統廃合後6か月の身体反応得点（$M=1.97$）は高いことが示されました。さらに，3年生の統廃合後1年の身体反応得点（$M=1.80$）よりも，統廃合後6か月の身体反応得点（$M=1.97$）は高いことが示されました。3年生の場合，統廃合後6か月の時点で身体反応得点が上昇し，その後，低下することが明らかとなりました。

　図3に，抑うつ・不安の変化を示しました。小規模校の3年生における調査時期の効果がみられました。小規模校の3年生の統廃合前の抑うつ・不安得点（$M=1.48$）よりも，統廃合後6か月の抑うつ・不安得点（$M=2.20$）は高いこ

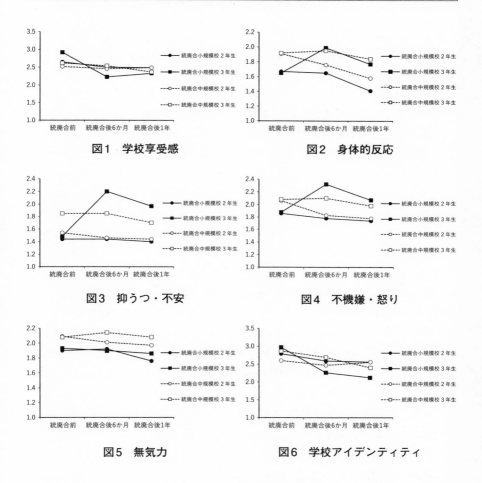

図1　学校享受感

図2　身体的反応

図3　抑うつ・不安

図4　不機嫌・怒り

図5　無気力

図6　学校アイデンティティ

とが示されました。さらに小規模校の3年生の統廃合前の抑うつ・不安得点
（$M = 1.48$）よりも，統廃合後1年の抑うつ・不安得点（$M = 1.97$）は高いことが
示されました。小規模校出身の3年生は，統廃合前よりも統廃合後のほうが，
抑うつ不安が上昇していることが明らかになりました。

　図4に，不機嫌・怒りの変化を示しました。小規模校と中規模校を合わせた
3年生における調査時期の効果がみられました。3年生の統廃合前の不機嫌・
怒り得点（$M = 1.98$）よりも，統廃合後6か月の不機嫌・怒り得点（$M = 2.21$）は

高いことが示されました。

　図5に，無気力の変化を示しました。無気力では統計的に有意な差はみられませんでした。

　図6に，学校アイデンティティの変化を示しました。小規模校における調査時期の効果と，中規模校における調査時期の効果がみられました。

　小規模校出身の生徒の統廃合前の学校アイデンティティ得点（$M=2.88$）よりも，統廃合後6か月の学校アイデンティティ得点（$M=2.43$）は低いことが示されました。さらに，小規模校出身の生徒の統廃合前の学校アイデンティティ得点（$M=2.88$）よりも，小規模校出身の生徒の統廃合後1年の学校アイデンティティ得点（$M=2.34$）は低いことが示されました。小規模校出身の生徒は，2，3年生含めて統廃合によって，学校への所属意識が低下していることが明らかになりました。

　中規模校出身の生徒の統廃合前の学校アイデンティティ得点（$M=2.73$）よりも，中規模校の3年生の統廃合後6か月の学校アイデンティティ得点（$M=2.58$）は低いことが示されました。さらに，中規模校出身の生徒の統廃合前の学校アイデンティティ得点（$M=2.73$）よりも，中規模校出身の生徒の統廃合後1年の学校アイデンティティ得点（$M=2.48$）は低いことが示されました。中規模校出身の生徒は，2，3年生含めて学校統廃合によって学校への所属意識が低下していることが明らかになりました。

　以上より，小規模校の生徒も中規模校の生徒もともに，学校統廃合によって学校への所属意識は低下していることがわかりました。

4.　それが実践にもつ意義は何か
子ども主体で教育を考えることの重要性

　「自分たちが今通っている学校が統廃合されることを生徒たちはどう受け止めているのだろう？　われわれ教員は統廃合を経験する生徒のことがわかっていない。それを知りたい」という校長先生が提起された問いからはじまった研究でした。いくつかの学校適応に関する指標をもとに検討しました。

　身体的反応，不機嫌・怒りのように学年の影響が強いと考えられるものがあ

りました。

　一方，学校統廃合という環境移行特有の変化と考えられる結果も明らかになりました。学校統廃合前から統廃合後にかけて学校アイデンティティが低下していたように，学校統廃合を経験したすべての生徒に共通してみられた変化がありました。

　学校統廃合が一部の生徒にとって，危機的な環境移行になっていると考えられる結果も明らかになりました。小規模校出身の3年生において，統廃合前から統廃合後にかけて，学校享受感の低下，抑うつ・不安の上昇が顕著にみられました。

　結果を解釈するときに，今回紹介している学校統廃合ケースの手続きを振り返る必要があります。学校統廃合後に小規模校の校舎を使っており，その校舎で生徒が生活しているときに調査を実施したものでした。学校統廃合前後の物理的学校環境の変化でいえば，中規模校出身の生徒のほうが，その変化を大きく感じるはずです。また2年間慣れ親しんだ学校が統廃合され，最後の1年間のみ新しい学校で生活する3年生が環境の変化による影響を受けやすいと予想されました。ところが中規模校出身の生徒ではなく，小規模校出身の3年生において，学校享受感の低下，抑うつ・不安の上昇が顕著にみられました。

　これは，物理的学校環境の変化以上に，生徒の学校適応に影響を与えていたものがあったからと考えられます。それは，心理的学校環境の変化です。この心理的学校環境の変化を考える手がかりになりそうなデータの一部分を紹介します。学校統廃合から半年後の2回目の調査時に，自由記述で回答を求める質問も組み入れていました。「3月までの学校生活と4月からの学校生活を比べてみると，どんなことを感じますか？」という教示文を用いて，中学生に思いついたことを文章で記述してもらいました。中学3年生4名の自由記述を以下に抜粋します。

　「すごく変わってしまった。2年間，安心して過ごしてきた校舎が行きたくないものになった。楽しいこともあるけれど，悲しい気持ちのほうが多い」
　「統合してから学年の雰囲気がかなり変わった。3月までより4月からはかなり騒がしくなって，受験生と思えない雰囲気」

「統合してから学校全体で問題が多くなった気がする。学校の内外問わず，けじめがついていない気がする」

「統合してから問題が増えた。もう以前のように授業に集中したり勉強したりすることは難しい。授業中に先生に盾つくことは先生に対して失礼だということだけでなく受験に向けて学習している生徒すべてに迷惑だ。受験を目の前に控えこのような状態ではまずいと想う」

　小規模校出身の3年生にとって，校舎や通学路など物理的環境は学校統廃合後も変わりません。教員の一部は持ち上がり，担任としてこれまでと変わらず学校で会うことができます。それに対し，学校統廃合によって生徒が増えることにより，授業中の雰囲気，学校行事への生徒の取り組み方などが変化したと考えられます。物理的学校環境の変化がないにもかかわらず，学校の雰囲気のみが変わってしまったことで，学校統廃合後の環境の変化をより強く経験し，それがネガティブな学校適応の変化として結果に現れたと考えられます。

　学校統廃合前から，私は学習支援・不登校支援として小規模校にかかわっていました。私にみえた学校の雰囲気の変化を生徒側と教師側の2つの側面から述べます。生徒側の変化は，高校受験を控えた3年生にもかかわらず，授業中や休み時間に目に余る行動が目立つようになったことです。たとえば，学校にゲーム機を持ち込み遊ぶ生徒がいる，授業中のおしゃべり，授業中に教室を抜け出す生徒がいるといったものです。学校統廃合前，小規模校にこのような生徒の様子はみられませんでした。中規模校でも生徒の問題行動は目立っていなかったそうです。教師側の変化は，生徒指導に困惑していたことです。教師にとっては2つのタイプの生徒が混在していたようです。1つ目のタイプは，中学1年次から積み上げてきた信頼関係のうえに生徒指導ができる生徒です。2つ目は，学校統廃合によって中学3年次に初めて出会った生徒です。後者の生徒に対しては信頼関係の土台がないため，指導しにくいと教師は話していました。その結果，前者のタイプの生徒と後者のタイプの生徒との間に，教師のかかわり方の温度差が生まれ，生徒指導のダブルスタンダードが生じていたと推測されます。それによって，教師に対する生徒の不満も高まり続けていたように私には感じられました。教師にとっても，学校統廃合は対応に苦慮する問題

といえます。生徒指導の方針が定まらなかったことが，生徒の学校適応にも影響していたと解釈できます。今回調査した学校の場合，学校統廃合前に，小規模校と中規模校との間で交流する機会はなかったそうです。学校行事などを通して，生徒間・教師間で交流する機会をもっていたら，統廃合後の学校の姿は違ったものになっていたかもしれません。

　私がかかわっていた小規模校は，小規模・少人数を特色として活かし，地域からも評価されていました。学校規模に応じて，いくつかの選択肢から通学する学校を選ぶことができれば，生徒の個性・多様性に応じた特色のある教育を展開できます。規模の大きい学校のほうが，生徒が切磋琢磨して学ぶことができるという理由から学校を統廃合するのではなく，生徒の個性や希望に応じて学校の規模を選べる選択肢が用意されている社会が望ましいのではないかと私は考えています。

　本研究の限界は，明らかになった結果は調査対象となった中学校特有のものであるという点です。学校統廃合のあり方が自治体や地域によって多様であるため，すべての学校統廃合ケースに一般化できるものではありません。児童生徒の側から学校統廃合の実態を明らかにする研究を積み重ねていく必要があるでしょう。得られた知見をもとに，児童生徒の視点に立って，学校のあり方，教育の方向性を考えていく必要があるのではないでしょうか。

　私が大学院生だったころ，「臨床か，研究か」「基礎か，応用か」という二者択一を迫られる雰囲気を感じていました。私が大学院生として調査を行いつつ，現場にも出かけていた当時，臨床にも手を出す中途半端な姿勢は理解できないと忠告を受けたことがありました。しかし，学校統廃合研究を進めることを通して，子どもを理解するという点で臨床も研究も共通していることに気づきました。どちらか一方ではなく「臨床も，研究も」であり，子どもの視点や立場を通して教育問題を理解する姿勢は，研究者としても臨床家としても重要な姿勢であることに私は気づくことができました。

　中学校で実施した学校統廃合調査はその後，学校統廃合が実施されようとしていた別の自治体の保護者の目にとまりました。PTA主催の学校統廃合についての勉強会に私は呼ばれ，中学校で実施した学校統廃合の調査結果を保護者と教師に紹介しました。その自治体で学校統廃合が行われるときにも，子ども

たちを客観的視点から理解し，見守りたいという保護者の願いが意見として出されました。校長先生はその保護者の希望を理解し，同様の調査が小学校で実施されることになっていきます。自分がまとめた調査結果が他者の目にとまり，それが次につながっていったときに，研究の意義と研究することのやりがいを私は実感したのでした。

「研究はドブさらいと同じ。やっても誰も褒めてくれないが，誰かがやっておかないと，いざというときに困るもの」。この言葉は，私が大学院生のころに，当時神戸女学院大学教授の内田樹先生のブログでみかけたと記憶しています。この言葉を念頭に，たとえすぐに役立たなくても，子どもの視点から教育や学校の問題を考えられる調査結果があって助かったと，いつか誰かの研究や実践に活用してもらえる研究を少しでも積み重ねることが，これからの私自身の課題であり目標でもあると考えています。

私の学校統廃合研究は，「この学校は大きく変わっていく節目にあるから，学校の中の様子を見続けたらどうだろう？」というスクールカウンセラーの助言をきっかけにはじまったことを冒頭に述べました。このスクールカウンセラーをされていたのは，当時，実践女子短期大学准教授の越野由香先生でした。学校統廃合後，越野先生が勤務される学校は変わりました。学会でもお会いする機会がないまま数年たったある日のこと，越野先生が逝去されていたことを知りました。助言をきっかけに調査がはじまったこと，そして調査結果をまとめることができたことを越野先生に直接，報告したかったという思いが今でも残り続けています。この場を借りて，越野先生に感謝を述べたいと思います。示唆に富む言葉をかけてくださり，本当にありがとうございました。

[引用文献]

古市 裕一・玉木 弘之（1994）．学校生活の楽しさとその規定要因　岡山大学教育学部研究集録，*96*，105-113．

Holmes, T. H., & Rahe, R. H. (1967). The Social Readjustment Rating Scale. *Journal of Psychosomatic Research*, *11*(2), 213-218.

越 良子（2007）．中学生の所属集団に基づくアイデンティティに及ぼす集団内評価の影響

上越教育大学研究紀要, *26*, 357-365.

仲 律子（2000）. 小学校の統廃合とクラスサイズについて　学校カウンセリング研究, *3*, 1-8.

奥田 道大（1993）. 都市と地域の文脈を求めて――21世紀システムとしての都市社会学――　有信堂.

佐藤 実芳（2007）. 過疎地における中学校の統廃合に関する考察――旧但東町の中学校の統廃合――　愛知淑徳大学論集 文化創造学部・文化創造研究科篇, *7*, 17-32.

鈴木 みゆき（1997）.『学校統廃合』体験児童の心理　共栄学園短期大学研究紀要, *13*, 195-201.

若林 敬子（2008）. 学校統廃合と人口問題　教育社会学研究, *82*, 27-42.

山本 淳子・仲田 洋子・小林 正幸（2000）. 子どもの友人関係認知および教師関係認知とストレス反応との関連――学校不適応予防の視点から――　カウンセリング研究, *33*(3), 235-248.

付録（アンケート調査の質問項目）

学校享受感尺度（古市・玉木, 1994）
・私は学校に行くのが楽しみだ
・学校は楽しくて1日があっという間に過ぎてしまう
・学校は楽しいので，少しくらい体調が悪くても学校に行きたい
・学校では楽しいことがたくさんある
・学校にいるのがいやで授業が終わったらすぐに家に帰りたい（反転項目）
・学校がなければ毎日がつまらない
・日曜の夜，また明日から学校かと思うと気が重くなる（反転項目）
・学校では嫌なことばかりある（反転項目）
・私はこの学校が好きだ
・学校は楽しいので，いつまでもこの学校にいられたらよいのにと思う
ストレス反応尺度（山本ほか, 2000）
身体的反応
・頭痛がする

・頭がくらくらする

・体が熱っぽい

抑うつ・不安

・悲しい

・さみしい気分だ

・泣きたい気分だ

不機嫌・怒り

・怒りを感じる

・腹立たしい気分だ

・誰かに怒りをぶつけたい

無気力

・難しいことを考えることができない

・勉強が手につかない

・ひとつのことに集中できない

学校アイデンティティ尺度（越, 2007）

・この学校の一員だと感じる

・私の中で，この学校の一員であることは大事なことだ

・よその人に自己紹介するときに，この学校の生徒だと言う

コラム 10　小中一貫教育：データから検証する

岡田　有司

1.　広がりをみせる小中一貫教育

　小学校から中学校までの9年間を一貫して教育するという小中一貫教育が広まりつつあります。小中一貫教育は，小学校と中学校の連携にとどまらず「小・中学校段階の教員が目指す子供像を共有し，9年間を通じた教育課程を編成し，系統的な教育を目指す教育」と定義されています（文部科学省, 2017）。従来，公立の小学校と中学校は別々でしたが，2000年に呉市で2小学校，1中学校が小中一貫校化されたのをきっかけに，品川区や京都市などでも小中一貫教育が導入され，全国に拡大していきました（山本, 2021）。2016年には義務教育学校という新たな学校種が新設され，ほとんどが既存の小中学校を統合するかたちで2020年までに120以上の義務教育学校が設置されました。この他に，義務教育学校にはしていないけれども小中一貫教育を実施している小中学校が義務教育学校以上に存在します。

　小中一貫教育はいわゆる「中1ギャップ」の緩和，子どもの発達の早期化等への対応，教育内容の高度化，過疎化・少子化への対応等，さまざまな教育的意図が絡み合って導入されてきました（中央教育審議会, 2014）。しかし，各自治体が小中一貫教育を導入したプロセスをつぶさにみてみると，そこには政治的な意図や財政的な事情など，必ずしも教育の改善とは関係のない動機もみえ隠れします（梅原ほか, 2021）。児童生徒の学校生活を大きく変えるこうした教育改革が，彼らにどのような影響をもたらすのかについて，データに基づく検証が重要だといえます。

2.　小中一貫教育を実施している自治体の認識

　小中一貫教育について，文部科学省は全国の市区町村等に2014年と2017年

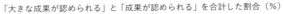

「大きな成果が認められる」と「成果が認められる」を合計した割合（%）

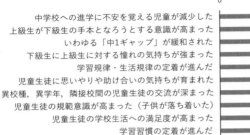
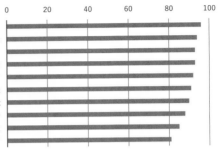

中学校への進学に不安を覚える児童が減少した
上級生が下級生の手本となろうとする意識が高まった
いわゆる「中1ギャップ」が緩和された
下級生に上級生に対する憧れの気持ちが強まった
学習規律・生活規律の定着が進んだ
児童生徒に思いやりや助け合いの気持ちが育まれた
異校種，異学年，隣接校間の児童生徒の交流が深まった
児童生徒の規範意識が高まった（子供が落ち着いた）
児童生徒の学校生活への満足度が高まった
学習習慣の定着が進んだ

図1　文部科学省の調査における児童生徒の指導に関する小中一貫教育の成果
（上位10項目）

に調査を行っています（文部科学省, 2017）。調査の中では小中一貫教育を実施している市区町村にその成果を尋ねており，2017年調査の結果をみると99%の市区町村が総合的にみて成果があった（「大きな成果が認められる」と「成果が認められる」の合計）と回答しています。児童生徒の指導に関する具体的な成果としては，図1に示したものが上位にきています。この結果から明らかなように，小中一貫教育を実施している自治体は児童生徒にポジティブな影響があったととらえています。

3.　児童生徒を対象とした大規模調査に基づく小中一貫教育の検証

　文部科学省の調査では小中一貫教育は成果があったとされていますが，この調査は児童生徒を対象としたものではありません。本当に児童生徒に好ましい影響があるのかを明らかにするためには，彼らを対象とした調査が必要です。この問題について，筆者も含む研究チームは，これまでに3つの大規模調査を実施しました。調査結果の詳細については梅原ほか（2021）を参照してください。ここでは，2015年（一貫校1163名，非一貫校3931名）と2018年（一貫校1308名，非一貫校3839名）に実施した調査の一部を紹介しています。分析では小中一貫教育の特徴がとくに表れやすいと考えられる施設一体型一貫校と非一貫校の児童生徒を比較しています。図2〜5に学校生活のさまざまな側面における

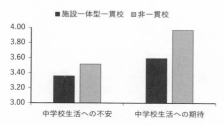

図2 中学校生活への不安と期待
（岡田，2021をもとに筆者作成）

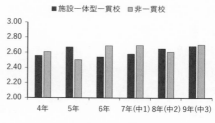

図3 学校への心理的適応
（岡田，2021をもとに筆者作成）

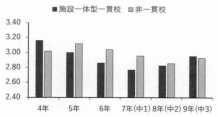

図4 学習への取り組み
（金子，2021をもとに筆者作成）

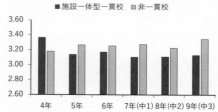

図5 情報・道具的サポート
（金子，2021をもとに筆者作成）

一貫校と非一貫校の児童生徒の得点の違いを示しました。

　図2は小学6年生に中学校生活への不安と期待を尋ねたものですが，自治体の成果にもあげられていたように，確かに一貫校の児童は不安が低くなっています。しかし，同時に期待も低いことがわかります。先行研究では小学6年生のときに期待も不安も高かった者がその後に充実した中学校生活を過ごすことが示されており（都筑，2001），不安だけでなく期待も低いことには課題があるように思われます。図3は学校への心理的適応の得点を示したものですが，5年生では一貫校のほうが得点は高くなっていますが，6年生では非一貫校の得点が高くなっており，それ以外は統計的に有意な差はありませんでした。先の成果の中に「中1ギャップ」の緩和がありましたが，この結果をみる限り，一貫校の児童生徒のほうが学校への適応状態がよいとはいえません。学業面での成果もあげられていましたが，学習に意欲的に取り組んでいるかどうかをみると（図4），4年生では一貫校のほうが得点は高いものの，それ以外では非一貫

校のほうが得点が高いか，両者に差はないという結果でした。自治体の回答では対人面に関する効果も示されていました。図5は情報・道具的サポート（友だちにアドバイスをしたり手助けをする）をどの程度しているかを尋ねたものです。4年生では一貫校の得点が高くなっていますが，5・7・8・9年生では非一貫校のほうが得点が高くなっていました。これらの結果をみると，小学校段階では一部で一貫校のほうがポジティブな箇所もありますが，全体的には一貫校のほうが良好とはいえず，むしろネガティブな面が目立ちます。

　以上のように，自治体を対象とした調査と児童生徒を対象にした調査を対比させてみると，そこには矛盾があることがわかります。この原因として，新たな取り組みである小中一貫教育を推進する側の自治体としては，小中一貫教育の成果についてポジティブなバイアスが生じやすかったことが考えられます。児童生徒のデータをみるとよい影響があったとはいえないのですが，小中一貫教育に関して児童生徒を対象とした国による調査は今のところ行われていません。そのため，自治体の調査結果のみをみて，小中一貫教育は効果があるから自分のところでも導入しようという学校教育関係者が出てくる可能性もあります。現に，教育政策に大きな影響を与える中央教育審議会の答申（中央教育審議会, 2014）でも，自治体の調査に基づき小中一貫教育には大きな成果があったとしています。児童生徒のための教育改革のはずなのに，彼らの声が聞き取られることなく，しかもよい影響がないかもしれない方向に進んでいく現状には危うさを覚えます。

4. 小中一貫教育における課題と学校環境移行がもつ意義

　最後に，児童生徒を対象とした調査で上記のような結果が得られた理由について考えてみたいと思います。紙幅の都合ですべての結果は示せていませんが，調査では全体的に小学校段階や6年生から7年生（中1）の移行期において，一貫校と非一貫校の差がみられることが多くなっていました。これは，小中一貫教育ではこれらの学年で従来とは異なる教育がなされやすいためと考えられます。まず，一貫校では非一貫校のように小学校から中学校へという環境移行がなく，小学6年生のときに最高学年としての自覚をもつ機会がありません。

また，一貫校では中学校の教育や指導（教科担任制や定期試験など）を小学校高学年に前倒ししていたり，従来の6・3制ではなく4・3・2制を導入しているところも少なくありません。環境移行がないからこそ中学校生活への期待も不安も低い，また，小学生のころから中学校的な教育指導がなされることで，学業面や適応面でプレッシャーがかかっている可能性が考えられます。一方で，一貫校の4・5年生で一部にポジティブな結果がみられた背景には，4・3・2制といった学年の区切りが関係している可能性もあります。

　近年では小中一貫教育に限らず，幼小接続，中高一貫，高大接続など，学校段階を平滑化していく取り組みが進められつつあります。これは，学校段階の移行をスムーズにして適応上の問題を防いだり，教育効果を高めたいためと考えられます。確かに，児童生徒を対象とした調査でも，非一貫校では6年生から中学1年生にかけて，学校環境からの負荷が強くなる，自律的な学習動機が低下するといったギャップともいえる現象が生じていました。一方で，非一貫校の児童生徒はこれらの学年で一貫校よりもリーダーシップが強かったり，他者へのサポートが多いことも示されました。この背景には，先述のように小学6年生のときに最高学年としての自覚をもてることや，中学校に入り新たな人間関係を再構築するため，他者へのサポートが促されることがあると考えられます。つまり，環境移行にはネガティブな面だけでなくポジティブな面もあり，完全に平滑化してしまってはポジティブな発達の機会も失われてしまうかもしれないのです。それぞれの学校段階間の関係を見直すことで児童生徒の不適応を防ぐといった視点はもちろん必要ですが，その一方で環境移行を乗り越えることで獲得される強さにも目を向けながら，教育のあり方を考えていくことが重要ではないでしょうか。

[引用文献]
中央教育審議会（2014）．子供の発達や学習者の意欲・能力等に応じた柔軟かつ効果的な教育システムの構築について（答申）．
金子　泰之（2021）．第3期（2018～2019年度）における調査結果　梅原　利夫・都筑　学・山本　由美（編著）．小中一貫教育の実証的検証――心理学による子どもの意識調査と教育学に

よる一貫校分析──（pp. 48-63）　花伝社.

文部科学省（2017）．小中一貫教育の導入状況調査について．https://www.mext.go.jp/a_menu/
　　shotou/ikkan/1395183.htm（2022年4月29日アクセス）

岡田 有司（2021）．第2期（2015〜2017年度）における調査結果　梅原 利夫・都筑 学・山本
　　由美（編著）．小中一貫教育の実証的検証──心理学による子どもの意識調査と教育学に
　　よる一貫校分析──（pp. 33-47）　花伝社.

都筑 学（2001）．小学校から中学校への進学にともなう子どもの意識変化に関する短期縦断
　　的研究　心理科学, *22*(2), 41-54.

梅原 利夫・都筑 学・山本 由美（編著）（2021）．小中一貫教育の実証的検証──心理学によ
　　る子どもの意識調査と教育学による一貫校分析──　花伝社.

山本 由美（2021）．小中一貫校の20年──「平成の学制大改革」から「地方創生」へ──
　　梅原 利夫・都筑 学・山本 由美（編著）．小中一貫教育の実証的検証──心理学による子
　　どもの意識調査と教育学による一貫校分析──（pp. 106-134）　花伝社.

おわりに：
研究テーマ着想の経緯と研究実施に至る過程を知る面白さ

金子　泰之

　研究テーマ選定に関係する研究者の個人的な経験や，研究として具体的なかたちに至るまでの試行錯誤の過程は，学術論文に書かれることはほとんどないと思います。むしろ，それを排除して書かれるのが学術論文の作法となっています。そのため，研究は難しい内容ばかりが記述されているもの，敷居の高いものとして一般的にはとらえられてしまっているのではないでしょうか。

　しかし，研究者が生活してきた文脈やそこで経験したことが，研究テーマ選定に影響していることがみえることで，研究の中身がより鮮明に感じられることがあります。

　2015年3月に東京大学で開催された発達心理学会で，私がポスター発表をしていたときのことです。ポスター会場の私の隣では，上長然先生（当時，佐賀大学）が発表されていました。テーマは「思春期の身体発育のタイミングと身体的違和感の関連」でした。会場内の人がまばらになったタイミングで，上長先生に研究結果を説明していただきつつ，雑談をしました。私自身は，身体発育のタイミングが遅く，バスケット部に所属していながらも身長が伸びないことに悩んでいたこと，そして，好きになった相手よりも10センチ以上，自分の身長が低いことに絶望しつつ，身長を伸ばすために試行錯誤したこと等，中学時代のエピソードを話しました。私とは反対に上長先生は，身体発育のタイミングが早く，長身であることで同級生の中で目立ったことを気にしていた時期があったことをお話しされていました。この雑談の中で，「思春期のときに自身の身体に抱いたイメージが及ぼす影響は強烈である」と上長先生が述べた一言が，強く印象に残っています。

　上長先生の研究テーマの背景に，ご自身の思春期におけるご経験が関係していることがわかると，研究発表の内容がさらに色鮮やかにみえてくるように感じました。このときのご縁から後日，上長先生の研究に至るまでの背景について，発達心理学会のニューズレターへ執筆してくださるよう，私から依頼しま

した。その文章が，2016年2月に発行された発達心理学会ニューズレター第77号に，研究余滴「思春期発達研究に魅せられて」として掲載されています（発達心理学会会員の方は学会ホームページからバックナンバーにアクセスすることができます）。

　本書の目的の1つに，学術論文や学術図書では記述されることのない研究活動のスタート地点，もしくはスタート地点に立つまでの過程を記載するというねらいがありました。どうしてある現象を研究しようと思ったのか，どのようにして問いを立てて研究したのか，それが各章の冒頭に記述されています。研究テーマを設定する過程において，執筆者一人ひとりの人柄が透けてみえる記述や，研究を進めていく中で歩んだ紆余曲折とした道筋がみえてくるのではないでしょうか。卒論や修論のテーマ設定を考えている学部生や大学院生が，やや泥くさい本書の記述を通じて心理学研究を少しでも身近なものとして感じてもらえたら，執筆者の一人としてうれしく思います。また，学校現場における実践研究を計画されている教職員の方にとって，研究に対する敷居が少しでも下がり，先生方による実践研究の後押しになる教育心理学・発達心理学の一冊になればと願っております。

　本書の企画趣旨の1つは，上述の研究活動のスタート地点，もしくはスタート地点に立つまでの過程を記載するというものでした。執筆がはじまろうとしていたのは2020年初秋でしたが，本書の企画を文章化していくのは難しい状況でした。同年3月には，新型コロナウイルスの感染拡大による全国の学校の一斉休校がありました。私が勤める大学では，感染拡大によって教育実習に行けない学生がおりました。そのため，教育実習を学内で行う教育実習代替が後期授業からはじまる計画でした。講義科目をオンラインで行う初めての試みなど，通常とは異なる業務が増えていました。私生活では，制限の多い日常生活における子育てで四苦八苦していました。それに加えて，本書の原稿執筆の他にも，いくつかの原稿執筆が重なっていました。遅筆の私にとってはストレスの高い状況で，原稿を書けずに時間ばかりが過ぎていきました。

　右往左往する中で，原稿を書きはじめるきっかけとなったのは，四苦八苦するわが家の子育てからの着想でした。「新型コロナがいつまで続くのか。さすがに10年後には収束しているかな」とぼーっと考えていたときに，10年後

には私の子どもが15歳になることに気づきました。私の目の前で「遊んで！抱っこして！」と訴えている子どもも，中学生，高校生にもなれば，口もきいてもらえなくなっているころだろうか，と想像しました。思春期を迎えたわが子の姿が頭に浮かんだときに，「中高生になり自分の将来の進路を考えるようになっているはずの私の子どもを読み手に想定しながら原稿を書いてみたらどうだろう」と思い立ったのでした。私がなぜあるテーマを選んで研究したのか，大学院生として私がどのように研究をはじめたのかを，親子の会話をしてくれなくなった息子に語りかけることをイメージしながら書いてみたところ，少しずつ原稿を書き進めることができました。大学生は大学でどんなことを学んでいるんだろう？ 心理学の研究ってどんなことをしているんだろう？ といった関心をもちはじめた中高校生も想定し，私は本書の原稿を書いたことになります。

　2022年からはじまった高等学校の学習指導要領の中に，総合的な探究の時間が位置づけられました。学習指導要領に記載された総合的な探究の時間の目標の1つに，「実社会や実生活と自己との関わりから問いを見いだし，自分で課題を立て，情報を集め，整理・分析して，まとめ・表現することができるようにする」とあります。探究型学習では，大学教員による講義を受けたり，実験や地域におけるフィールド調査をし，その成果を発表したりしながら，高校生が主体的に学んでいると聞きます。「はじめに」では，教師をはじめとした教育関係者，学生・大学院生が想定読者としてあげられていますが，本書は教育問題を研究してみたいという好奇心旺盛な中高校生にも手に取ってもらいたい一冊です。本書は，心理学研究を「問いからはじまる」ところから描いています。「学校や教育はこうあるべきもの」といった暗黙の前提を問い直し，さらに，学校，教育，子どもの発達に対して，私たちが抱く認識を広げていく研究としての過程を，本書を通して中高生にも追体験してもらいたいと思っています。

索　引

第1巻へのいざない：
身近な現象の中の発達をとらえる

照井 裕子

　第2巻では，教育現場における幅広い問題がテーマとして取り上げられていました。各著者は，教育に関連した具体的な現象から問いを立て，学校の中の問題，そして学校を取り巻く問題について理論的・実証的な考察を行っています。教育問題を扱った本書において，各著者の問いはかつて自らも教育を受けてきた当事者としての経験や，教育の現場で実践にかかわった経験等から立ち上げられていました。教育問題は誰もが多かれ少なかれ経験したことにかかわり，ある意味で身近なものといえるでしょう。読者のみなさんの中には，ご自身のかつての経験を思い出したり，過去の自分と重ね合わせたりしながら本書を読み進めてくださった方もいるだろうと思います。

　第1巻『発達とは？　自己と他者／時間と空間から問う生涯発達心理学』では，タイトルにあるとおり，発達に焦点が当たっています。人の生涯発達を理解しようとしたとき，乳幼児期から老年期までの各発達段階を追うことで得られる理解も大きいと考えます。しかし，第1巻では発達段階に着目するのではなく，著者が着目した現象の中にみられる発達の様相の理解を目指しました。現象の中にみられる発達を論じるために，「身体」「対人関係」「役割」「地域」「環境移行・適応」「偶然」という6つの視点を手がかりとして，見方の提示を試みています。

　第2巻では教育問題をテーマに扱っていますが，教育という営みにおいて発達はある意味で不可分なものです。第1巻でも，たとえば第3章「役割と発達」の第2節「社会の中での役割と発達：子どもを保育する先生にはどんな“先生”がいるのだろう？」では，上述の6つのうちの「役割」という視点から保育における「先生」が取り上げられています。本節では，「先生」という呼称が保育現場でどのように用いられているかが，子どもの発達を支える保育実践そのものに影響することが明らかにされています。そして，著者の強調する「関係性の中で形成される役割」という見方や，実証研究に基づいた結果を踏まえ，

保育現場での「先生役割」の見直しが提案されています。

　紹介した節では教育にダイレクトに関係する「先生」という「役割」が取り上げられていましたが，第1巻で取り上げているその他5つの視点も，それぞれ教育に関係の深いものといえます。「身体」は，本書でも取り上げられていたLGBTQや障害といったことに関係した視点といえます。学校生活を送るうえで子どもの大きな関心事の1つである「対人関係」や，子どもたちの学校生活そのものにもかかわる「環境移行・適応」は，これらを通じた子どもの発達をとらえるのに重要です。また，「地域」の中に学校は存在しており，学校を取り巻く問題を理解するうえで「地域」という視点は欠かせません。「偶然」は，心理学研究そのものにおいてそれほど多く扱われているものではありません。だからこそ，学校生活における偶然の出来事が子どもや教師にもたらす意味を考えるうえで，心理学における「偶然」の取り扱われ方や「偶然」を通じた発達をとらえる視点は示唆に富むものではないでしょうか。

　第2巻と同様に第1巻においても，各著者が出会った現象から問いを立ち上げていますが，その現象と問いは教育問題に直結したものとは限りません。しかし，上で示したとおり取り上げた現象を切り取る視点は教育問題を切り取る視点とも共通しています。第1巻では，読者のみなさんが生活者として経験しうる何気ない日常の中にある「発達」について，各著者がどのように問いを立て，どのように研究を進め，何が明らかになったのか，そしてそのことが実践にもたらす意義とは何かを論じています。第1巻の各章各節で示されている発達に対するとらえ方は，そこで取り上げられている現象に固有なものではありません。また，ある発達段階に限定されたものでもありません。各著者の示した発達のとらえ方は，他の現象あるいは発達段階に拡張可能なものであると考えています。第1巻で主なテーマとして扱う「発達」，取り上げられている現象や6つの視点に限らず，読者のみなさんそれぞれが関心のある「現象」やそれに基づいた「問い」を思い浮かべながら読んでみてください。そして，第1巻で示されている内容にご自身の関心のある「現象」や「問い」を接続し，その拡張を試みていただけたらと思います。

　第1巻を通じて，読者のみなさんの興味・関心に基づいた現象を理解するための視点の見直しや新たな気づきの機会なれば幸いです。

第3巻へのいざない：
教育と現代社会の"つながり"から，こころの"ひろがり"を考える

小野 美和

　本シリーズは，都筑学先生がシリーズ序文で書いているように，「人間の心の働きを理解するには，どのような研究が求められるのか」という問いへのアプローチとして，「問いからはじまる心理学」というタイトルがつけられています。

　すでに刊行されている第1巻では「発達」，今回の第2巻では「教育」というテーマから私たちのこころをとらえる試みがなされています。そして，次の第3巻では「現代社会」をテーマに置いて論じていくことになります。その第3巻が問うのは「つながるって何だろう？」です。

　"つながり"というテーマは，いつの時代も人間が追い求める問いの中にあります。たとえば，人間とは何か，自分の存在意義とは何かを問うのであれば，社会と自己の"つながり"を問うたり，理想と現実の"つながり"から考えたり，意識と身体の"つながり"を論じたりします。今日の私たちが関心を置くものも"つながり"という言葉で書き換えることができます。対人関係，SNS，教育，家庭，働き方，さまざまなライフイベント，コミュニティの問題は，「つながりの量と質」「つながりのツールの発展と課題」「つながりによるさまざまな悩み」……と表現することもできます。

　本シリーズのテーマにもこれは深く関係しています。私自身は，研究とは「つながりを問うこと，つながりから問うこと」だと考えています。研究が社会と「どうつながっているのか／つながることができるのか（支援と実践）」，何かの「つながりを見出すこと／つながりにある形を与えること（理論とモデルの構築）」のように思うからです。そこで，第2巻と第3巻を"つながり"という視点から考えてみます。

　まず，第3巻で扱う「現代社会」とは何でしょうか。定義はいろいろあると思いますが，ここでは私たち人間が生きる世界（場所／地域，空間／インターネット，時間，時代，関係，身体，活動）ととらえます。第2巻のテーマである「教育」

は，私たちが生きる世界の根幹をなすものです。人間の人格・思考形成の場であり，集団のありようやさまざまな価値観・評価の視点を学び，理解していく場でもあります。また，他者とのかかわりを通して自己・他者への理解を深め，社会的な常識などを獲得し，実践する場でもあります。所属する集団が変わっても，子どもから大人へと年齢が変わっても，そこで学び，理解したものはその人が生きるうえでの1つの基準として活用されるからです。

第2巻で論じられている内容は第3巻で扱う「現代社会」と深くつながっています。虐待や親子問題，子育て・家庭への支援，ひきこもり，自殺の問題などは現代社会の問題として日々取り組みがなされています。学校生活の中でもみられる諸問題や関係性（いじめ，問題行動，非行）は，インターネット上も含めた学校外のさまざまな「場所，空間，関係，活動」と密接に関連しています。また，教育問題は，社会経済活動や働き方といった大人の労働問題でもあります。「教育」は「現代社会」の状況の影響を受けると同時に"未来"とのつながりを想定し，カリキュラムや教育内容・方法が考えられています。そう考えると「時代」とのつながりも外せなくなります。このように「教育」に関連した研究を行う場合，「現代社会」とのつながりを問わざるをえません。さらにいえば，「現代社会」に生きる私たちのこころを考えるのであれば，「教育」と「発達」を抜きに研究することもできないのです。

さて，第3巻では，それぞれの筆者の視点から私たちが生きる世界との"つながり"を問うています。その問いを深める過程の中で，もう1つの側面が浮かび上がってきました。それが"ひろがり（拡張）"という側面です。

インターネット空間が生活や教育の中で当然のものとなったことにより，「身体」「活動」「空間」「時間」がひろがりました。私たちは，物理的身体だけでなく，インターネット上の身体（存在）でも生きています。その瞬間を生き，思い描くことができる「時間／場所／空間」のひろがり。コミュニケーションの相手として想定される「関係」のひろがり。これらの"ひろがり"は，「こころ」や「自己」の発達や表現にも影響を与えています。第3巻では，時間的展望と記憶，高齢期の身体の問題や友人関係などでふれることになります。他にも，さまざまな志向（学業，就職，活動）と適応，働くこととアイデンティティ，職業選択といったテーマは，「場所／関係」のひろがりを環境移行により生じ

る適応過程や自己の発達としてとらえたものです。もちろん，第3巻には「教育」と「現代社会」のつながりをひろげたテーマもあります。そこでは多様性（インクルーシブ，ダイバーシティ），居場所と地域コミュニティ，アクティブ・ラーニングなどの視点から論じています。

　第3巻の内容，研究方法，研究対象はバラエティに富んでいます。取り上げられるテーマや対象の中には現時点での読者のみなさんの関心と一致しないものもあるかもしれません。しかし，研究は"つながり"です。読者のみなさん自身のテーマと筆者たちが取り上げるテーマをつなげてみてください。多様なひろがりをもつ世界になったからこそ"思考"の過程はより大事になってきます。私たちの生きる世界が，どれほどのひろがりをもつ世界だったとしても，とらえ方よって「狭い・閉じた世界」にもなりますし，「無限の可能性をもつもの」にもなりえます。本シリーズ全3巻を読んでいただくプロセスを通して，みなさんの"思考"のひろがりに寄与できたら幸いです。

執筆者紹介

都筑　学（つづき　まなぶ）　　中央大学名誉教授　　　　シリーズ序文，第8章

◎ **執筆者**（五十音順，＊は本巻編集委員）

穴水ゆかり（あなみず ゆかり）　拓殖大学北海道短期大学　第5章

飯村周平（いいむらしゅうへい）　創価大学　　　　　　　第9章

大久保智生（おおくぼともお）　香川大学　　　　　　　　第7章

＊岡田有司（おかだゆうじ）　東京都立大学　　　　　　　第6章，コラム10

小野美和（おのみわ）　愛知淑徳大学　　　　　　　　　　第3巻へのいざない

＊加藤弘通（かとうひろみち）　北海道大学　　　　　　　はじめに，第4章

＊金子泰之（かねこやすゆき）　静岡大学　　　　　　　　第2章，第10章，おわりに

木下弘基（きのしたこうき）　北海道情報大学　　　　　　第3章

後藤紗織（ごとうさおり）　清和大学短期大学部　　　　　コラム7

佐藤奈月（さとうなつき）　北海道大学大学院　　　　　　コラム6

舒　悦（じょ　えつ）　北海道大学大学院　　　　　　　　第4章

鈴木育美（すずきいくみ）　北海道大学　　　　　　　　　コラム2

須藤敦子（すとうあつこ）　川崎市教育委員会 スクールカウンセラー　コラム5

照井裕子（てるいゆうこ）　湘北短期大学　　　　　　　　第1巻へのいざない

濤岡優（なみおか ゆう）　静岡大学　　　　　　　　　　第5章

芳賀道（はが みち）　和光中学校・高等学校 専任カウンセラー　コラム8

侯玥江（ほう ゆえじゃん）　秋田大学　　　　　　　　　第3章

松尾由希子（まつおゆきこ）　静岡大学　　　　　　　　　コラム1

松本博雄（まつもとひろお）　香川大学　　　　　　　　　第1章

水野君平（みずのくんぺい）　北海道教育大学旭川校　　　コラム4

村井史香（むらいふみか）　北海道大学大学院　　　　　　コラム3

渡邉仁（わたなべ じん）　北海道情報大学　　　　　　　コラム9

問いからはじまる心理学　第2巻
教育問題の心理学　何のための研究か?

2022年8月20日　初版第1刷発行

監修者	都　筑　　　学
編著者	加　藤　弘　通
	岡　田　有　司
	金　子　泰　之
発行者	宮　下　基　幸
発行所	福村出版株式会社

〒113-0034　東京都文京区湯島 2-14-11
電　話　03 (5812) 9702
ＦＡＸ　03 (5812) 9705
https://www.fukumura.co.jp

印　刷	株式会社文化カラー印刷
製　本	協栄製本株式会社

人間の心の働きを理解するには
どのような研究が求められるのか？

「なぜその問題を研究しようと思ったのか」→「どんな問いを立てたのか」
→「どんな研究をし，何がわかったのか」→「それが実践にもつ意義は何か」

研究者が現象と出会い，展開していく様子を追体験できる新しい切り口で触れる心理学。
心理学を学んでいる学部の3・4年生や大学院生，
学生や院生を指導している大学教員・研究者必読！

• 監修：都筑 学（中央大学名誉教授）•

問いからはじまる心理学
【全3巻】

1
発達とは？
自己と他者／時間と空間から問う生涯発達心理学
半澤礼之・坂井敬子・照井裕子 編著

2
教育問題の心理学
何のための研究か？
加藤弘通・岡田有司・金子泰之 編著

3
つながるって何だろう？
現代社会を考える心理学
高澤健司・大村 壮・奥田雄一郎・田澤 実・小野美和 編著

A5判・並製・カバー装・各巻 約300頁
各巻 定価（本体2700円＋税）

1

発達とは？ 自己と他者／時間と空間から問う生涯発達心理学

半澤礼之・坂井敬子・照井裕子 編著

ISBN978-4-571-20604-7 ※既刊

発達段階の中で私たち人間が経験するさまざまな現象を取り上げ，「身体」「対人関係」「役割」「地域」「環境移行・適応」「偶然」という6つの視点から発達をとらえる。

内容

3

つながるって何だろう？　現代社会を考える心理学

高澤健司・大村 壮・奥田雄一郎・田澤 実・小野美和 編著

ISBN978-4-571-20606-1 ※続刊

「現代」もしくは「現在」とはどういう時期なのか，現代社会における諸現象を「生活の中にある自己」と「拡張される自己の世界」の視点から問いを立て多面的に検討する。

内容

続刊の章の見出しについては変更になる可能性があります。

福村出版◆好評図書

中谷素之・岡田 涼・犬塚美輪 編著 **子どもと大人の 主体的・自律的な学びを支える実践** ●教師・指導者のための自己調整学習 ◎2,800円　　　　ISBN978-4-571-22060-9　C3011	学校教育，スポーツ，医学教育など多様な現場で行われている自己調整学習の研究・実践の具体像を示す。
H.ベンベヌティ・T.J.クリアリィ・A.キトサンタス 編／中谷素之 監訳 **自己調整学習の多様な展開** ●バリー・ジマーマンへのオマージュ ◎9,000円　　　　ISBN978-4-571-22058-6　C3011	バリー・J・ジマーマンによる自己調整学習理論のさまざまな領域における展開と今後の可能性について検証する。
時岡晴美・大久保智生・岡田 涼・平田俊治 編著 **地 域 と 協 働 す る 学 校** ●中学校の実践から読み解く思春期の子どもと地域の大人のかかわり ◎2,600円　　　　ISBN978-4-571-10193-9　C3037	「荒れた」中学校を地域と協働して変えた元中学校長の実践とその成果，意義や課題を心理，教育の専門家が解説。
國分 充・平田正吾 編著 **知的障害・発達障害における 「行為」の心理学** ●ソヴィエト心理学の視座と特別支援教育 ◎2,300円　　　　ISBN978-4-571-12142-5　C3037	知的障害・発達障害における心理特性と支援について，「行為」という観点からルリヤの思想と共に論じる。
山岡重行 編著 **サブカルチャーの心理学** ●カウンターカルチャーから「オタク」「オタ」まで ◎2,500円　　　　ISBN978-4-571-25056-9　C3011	様々な若者文化を分析し，これまで「遊び」と見なされていた行動から人間を見つめ直す新しい心理学の提案。
小野善郎 著 **思春期の謎めいた 生態の理解と育ちの支援** ●心配ごと・困りごとから支援ニーズへの展開─親・大人にできること ◎1,600円　　　　ISBN978-4-571-24086-7　C0011	親や学校の先生など，ふつうの大人が，思春期をどのように理解し見守り，どんな支援ができるのかを考える。
北川聡子・古家好恵・小野善郎＋むぎのこ 編著 **子育ての村「むぎのこ」の お母さんと子どもたち** ●支え合って暮らす むぎのこ式子育て支援・社会的養育の実践 ◎1,800円　　　　ISBN978-4-571-42078-8　C3036	むぎのこで支援を受けた当事者の語りを通して，むぎのこ式実践の意味とこれからの社会福祉の可能性を考える。

◎価格は本体価格です。